學會夢的語言，解讀夢的啟示，
分析心理學大師榮格探索夢境的69把鑰匙

夢的智慧

麗莎·瑪基雅諾、黛博拉·史都華、喬瑟夫·李——著
李忞——譯

LISA MARCHIANO、DEBORAH STEWART、JOSEPH LEE

DREAM WISE

UNLOCKING THE MEANING OF YOUR DREAMS

各界佳評

入門榮格解夢的絕佳讀物！探索夢的意義，同時更介紹許多榮格心理學的重要概念。既實用且深具啟發性，你能藉由本書更貼近你的夢生活，進而豐富你的清醒人生！大力推薦！

——馬切爾．克勒克（Machiel Klerk），心理治療師、《向夢提問》（*Dream Guidance*）作者，榮格平台（Jung Platform）創辦人

若你曾好奇你的夢代表什麼，本書就是寫給你的。本書文字流暢、且深入的介紹榮格取向釋夢，無論一般讀者或專業工作者都能從中受益，同時書中的案例與練習也非常有趣！

——琳達．雷納德（Linda Leonard）博士，哲學家、榮格分析師，著有《受傷的女人》（*The Wounded Woman*）、《創作的召喚》（*The Call to Create*）等

選擇閱讀這本書，是送給你的內在織夢人、理性自我，以及集體無意識一份大禮。你能透過本書，開始了解你的心靈夜夜以多麼天真（又頑皮）的手法協助你在人生之路上前進，同時聽見只能透過心靈接收的神聖聲音。就像是一段令人興奮又愉快的旅程，帶你穿過一片豐饒、具有啟發性、而且充滿神祕色彩的領域。

——艾莉芙．巴圖曼（Elif Batuman），新生代作家，著有《白癡》（*The Idiot*）、《二擇一》（*Either/Or*）等

美妙的好書！涵蓋範圍如此全面，卻又易讀，即使是初學榮格的讀者也能輕鬆消化。為全球榮格社群及所有對夢感興趣的人提供了珍貴的參考資源。

——派翠西亞．貝瑞（Patricia Berry）博士，榮格分析師，著有原型心理學論集《回聲的細身》（*Echo's Subtle Body*）

我所讀過最出色的解夢專著之一。不僅是榮格夢心理學的精彩導論，它更回應了當代人渴望超越自我欲望、追尋更高人生意義的內在呼喚——渴望身心健全、圓滿，並實現全部的潛能。夢的途徑恰可領我們往此方向前進。三位作者堪稱完美嚮導，他們彼此相知相惜，同時創造了魔法般的化學效應，在談笑風生中帶領讀者探索夢的神話國度。強烈推薦！

——凱利．巴克里（Kelly Bulkeley）博士，宗教心理學家、《夢的靈性》（*The Spirituality of Dreaming*）等多部夢研究專書作者

還有比每夜等待我們的織夢人，更棒的老師嗎？你只須專心聆聽，應用正確的鑰匙，便能打開萬千的啟示。

過去我總認為夢的指引或象徵意義是很虛無縹緲的東西。我很少記得自己作了什麼夢，就算記得，也不知道該怎麼解釋。

但開始閱讀本書之後，我感覺自己彷彿被打開了新的一面——或說一個早已存在、只是被遺忘、靜靜等著與我交流的層面。

運用本書介紹的諸多鑰匙，我似乎也和自己那個神祕、深邃的無意識夢世界更合拍了。甚至不只是能想起夢而已，還真的能幫自己解夢和向夢學習。

這本令人愛不釋手的書陪我度過了一段充滿趣味與啟發的時光。我想接下來幾年，它都會繼續在我的床邊。

——芬恩・瓊斯（Finn Jones），影劇男星

誰都會作夢。作夢證明你有自發創造意象、角色、故事和世界的能力。假如你一直覺得自己沒創意，或許你是與自己能輕鬆編織夢的那部分脫節了。本書就是你亟需的金鑰，幫助你開啟心底最深的、蘊藏直覺和創意的那部分！

——安迪・J・披薩（Andy J. Pizza），《紐約時報》暢銷插畫家及繪本作家

「跟著榮格聊人生」（This Jungian Life）的三位主持人寫了一本清晰又實用的夢心理學入門書，正是尋求更深入理解自我的任何人所需要的。他們開創的獨特「鑰匙」系統不僅使讀者更容易與夢互動，也確保解夢工作在經驗與情緒層次始終鮮活。本書為想要踏上夢境探索之旅的人們提供了最佳參考工具。

——馬克・溫伯恩（Mark Winborn），博士，榮格分析師、臨床心理師，《榮格分析中的詮釋》（*Interpretation in Jungian Analysis*）、《榮格心理分析：當代導論》（*Jungian Psychoanalysis: A Contemporary Introduction*）等書作者

一本迷人、深入淺出的夢語言導論。讓你能開始聽懂夢在說什麼，即你的真我在說什麼。無論你是作者們的podcast聽眾、對榮格感興趣的人，或只是一個走在個體化歷程上的普通人，都千萬不能錯過這本書！如果說與自己內在的織夢人「串通」是我們最原始也最終結的自我照顧形式，本書介紹的便是解鎖自我成長與改變的關鍵鑰匙。

——賈斯汀・西米恩（Justin Simien），編導演三棲影人

以負責的態度寫就的翔實好書，說明夢境對個人而言的巨大價值。本書以榮格方法為基礎，細述如何自夢中汲取能滋養日常生活的豐富意義。無論在一般脈絡或分析心理學的脈絡下都是理解及詮釋夢的珍貴指引。

——莫瑞・史坦（Murray Stein）博士，《榮格心靈地圖》（*Jung's Map of the Soul*）作者

身為電影工作者，我酷愛往夢裡找尋說故事的靈感。這本細膩的書給了我大量啟發：作者們對「織夢人」（我們內心都存在的一部分）的敬重、對解開內在世界奧祕的熱切努力，與我所知的創作和自身感受到的說故事衝動產生了強烈共鳴。對我而言，那是一種把體會世界、了解自己與療癒心理創傷所需要的故事說出來的衝動。你我的織夢人不也是如此嗎？每晚透過夢說出我們各自為了變完整所需要的故事。本書提供了美麗的鑰匙、問題與指引，讓我們得以更親密地認識自我的神祕深處。

——黛博拉・坎普邁爾（Deborah Kampmeier），導演、製片人

了不起的佳作——嚴謹又徹底令人著迷，你會忍不住跟隨作者們深入充滿智慧的夢之國度。我抱著一點懷疑的心開始分析我的夢，但收穫的益處如此顯著，完全推翻了我的預期。我很難想像關於此主題還會有更好的入門書。

——奧利佛・柏克曼（Oliver Burkeman），心理專欄作家、《人生四千個禮拜》（*Four Thousand Weeks*）等暢銷書作者

獻給曾經指導我們的老師與心理分析師、「跟著榮格聊人生」的聽眾朋友，以及我們的案主和他們的夢。

夢是一扇小小的暗門，通往靈魂最隱密幽深之處。它開向一片浩瀚的夜空，那是遠比任何自我意識更早誕生、無論自我意識如何延伸都始終在那兒的心靈宇宙。——卡爾・榮格

目次

推薦序

誰不曾從夢裡醒來，納悶夢來自何方、代表什麼、可否參透呢？誰不曾希望找到某種鑰匙，打開心靈邀請意識對話時所用的那些時常看不穿的意象呢？《夢的智慧》就是這樣的一把鑰匙，為讀者提供理論、實用詮釋工具及諸多夢工作案例，讓我們得以走入那扇神祕之門，探問人為何作夢，而這些幽靈般的訪客究竟又想向我們要什麼。

一個關於夢的研究發現，如果人活到八十歲，人生中就有整整六年在作夢——這說的可是作夢的時間，睡眠的時間還要長多了。六年哪！顯而易見，夢與我們的天性，特別是處理、代謝、修正、彌合內在裂痕的自然傾向是密切相關的。進一步的研究指出，人每天晚上可作多達六個夢，遠比我們能記得的多。我所遇過最能記夢的案主，曾在一週中與我分享十八個夢，個個都以優雅的文字記錄成電子檔案。然而，我們多數人僅能偶爾捕捉到夢的片羽。更棘手的是，我們常用現成的方便解釋來說明自己的夢——「一定是因為昨天在電視上看到……所以我才作這種夢」——我們「解釋」了夢，從此封閉它劇烈的陌異性，也並未回應夢對我們提出的邀請，展開一場可能挑戰和拓寬自我意識（ego ccnsciousness）的對話。

眾所周知，無意識（the unconsicous）最大的問題就是我們意識不到它。我們無法對它作任何斷言，但我們所認為來自無意識的大部分會表現在我們的行為、幻想、自我設限等方面。關注自己的夢——無論夢看來多麼晦澀——是打開意識領域底下的那扇門的一種方法。況且夢隨時都不嫌少。

我不相信有所謂的「惡」夢。儘管我們可能不喜歡某個夢的內容、不想承認它要我們承認的事，甚或對某個夢感到恐懼，但所有夢都源自心靈的一種努力——努力彌合、修正，請求我們以更全觀的視野作出回應。榮格將此種活動稱為靈魂的「超越功能」（transcendent function），亦即為了發展和療傷，努力接起心中兩個世界的功能。夢與象徵皆為這種功能在運作的實例。雖說無意識仍遠在自我意識的光圈外，作為其表徵的夢卻是確實能意識到的。每個來訪的夢都是橫跨兩域的一座橋。尊重及關注這些無意識之表徵，能幫助我們終於開始明白心靈渴望什麼。

夢工作需要每個人憑一己之力面對悖論：我們內在深處都藏著某種東西——某種彷彿有它自己的意志、而且比你更了解你的動力。誠如榮格所言，誰會不想和一位主動來敲門、熟知自然所知的一切、甚至記得你忘了的事的兩百萬歲智者談談呢？而每當夜晚降臨，就有這麼一座自然智慧的泉源輕叩我們的門，邀我們來場對話。當你從這個角度想，又怎會不肅然細聽這些召喚呢？

我曾有一位尋求治療的案主，在請她回憶作過的夢時說道：「可是醫生，我不想被了解得那麼深。」當然了，那次治療得另外想點別的辦法，但我想說的是，這種矛盾的心情大家或許都能理解。真正尊重夢會使我們發現自己的無知渺小。夢彷彿在對自我說：「我必須再提醒你一點，因為看來你又沒注意到。」但若不氣餒地堅持下去，夢工作會漸漸開始滿足我們，然後帶來轉變。因為關注夢的過程中，指導我們的「權威」會漸漸由「外頭某處」收回來——從我們必須每天報到的外在世界，回到一個同樣要求我們報到與尊重的內在世界——你自己心裡最深的真實。

作夢未必都像漫步雲端，也可能帶我們走進漆黑淵谷。但如果心靈已經指出承擔這些問題的必要，忽略它們也於事無補。它們只會再次沉下表面，悄悄蔓延，最後浮現於我們與他人的關係中，在我們對天意與命運的失敗摸索中，在有意識的抉擇最關鍵或最被忽略之處。而我們未完的任務將由後代接棒，由他們繼續走完那條我們遺忘或逃開的成長路途。

榮格問過一個問題，形容得非常生動：當你無依無靠，還有什麼能支持你？當所有人的指引都令你迷失方向，你能向哪裡問路？當你建立的生活分崩離析，你還有何處可去？在伸手不見五指的黑暗中，你看見一縷微光搖曳，那便是你的夢。我記得在蘇黎世讀心理分析的第四年，作了好多個點出我當時大問題的夢之後，我毅然決定放棄學程。歷經四年苦讀，付出許多心血和金錢，我當然很想讀到最後。但那天，我意識到我的心一直在對我說著同一件事。我知道再抵抗也沒用，我必須作的決定很艱難，但很清楚。從那一刻起，解夢對我來說不再是動腦的思考，而是切身的感受；不再是智性的選擇，而是心的忠告。黑暗之中，你會看見你的夢，不是一封說明該怎麼做的電報——像自我會期待的那種東西——而是一幅象徵，呈現出你面臨的兩難、造成阻滯的原因、和你現在得做的事。

《夢的智慧》是一本充滿知識性與實用性的夢境工作指南。書中深入探討做夢的過程、象徵的形成，以及與我們內在世界進行對話的重要性。三位作者皆是擁有多年實績的榮格分析師。夢工作，或云解夢，是非常「實」的一門學問。我們也許會對夢中飄忽的意象卻步、被日常具體的事物吸走目光。但日常具體的世界有太多部分是被那隱而不顯、卻驅動和形塑我們選擇的內在世界所轄。後者並沒有比較虛幻，甚至還更實更真，因為我們於外頭那個舞台上的存在、選擇、模樣，都聽憑心靈而非自我的安排。夢並不是為了安慰我們或讓人生好過而來——否則人們一定會更關心夢了——夢要求我們仔細聆聽、給予尊重、保持謙卑。說到底，夢要求我們在行動的世界做個負責的人。

《夢的智慧》為分析心理學帶來了可觀的貢獻，也為提供一般讀者好讀好用的夢工作指南。若你認真看待你的人生，則亦須認真看待此書，於此過程中，你會發現你的生命逐漸變得深厚：一份內在權威會靜靜成長，在全世界不支持你時成為你的支柱。你會發現你浮游於此世給你的奧祕時間中，同時又感到儘管隻身一人，但你並不孤獨；你會找到那無依無靠時支持你的東西，感到「心底有什麼比你更了解你」並不令人驚懼，反而令人安心；你的自我意識會重新定向，變得更大更深。要達到那樣的狀態，我們不能不關注那些藏於我們內在、尋求透過我們獲得表達的聲音。而讀者可以寬心的是，在這趟旅途上，本書精闢闡述的各種工具、技巧與思考方式會一路陪伴你。

詹姆斯・霍利斯（James Hollis）

著名榮格分析師、暢銷作家

序章

冒險的召喚

如果我們開始留意自己的夢，而非活在冰冷、淡漠，毫無意義的偶然世界裡，那麼或許我們會逐漸走進自己的世界——一個重要且以祕密秩序編排的世界。

——瑪麗—路薏絲．馮．法蘭茲（Marie-Louise von Franz）

守門的祭司

我騎在一頭長毛象似的毛茸茸巨獸上。牠行動緩慢，步履辛苦，載著我朝一個我知道是座大峽谷的地方進前。在我前方有座石門擋住去路，門上站著一個穿長袍的女人。不知為何，我知道必須徵得她的許可才能進入峽谷。就在此時，有個騎著馬的男人飛快衝來。他看見女人，只略略慢了一下，便繼續往前衝。女人舉起手，示意要他停。但他沒理會，逕自闖了過去。女人轉向他，手一揮，就把男人和馬燒成灰。我嚇壞了。

布琳作這個夢時快五十歲，小孩都已離家唸大學，她剛搬到一個沒有任何朋友的陌生城市。丈夫每天加班，她自己的工作也忙到吃不消。寂寞又迷茫，她決定嘗試接受心理治療，但很懷疑心理治療會對這種顯然是當前處境造成的問題有效。

布琳的心理治療師是榮格學派，建議她注意所作的夢。雖然她覺得討論夢不太可能幫助她減輕茫茫無依的感覺或應付老闆的無理要求，但至少治療師提出了一個計畫。她開始記錄她的夢並和治療師討論，持續了好幾週。她覺得那些夢很有趣，只是好像與她遇到的「真實」問題無關。

在前述的夢中，她體驗到內在獨立而強勁的另一個世界。那個夢彷彿一份記憶，彷彿她真的曾經坐在一頭那樣的動物背上緩緩前往峽谷，看見祭司般的女人，見過一個男人被處死。夢沒有給她一個解決外在世界問題的答案，反而向她揭示充滿神祕且具生命力的內在領域，而這個世界已經開啟，她可以隨時乘著坐騎去探個究竟。

榮格的重要弟子馮．法蘭茲指出，雖然夢無法保護我們避免世間的無常與疾苦，但它能讓我們與意義產生連結，在面對挑戰時提供關鍵指引，並幫助我們走向自己的命運。布琳的夢也給了她這樣的一條線索。那個夢像在說：「問題其實不是你的工作，也不是丈夫沒空陪你，你真正在意的是別的東西。」

夢的奧祕

卡爾．榮格（Carl Gustav Jung），是瑞士著名的精神科醫師及理論家，也是分析心理學的創立者。榮格認為夢境是種原始的語言，其中傳達了無意識的智慧。若能了解夢在說什麼，夢境便能以深刻的方式啟發並豐富我們的清醒生活。根據榮格的說法：「每個夢都以各自的方式傳遞著某種訊息，不僅告訴你內心深處不對勁的地方，也告訴你如何走出危機。」[1]

榮格畢生都以夢為嚮導，他在自傳《榮格自傳：回憶・夢・省思》（*Memories, Dreams, Reflections*）中記述了他認為特別重要、啟發或影響他豐碩一生的夢。夢在關鍵時刻幫助榮格找到他的路，在他走偏時正面挑戰他、指出他遺漏的東西，也將他連向貫穿他生命的幾個超個人（transpersonal）心理學命題。

解夢在榮格的治療方法中占據重要地位，他曾估算過，他在執業生涯中解釋了大約八萬個夢。[2]榮格處理夢的幽微方式為現代夢研究奠定基礎，而夢工作至今也仍是榮格學派心理分析的基石。因此，想成為榮格分析師的人皆須經過對於夢語言——意象、象徵和感受——的嚴謹研讀與實習。

❖ 許多事物就算我們不理解，也能產生效力。但毫無疑問的，理解夢能大幅提升夢的效力。而這往往是必要的，因為無意識的聲音太容易被我們忽略。——榮格

我們三人——麗莎、黛比和喬瑟夫——是一起受訓成為榮格分析師的同學。我們曾和許多人及他們的夢工作過，有些個案長達數年。我們各自都從很久以前就開始記錄和解讀自己的夢，也如同榮格一般接受夢的引導。我們熟知夢的直言不諱，多次被夢指正、被夢安慰；我們曾在夢醒時分感到肅然起敬，或者大受鼓勵；我們在無數案例中發現夢能支持、帶領或挑戰我們的案主，解開他們生命中痛苦的結。我們知道夢是有意義的。

同窗期間，我們經常坐在一間俯瞰費城優美的里滕豪斯廣場（Rittenhouse Square）的房間裡共讀榮格理論。我們是考試和論文路上的戰友，在彼此低潮時情義相挺，也在有人畢業時一起慶祝和為分離傷心。我們一起吃了不知多少頓飯，共享了好多咖啡和笑語。三人都結業後，為了讀書而必然聚首的日子不再，

一個新的創意合作計畫於是誕生，也就是我們共同主持的podcast——「跟著榮格聊人生」。這原本只是一年的實驗，如今六年過去，節目依然繼續，因為每週的錄製過程依然帶給我們滿滿收穫、挑戰與意義。其中，解夢是我們每集必聊的重點之一。

許多鑰匙

我們之所以寫作本書，是想試撰一部實用指南，將夢工作從難以入門的艱澀學問轉譯為真正可理解和操作的步驟。本書的方法基本上是榮格取向的，並依時期與差異區分榮格主要的釋夢理論，但書中同時加入了榮格之後的夢研究專家智慧，以及我們這些年來累積的技巧和見解。我們希望匯集關於解夢最實用的概念，將它們整理成融會貫通、平易近人的知識，並以方便讀者應用的形式呈現，在本書中稱為「鑰匙」——因為它們是解鎖夢意義的關鍵道具。後續章節中，我們將一一闡述這些鑰匙，各附上一至兩個實例，以利讀者了解如何使用它們解讀自己的夢境。大部分章節也會包含一段對於常見夢動機（motif）的淺探，例如被追趕或赤裸的夢、有動物或房子的夢，夢象徵沒有絕對指什麼，但我們將一些可參考的解釋整理在各章裡。

❖歸根結柢，人大部分的難題都來自於與本能的失聯，與自己心中那千百歲的、被遺忘的智慧斷了連結。而我們該如何與這位內在的「老者」重新接上線呢？就在你的夢中。——榮格

閱讀本書的過程中，你會取得愈來愈多鑰匙。熟悉這些鑰匙能幫助你成為解夢好手，但這會需要練

習。讀者可以考慮每讀完一章，就先運用拿到的鑰匙，再前進至下一章。如此或許能幫助你吸收學到的技巧——畢竟我們的目標是實踐夢工作，並不只是閱讀而已。為方便查閱，我們也在書末附上所有鑰匙的一覽表。一旦手裡有了一些鑰匙，你就能在遇上鎖住的夢之門時試著拿出來用。你可能會發現有些鑰匙對不上，有些卻能助你打開嶄新的洞見。

本書中的範例都取自真人實夢，經過夢主同意後才收錄於此，有些甚至是我們自己的夢，會註明是黛比、麗莎或喬瑟夫的夢。真實的夢是雜亂的。儘管我們盡量選用了能清楚說明各概念的夢，許多夢仍看得出與其他鑰匙有關，或包含一些在該段中顯得突兀的意象。事實上，學習安於夢的雜亂也是夢工作的重要一環。

有些我們收錄的夢屬於特別奇幻迷人的「大夢」，就像前述布琳的夢。大部分人真的都會作這種夢，至少偶爾會作。但我們也盡力納入了很多「平凡」的夢。如果你覺得自己的夢都好普通——也就是說，它們是令人搞不懂的日常光景碎片，並未引起多強烈的感覺——可別讓那些神話故事般的夢例子把你嚇跑了。「平凡」的夢也能盈溢智慧，而且是為你量身打造、源自你本身的智慧。無論你的夢顯得多簡單、多稀少或多晦澀，它們都是值得你重視的寶貝。你可以對你內在的織夢人有信心——這為你編織夢、神祕機智的另一個你，始終心心念念為你設計著最適合的訊息，設法將它們傳遞給你。即使是看似平淡的一小隅夢，也可能是深遠啟示的入口。

周圍的鏡與中央的火

無意識很難歸入整齊的理論中。《榮格心靈地圖》（*Jung's Map of the Soul*）作者莫瑞・史坦（Murray

Stein）描述，他曾看見榮格被學生批評在某個觀點上前後說法不一。榮格說：「我像在看一盆火，試圖在火周圍放許多鏡子，讓其他人也能看得到。有些鏡子合不攏或對不齊，這我也沒辦法。但重點不是鏡子，請看看那盆火呀！」[3]我們也想向讀者提出相同的請求。閱讀時，你也許會發現有些理論之間有隙縫或對不上的地方，這種時候，請先試著讀下去。無意識——以及源自無意識的夢——是理性之外的一個領域。但若以開放的心嘗試，我們通常能直觀領略它。

書中也可能有些分類模糊或概念重疊的地方：許多鑰匙其實是由不同角度切入類似的概念。如果你繞著一座雕像走，你會看見雕像的每一面、體驗到雕像的全貌；同樣地，如果你沿一個夢巡行，你會從不同的制高點看見同樣的材料、加入多層次的意義、建立多維度的理解。我們無法在河口畫條線，說這邊的水是河、那邊的水是海。別太煩惱鏡子的邊界，提醒自己中間的火才是最重要的。

很多人覺得自己想不起夢的內容。不過，研究顯示，每個人每晚都有將近兩小時在作夢。夢可能發生於睡著的任何一刻，但最鮮明的夢多半發生於所謂的「快速眼動期」（Rapid Eye Movement, REM），即睡眠週期最後的第四階段，此時人的心跳會加速，大腦活動變得活躍。科學家對夢的功能尚無定論，但一些證據指出，夢有助於鞏固記憶和消化情緒。許多動物都會作夢，包括哺乳類和鳥類，乃至於章魚和蜘蛛。[5]這項能力如此普遍，說明它必然能為適應帶來極大益處。你很可能每晚都在作夢，只是未必記得而已。如果讀者也和許多人一樣覺得自己不擅長記夢，可以參考本書最後的附錄。如果認真嘗試這些建議——而且是真心想認識你的夢——相信你回想夢的能力會愈來愈好。

夢工作需要我們培養一種新的態度，放鬆理性心智，安於曖昧、矛盾、甚至困惑不明。如果你覺得這樣很難，試著把夢工作想成是一種遊戲。認真的、愉悅的、引人入勝的遊戲。在遊戲時，我們會全心投入任務，把理性擱到一旁，盡情釋放想像力。解夢需要靈活柔軟、用象徵的語言說話。以遊戲的心態來看待夢境會有所幫助。

你的未知房間

夢就像一棟房子，裡面有無數上鎖的美麗房間，本書旨在分享一些能幫助你開門的鑰匙。如果你一直在找尋方法，想更貼近那個靜靜坐落你心裡某處、充滿驚奇與指引的內在世界，本書應該能幫上你的忙；如果你總覺得有某種更深的解釋，卻說不出那是什麼，本書應該能派上用場；如果你一直想遇見你的織夢人——那夜夜帶著智慧的禮物來訪、忠實的另一個你——本書是為你而寫；如果你想踏上一場絕無僅有的旅程，本書也是為你而寫的。

睡眠的紗幕罩著一個充滿神話意象、奇幻邂逅、異樣美麗的國度。夢每晚陪伴我們，提醒我們在意識的世界之外，我們還參與著另一個維度。夢讓我們知道自己並不孤單。醒著的時光，我們也許庸庸碌碌；夢卻證明了還有別種存在方式，超越意識的極限，提供另一種看世界的方法。夢是夜夜可見的證據，說明確實有某種巨大、深邃、強勁、神祕的力量運作於日常生活的平淡表面之下。

第一章

初衷：成為完整的自己

我的直覺建立在一個突如其來、最意想不到的洞見上：我的夢代表我、我的生命、我的世界和關於我的所有真實……

——榮格

享壽八十五歲的榮格，在他逝世前幾年於自傳中回顧自己的一生：「我總覺得有股力量帶著我走，我存在於某種我不知道的基礎之上。儘管如此不確定，我仍感受到萬事萬物背後有某種實實在在的東西，我的存在方式之中有某種連貫性。」「榮格認為他這一生是被某種無垠的力量帶著，走向他自己看不見的命運。他將此過程稱為「個體化」（individuation）。

個體化意味著以帶動我們的未知為基礎，在真實生命中活出自己最完滿的樣子。個體化是我們一生的成長過程——成為我們終究要成為的那個人、變得完整。正如每粒橡實裡都藏著一棵橡樹的藍圖，我們也根據著某種內在藍圖漸漸綻放自己的可能與性格，成為獨特的人。不同於橡實的是，我們有能力主動參與自己生枝展葉的過程，前提是我們願意為成長付出心力，而且有辦法誠實面對和接納自己。

個體化需要投入一段意識無法完全掌握的進程。我們必須發展出一種對於自己——尤其是我們並不喜歡的那部分自己——的熱情關心，必須相信每次挫折、心痛或失望之中都藏著能更了解自己、活出最完滿自己的契機。榮格寫道，「活成自己的衝動如此之強，強得所向披靡，你能永遠仰仗它的存在，但那不代表你往哪裡走都會有好的結局。倘若你不關心自己的命運，無意識就會替你關心。」[2]

個體化能幫助我們找到屬於自己的存在姿態。當你達到這種狀態，就能夠開放地接受愛，接受批評、犯錯、苦痛和欣喜；同時能夠坦然感受你的感受，大方承認你的脆弱與強悍；並為自己相信的真理而戰，但不再非必要地豎起防衛姿態。你我都認識像這樣的人，而且喜歡他們——他們的謙卑、開放與溫暖吸引我們靠近；他們獨特且獨立，對事情有自己的看法；你能感覺出他們的深度，但也常看他們行事風趣和調侃自己；他們就算已有年紀還是散發一種青春氣息，而且非常懂得享受生命。

歸根結柢，個體化是接受無意識的一段過程。個體化需要我們認清一件事：我們不只是有意識的人格——即自我（ego）——構成的，我們也想認識自己的其他部分。夢是走進自己神祕深處最有效也最可靠的途徑之一。夢使我們注意到自己遺忘、丟棄或排斥的東西。夢是一扇門，透過那扇門，我們所不認識的、被放逐的自己溜進意識裡。持續探索夢，能讓表層與深層的對話變得容易，也是自身蛻變不可或缺的助力。

為何要解夢？

一旦能讀懂它們，豐富的夢境就能在個體化之路上為我們指點迷津。夢就像渠道，連結我們的意識與榮格所指的廣袤莫測的基礎，同時也傳導和記錄被它牽引的感覺。榮格發現：「我的心靈裡有些部分不是我創造的，它們自己就生成了，並且擁有自己的生命」——夢是這些無意識自行存在的證據。[3]它們也許顯得不可理解，但確確實實存在，毫無疑問屬於你，而且只屬於你。它們的智慧呼應著你獨特的生命經驗，而最簡單將這些無意識內容忠實整合進意識中、更明白個體化自己的方法，便是學習夢的語言。

夢針對生活中的未完事務和將來事件給出建言。無意識會接收意識遺漏的資訊，在夢中告訴我們漏掉或誤判了什麼。無意識總是走在意識前頭，因此夢能警告我們注意可能發生的事件。夢照顧著人的心理平衡——就像身體調節系統維持著體溫、血壓等等的恆定，夢也會透過補償歪斜來使心靈重拾平衡。

意識並不若我們希望的那麼可靠。意識像盞聚光燈，提供一圈明亮但有限的焦點，它依然極其——以榮格的話來說——「脆弱，被特定危險威脅，容易受到傷害。」[4]但如果我們承認並試著整合無意識的部分，有意識的人格便能獲得一片更深更廣的基礎，得到莫大的安穩感。

夢將我們連向一座生機蓬勃的亙古泉源。榮格將這座泉源稱為「集體無意識」（collective unconscious）。就像布琳發現的，夢給我們的一些意象與自身經驗似無關聯。它們衍生自那些普世皆然的形式——也就是榮格理論中所說的「原型」（archetypes）——最常於夢中來到意識前緣。這些躍動的意象將日常生活連接到神話、宗教與象徵的國度、吸引我們的目光、替我們重新定向、同時跳脫「只能這樣」的狹窄視野。這些意象將我們向上連接到超越自我的意義、向下連接到古老神祕的真理；因此使我們動起來。

我們都曾透過夢領略到生命的某些奧義和奧祕，感受到自己是某種更大整體的一部分。你的夢有終極目標（telos）、方向與意圖——它們為了你的成長而存在。無意識並不只是塵封回憶的收藏庫，也一直在製造推動我們向前的驚人洞見。

❖夢是心的流露，讓你看出是什麼樣的錯誤執拗使你走進了死胡同。——榮格夢直接以陰影衝擊我們。夢魘雖然痛苦，卻也有其用處，使自我看見內心被隱藏或被放逐的面向，並且經歷一段淬鍊的過程。當我們將這些面向迎入意識中，反而不再受其擺布。榮格認為，當我們內在「最劇烈的衝突過去後，剩下來的會是一份無法輕易動搖的平靜安穩……因為這些劇烈衝突和激烈震盪，才能獲得珍貴且持久的結果。」[5]黑暗是無可避免的；夢讓我們有機會直視和理解黑暗，而非任其吞噬。

夢是通往創造力的大門，為我們引介未知的事物和奇異的想法，帶我們走進想像力的國度，放我們在那裡搔著腦袋四處遊逛。從達利到愛因斯坦，無數藝術家及科學家向夢借取靈感。創造是需要動用無意識的一件事，而這正是夢工作在學習的重點，也是個體化不可或缺的關鍵一環。

當我們與夢合作，自我就不必再孤零零地頂住生命的狂風。神祕的內在他者會陪伴我們，靜靜觀察守候我們度過外在生活。即使夢令人參不透，至少能提供另一種觀點，提醒我們醒時的生活並並非人生的全部。

源於內的智慧

你也許會覺得你的夢奇異難解，因為它們源自於內在一個深不可測的部分；但它們毫無疑問是屬於你的。夢所承載的智慧來自你本身，專屬於你的人生境遇和心靈——包括意識與無意識的完整心靈。正如哺乳的母體知道如何分泌最適合孩子此時發育乃至於免疫所需的乳汁，你的織夢人也知道如何打造當下最需要的夢境。夢就像織夢人專為你的問題調配的解藥。西元四世紀的哲學家辛奈西斯（Synesius of Cyrene）鼓勵每個人成為精通自己夢境的大師，因為夢中找到的知識「來自我們，不假外求，是每個人靈魂的獨特珍寶。」[6]夢工作其實是在向自己心底的智慧求問。

第一把鑰匙在你手裡

夢是湧出智慧與驚奇的泉源，但你得踮起腳尖、努力一點，才能汲取泉水。其中至關重要的一點，是在醒來時立即記下夢——夢就像靈魂呼出的氣息，飄散在意識裡沒多久便散掉。我們建議讀者用某種小儀式來昭示自己開啟內在之旅的決心。如果你第一次接觸夢工作，或者之前已經斷了很久，可以在這趟旅程的出發點寫封信給你的織夢人。讓它知道你有在聽、承諾你會記下和注意它給的每一個夢。總而言之，試著努力朝夢的方向伸出你的手。

如果你沒有記夢專用的筆記本，現在就替自己準備一本。為這個動作賦予象徵意義。也許特地買一本手工日誌，或者到附近文具店挑一本你最中意的筆記本。把日記和你想用的筆放在床邊——現在有些筆甚至附有燈，夜裡醒來也能隨時使用。每天起床的第一件事，就是拿起你的夢日記，把夢中記得的所有片段寫下來。寫夢的時候，用現在式可以幫助保留身歷其境的感覺。我們也建議可以為夢下標題，一來有助於解夢時聚焦，二來日後尋找比較方便。

決心投入夢工作

- 如果你還沒有慣用的記夢方法，現在就為自己設計一套，並開始實行！比如買一本記夢專用的筆記本、下載夢日誌Ａｐｐ，或者布置一個你每天早上寫夢的專屬角落。
- 假如你覺得回想夢很難，可以翻閱書末附錄，試試看有沒有哪些建議對你有幫助。
- 把寫夢當作每天起床後的第一件事。用現在式書寫，並為夢下標題。

夢日記練習方向

寫封信給你心裡織夢的那個自己，謝謝它引導你。告訴它你衷心想聽它的建言，而且很珍惜它送來的每一份禮物。

榮格的心靈模型

想要理解夢，先對心靈有幅概略的認識會對自己很有幫助。榮格對於心靈的結構和動力有套獨特的理論，其中也說明了這些心靈構成部分在夢中會以什麼樣的意象出現。一幅心靈地圖能協助我們探索夢的地景——認出不同的心靈部分、考慮它們之間的互動關係，於是從中看出可能的象徵意義。

自我

自我（ego）是清醒生活的動力中樞，形成我們的意識、意志、價值、欲望和認同。自我同時關照著內在真實與外在現實，讓我們有能力適應變化、展現自己的選擇與自主。自我是一種基底而連續的「我」的感覺源頭——這個「我」既是從小到大的那個我，也和過去任何時刻的我不同。自我就像冰山的頂端，浮在水面上；底下則是所有無意識的內容。每當夜晚來臨，升起的夢會掩蓋自我和意識，替我們織夢的那個內在他者便開始展現它自己興趣、點子與意象。夢裡的我們又稱為「夢自我」（dream ego），是代替清醒的我們出演夢的替身。我們總是認得出夢中的自己，但夢自我的認知和舉止有時候對應到一個非常不同的現實。

人格面具

人格面具（persona）一詞源自希臘文，原義為古希臘劇場用的面具，榮格用它衍伸來指我們用以示人的心靈部分——或說心靈的公關部。就像角膜保護著眼球，人格面具中介著社交互動，保護我們的心不直接被世界的否定磨損。但和角膜不同，人格面具也被文化規範形塑。舉例來說，我們知道工作時和參加派對時要展現出自己的不同樣子。不充足的人格面具會阻礙我們適應社交需求，甚至被視為冷漠、失禮或笨拙的人；過度認同人格面具則會造成偽裝和武裝，使我們難以發展出真正親密的關係。總括來說，區分自我和人格面具很重要

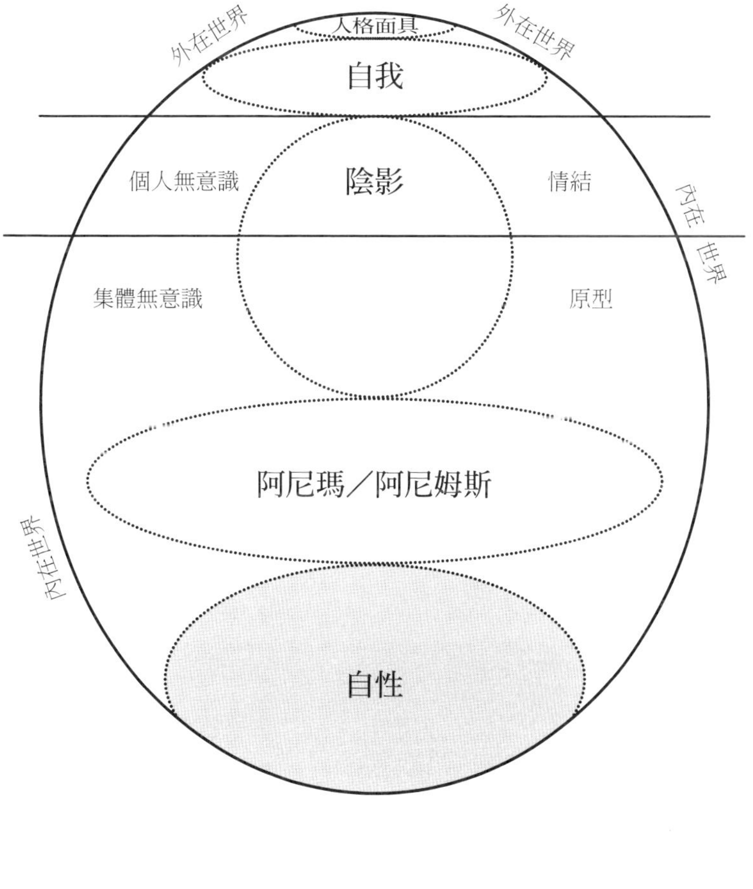

——要知道我們並不等於我們在生活場合中（或社群媒體上）演出的樣子。

陰影

如果說人格面具是我們想讓外界看見的理想自己，陰影（shadow）就是所有我們討厭、否認、想要隱藏的人格部分。這些部分無法相容於我們認為自己應該要是的那個人。陰影通常伴隨羞恥、恐懼、憤怒等情緒，若要自我成長，就需要擁抱陰影，賦予它們新的意義。陰影在夢中扮演重要角色，提供與自我及人格面具相抗衡的一股力量。它最常以一個同性的樣貌出現，很可能體現了某種你不想承認的特質。當你夢見你的好朋友、某個你不喜歡的鄰居或討厭的陌生人，這代表的可能就是你的陰影。我們的任務是試著連結和反思、在意識中找到一個可以安放它的位置。

阿尼瑪／阿尼姆斯

阿尼瑪／阿尼姆斯（anima／animus）在我們的電影、文學、夢境——甚至清醒生活——中通常出現為一個具有強勁魅力的異性他者（other）：它是我們所不是的。它可能化成一個完美的形象，如絕世美女海倫或超人克拉克；也可能以黑暗面現身，如吸血鬼德古拉或希臘神話中復仇的米蒂亞。陰影有很大部分關係到個人經驗，阿尼瑪／阿尼姆斯則浸滿了非個人和原型的成分。但無論光明或黑暗，阿尼瑪／阿尼姆斯都是令人著迷的、普世的、不受控制的。它所關心的不是外在世界，而是將我們與集體無意識和內在世界連結。若這股動力一直被封在無意識中，我們可能被它支配；但若嘗試與它建立關係，則將成為靈感泉源。

集體無意識

集體無意識是榮格廣泛鑽研神話、象徵、宗教後提出的一個概念，指的是心靈深層涉及人類普遍經驗的一個部分。心理學諸流派中，只有榮格學派有這個概念。集體無意識如同一座收藏庫，收藏著我們物種百萬年來的典型經驗及本能經驗，收藏著不同時代與不同文化中一再出現、所有人類共同繼承的傾向與可能。在夢中，來自集體無意識的意象可能呈現為各種東西，從極其普通的一座花園或一頂帽子，到令你大受震撼的海嘯來襲或天使降臨。集體無意識連結著我們全部，像一座地下水脈或地下根系。在看不見的地方，根源都是共通的。我們經常在夢中遇見來自心靈這層次的意象。

原型

原型是我們繼承的、躍動的、自行存在的普世經驗結構成分；我們的集體無意識中充滿了原型。原型都是雙極的，有著創造性和毀滅性。它們涵蓋從原始衝動到靈性體驗的廣大內容，因此可以承載強烈的情緒，足以壓過自我。我們無法直接觀察或描述原型，只能透過普遍出現在行為、意象、意識、神話、象徵和夢境中的模式來間接把握它們。原型意象也讓我們得以與那牽引我們的看不見的手——即自性（the Self）——互動。

情結

情結（complex）是一種自主的動力匯集，由環繞某個原型的回憶、感官經驗、意象、想法集結而成。榮格於學術生涯早期注意到情結的存在。他在字詞聯想測試中發現，當受測者對一個字詞感受到情緒，並牽動他們的無意識時，反應會慢一拍或作出不恰當的反應。情結是心靈結構中的變動因子，被個人經驗形塑，尤其深受早年關係、內在衝突及創傷影響。情結以鮮明的情緒色調和身體感受為特徵，從陷入迷戀到塞車煩躁都是情結的例子。它們能淹沒自我、扭曲對現實的認識。

自性

自性是榮格心理學的一個樞紐概念，指的是心靈宇宙的中心及其輪廓。榮格認為自性才是決定我們是誰的真正核心，而它本身也是一個原型，形成我們所認知的完整或圓滿。自性是心靈的整理原則：這個原則構成了自我，卻又超越自我，統整我們心海中的各種原型，並且平衡對立的兩極。與自性的相遇可能展現為許多意象及一種敬畏和陌異的感覺。又由於自性是帶給我們生命力的神祕主源，它經常被以宗教意象或形象代表。榮格寫道，「自性，是明擺著的奧祕，在淺夢和靈視中也總是如此出現……它是石中的精靈，是等待有人來破解的大謎……」[7]自性在夢中對我們說話，指出我們無可避免要走的路。

織夢人愛你

你在睡夢中的生活——大約占據此生三分之一的時光——對你和你的個體化歷程有很多話想說。本書介紹的鑰匙就是為了協助你解鎖夢的話語。夢工作者傑瑞米・泰勒（Jeremy Taylor）認為，每個夢都是為了幫助我們療癒或變得完整。[8]你的織夢人是你忠實的內在夥伴，它想要的就只是看見你綻放你自己。或許值得注意的是，「夢」這個字既能代表那些睡時的訪客，又能代表我們最瑰麗的願景。夢邀請我們跨出自我，帶著創意擁抱心底超越理性的一塊疆域，並在那裡找到一份湧自內在的、一直以來都熱烈支持我們的愛。織夢人從未減少對我們的關心，就算我們都沒注意，依然夜夜送來它希望能幫上我們的訊息。榮格派心理學家艾德華・惠特蒙（Edward C. Whitmont）與席薇亞・佩雷拉（Sylvia Brinton Perera）寫道，「夢永遠不會乾涸，引領我們的自性始終潺潺對我們傾訴著支持，無論我們是否在聽。」[9]

人類與夢世界的互動有悠長的歷史。雖然沒有直接證據顯示數萬年前畫滿拉斯科岩洞（Lascaux）和肖維岩洞（Chauvet）的壯觀壁畫與夢有關，但夢研究者凱利・巴克里（Kelly Bulkeley）提出了一個有趣的看法。巴克里認為這些地下洞穴或許被我們的老祖宗當作「孵夢室」使用，人們在這裡入睡，等待夢喻降臨。說不定那些驚人的美麗壁畫也是受到他們的夢境啟發。[10]

無論身在什麼時空，人都會作夢。一篇楔形文字記錄了兩千七百年前蘇美王古地亞（Gudea）的夢。十二世紀的日本遁世僧明惠上人寫了四十年的夢日記。在十六世紀的西班牙，能作預知夢的年輕女子露克麗霞・雷昂（Lucrecia de León）惹惱了王室，被視為異端處死。當代義大利電影大師費里尼（Federico Fellini）也有記夢的習慣，他的重要作品昭示了夢的濃厚影響。

我們一生中任何階段都會出現令我們心驚或心煩的夢，會夢見無法理解的奇怪意象、荒誕好笑的情節、不可思議的領悟。有些夢令我們終日惶惶，為某段時期蒙上莫名的陰影；有些夢閃爍著神奇光芒，彷彿祕密地讓我們看見平常看不見的真實。

夢是誰都能汲取的資源，不分出身與境遇。即使我們無法擁有最寬渥的財力、體力或教育機會，也永遠能求助於自己內在那座豐裕得不輸世上任何人的寶庫。沒人能拿走你的夢；夢是靈魂不受侵害的祕密領土。無論想或不想，我們都會作夢。我們無法選擇不要夢，但能選擇要怎麼處置這些禮物。如果你正讀著這段話，你顯然選擇了勇敢接納你的夢，允許它們牽引你、改變你、驚豔你——並選擇與你的織夢人成為朋友。

第二章

織夢人：你的內在嚮導

每個人心裡都有一個陌生的自己，它在夢中對我們說話，述說它所見的我們和我們所見的自己多不一樣。當我們陷入走不出的困境，它有時能照亮新的角度，改變我們一直堅持的態度——使我們走入困境的那個態度。

——榮格

我們內在都有一個神祕的他者，靜靜觀察著我們的生活，夜夜與我們分享它的所見所聞。這個為我們編織夢的部分像是與我們不同的人，卻又永遠忠於我們，它提供的洞見能拓展我們的視野，在神祕的個體化之路上引導我們。夢的智慧存在於每個人心裡，我們需要的只是學習如何汲取這豐富生命的養分。

人生就像開車。當你駕駛時會一邊看路、注意紅綠燈，留意突發狀況。而在後座有一位隱形的乘客，觀察著你開車時發生的所有事，尤其是令你分心或煩心的事。如果有人問起你們這一路上如何，你們的描述想必很不一樣。你可能會想起有個地方在施工、看見的美景、突然的暴雨；你的乘客印象最深的則是你拿出零食吃、有時反應很快、有時打瞌睡，以及你在二十號公路如何應付一台霸道的車。這位乘客把你的行動和反應都看在眼裡，提出觀察、質疑以及對你來說顯然更好的路。

這位後座旅伴就是你的織夢人，每天晚上回報你的人生行車紀錄。它的見解可以提供直觀的智慧、切入問題的新觀點，甚至讓你開始與你心底的一種目的感相連。即使你聽不懂或記不得織夢人的回報，心情也會受其影響；但若你試著回想和解讀夢的訊息，可以更快整合對你有幫助的觀點。

織夢人能協助我們逐漸長成完整的個體，在自己身上發現新的潛力、能力與態度（attitudes）*，產生令自己驚訝的領悟，成為更全觀與更平衡的自己。但有個小問題——織夢人說的是一種我們聽不懂的語言。然而，我們可以學習這種語言。如同為了到異國旅行而學習外語，會說夢的語言能幫助我們親近夢之國裡新奇的景象、態度與世界觀。

要做到這一點，記得四件事會很有助益。首先，**夢是象徵式的**。你的織夢人很少能運用白天有意識心智所用定向思考和直接的語言。織夢人是我們心靈的一個古老部分，用意象、隱喻和象徵說話，解讀它需要仰賴直覺與感覺，而非線性思維或直接對照。榮格發現，夢並不像佛洛依德所認為的是種偽裝，而是最清楚呈現的心的真相，只不過是用無意識的語言傳達。夢可能很難理解，因為夢的語言對我們而言是種外語；但夢從來不說無意義或模糊焦點的話。想學習織夢人的語言，我們需要先培養一種象徵式的態度，才能跟上夢那神話般的獨特抑揚。

第二件要記得的事，**夢提供新鮮的觀點**。織夢人的觀點可能非常不同於我們清醒時的價值與見解。榮格曾描述夢「一直在設法表達自我不知道也不理解的事。」[1]「如果你從一個夢裡醒來，不明白夢的意思，試著花點時間想一下。你的織夢人不會平白無故造個不能帶來新情報的夢給你，它更可能是在和你分享你從沒看過的自己。

第三件事，**夢自我的看法往往是夢裡最不可信的**。每到夜晚，我們的夢中的自己經常在夢的國度裡遭遇令它覺得受怕、受挫、受委屈的人物。醒來時，我們很容易站在夢自我那邊，認為那些人物錯了或想害我們。但很多時候，那只是因為我們套用了自己有意識部分的態度。一旦打開心靈這部分的成見，我們經常發現夢自我以為不對或糟糕的事情之中藏著一種更有用的新態度。

最後一件事，**夢談的通常是內在世界**。你的織夢人最關注的主題是你。清醒的你必須面向外在世界——眼睛盯著外頭，以便與人互動、達到目標、完成工作——你編織夢的那個部分主要觀察的則是自己內在。雖然我們經常有種衝動，想把夢解釋成對外在世界人事物的點評，但多數時候，夢只是借用這些熟悉的人物和地點來呈現我們內在世界的近期動態。

別忘了，織夢人是你不離不棄的人生旅伴，你生命中的任何時刻它都與你同在。它感知的是心的事實，而且樂於分享它的所知。你能自己選擇要不要讓這些知識進入你的意識。如果你決定結識織夢人，它會以數不盡的饋贈回報你，因為它唯一想要的就是協助你活得完整。

和你的織夢人作朋友

織夢人能提供你看待自己的新觀點，指出你可能尚未察覺或不願正視的事。思考夢的時候，試著將它們想像成一位想幫助你的內在嚮導送來的訊息。

* 譯注：態度（einstellung，原意為「設定好的」，英文慣譯 attitude）在榮格心理學中指的是心靈建立起來的一套面對世界的習慣傾向。榮格認為態度是我們能觀察到的人格類型的基礎。

夢是象徵式的

我們並不習慣象徵式的思維；我們習慣把夢的意象直接對照到具體實物來理解。但隨著你踏入夢工作，你會逐漸發現你的織夢人是很詩意的，它會用意象和隱喻創造出千變萬化的幽微含義。舉例來說，有位四十三歲的女士作了如下的夢：

玉米糖

我在為萬聖節買糖果。巧克力糖很貴，所以我從一個橡木桶裡撈出好多好多玉米糖（candy corn）*。我想這樣回家後就能分裝成很多袋，送給來討糖的孩子了。

夢主是位全職媽媽，習慣把自己的需求擺在最後。如果單就字面來理解這個夢，它說的好像是清醒生活的一件瑣事，但若考慮其象徵意義，我們也許就能聽見織夢人的忠告聲音，透過這些意象提醒她別掏空自己。萬聖節是現代孩子討糖的有趣日子，但也是有著神話與宗教淵源的古老節日——可以說是橫跨了兩個世界。兩千年前，凱爾特人會在十一月一日慶祝代表夏末冬始的薩溫節（Samhain）。人們相信隔開生死兩界的紗幕會在這一天變得最薄，而讓死者暫返人間。萬聖夜是承認眼不可見的世界、酬慰那個世界的居民的一個夜晚，人們會著裝打扮集結在營火邊，獻上祭品請求幽靈們庇佑和不要作亂。今日，我們仍能在打扮成妖魔鬼怪的孩子們「不給糖就搗蛋」的聲音裡聽見這些習俗的迴響。

就連巧克力糖也富有象徵意義。古馬雅文明中，人們認為巧克力是掌管知識的羽蛇神（Quetzalcoatl）賜給人類的禮物，將之用在神聖祭儀上。由此角度看，這個夢似乎在說有些默默影響我們的古老力量被忽略了——夢自我並沒有選擇巧克力。夢彷彿在邀請夢主更重視自己，也更尊敬被日常紛紛擾擾遮蓋的心靈領域。

榮格認為象徵不等於符號，因為符號代表的事物是固定的，例如某種風格化的男女圖案代表「廁所」、紅燈代表「停」。思考夢的時候，我們的第一衝動往往是把夢看成許多符號構成的暗號，認為只要一個蘿蔔一個坑地置換，意義就會顯現。比方說，如果每個數字都代表該順序的英文字母，我們就能把「12-15-22-5」換成「love」來破解這串暗號。相信夢也能這麼破解是很誘人的想法，當佛洛依德在夢中尋找性意象，他的思維也是這種解密碼的思維——只要是圓柱狀的東西就一律換成陽具。我們很受這種對照式的操作吸引，這能讓我們的清醒心智覺得安穩、有掌控權、自信沒有什麼夢是我們解不開的而沾沾自喜。

榮格認為，「一個字作為符號是沒有意思的，作為象徵卻能有千百種意思。」[2] 符號並不能擴充所代表之物的意義，只是取代這件我們已經熟悉的東西；它也無法邀請我們思考意義所具有的繁複、重疊甚至矛盾的各種色調。號稱能「破解」夢的夢辭典（dream dictionaries）就是將夢意象當作符號，有時甚至到很荒謬的地步。有個網站甚至聲稱如果你夢到貝果，那就代表你的人生裡有個大洞！將夢意象——即使只是個貝果——視為符號而非象徵來解讀，會限縮它們原本豐富的潛在意義。要理解貝果在某個夢裡象徵什麼，得先在很多層次探討它的意義，包括夢主個人對它的聯想。

象徵的解讀如何幫助我們打開一個夢不同層次的意義？讓我們用另一個例子來說明。這是一位四十三歲男士的夢：

---

* 譯注：美國萬聖節常買的黃橘白三角軟糖。

飛車黨

晚上我和老婆跟狗一起在家。我看見十幾二十台摩托車的車頭燈衝著這裡來，停進我們家的車道，同時聽到震耳欲聾的引擎聲。我立刻明白是飛車黨上門來找碴。我遞給老婆一根球棒，自己拿起槍。我知道免不了一場血戰。

要理解這個夢，我們需要先回答飛車黨在象徵層次上意味什麼。夢主並沒有遇過飛車黨，但覺得他們似乎是一群無法無天的人。摩托車震天價響的引擎聲和大亮的車頭燈彷彿一種主動攻擊的凶悍姿態，破壞他家的寧靜和隱私。夢主覺得飛車黨很像他岳父岳母，做什麼都不問他意見，常常臨時要在他家過夜。假如我們把「飛車黨」看成代表「岳父岳母」的暗號，這下密碼就解開了——而且這種解讀會令夢主很滿意，因為這驗證了他對妻子雙親的負面想法。我們很容易用有意識心靈的傾向去解釋無意識心靈的想法；自我會因想法得證而感到開心。

但夢通常是在告訴我們一件意識尚不知道的事。既然夢主已經熟悉他對岳父母的想法，想要理解飛車黨象徵什麼，便開始探索其他可能的意義，同時這也帶來了新的資訊。夢主覺得他在妻子面前凶不起來——不贊同妻子會讓他有罪惡感，因此他總是配合她的喜好，即使很在意的事也不會爭取——他放逐了自己心裡的「壞男孩」。或許，夢中的飛車黨象徵著他內在被否定的凶悍，他們將意識的車燈對準他，要他察覺他也必須適度出擊才能活得真誠和持續成長。織夢人也許在邀請他在感情關係中為自己站出來，如果直接把「飛車黨」置換成「岳父岳母」，就會錯過這份邀請了。

榮格派心理學家詹姆斯・霍利斯形容：「無論是聖經中燃燒的荊棘、身體發出的抗議，抑或夢中之所見的意象，都將我們與持續迴盪的嗡嗡低鳴連結在一起——那是亙古之心在跳動的聲音。」[3]夢源自表面之下，來自普世皆然、連結我們與其他人和世間萬物的心靈基質。從象徵意義詮釋夢，能讓這份攸關存在的連結更鮮活、更清醒。象徵之中有著神祕和活力，因為它們傳達了無法言傳的東西。就像詩人用隱喻捕捉那無法捕捉的，夢也用象徵述說那無法言表的。榮格寫道，「象徵不定義也不解釋，它指向它之外的某個意義，我們僅能隱約猜想而無法確實捕獲，也無法以熟悉的話語訴說。」[4]象徵式的思維讓我們得以探見超越日常、延伸至無意識原始深處的靈魂領域。象徵能影響我們的情緒，因為它們載滿了理智無法明白的含義。這就是為何榮格說，符號無法療癒人，象徵卻可以。

❖ 就像植物開花，心會開出它的象徵。每個夢都印證了活動正在發生。——榮格

我們能在以下的夢中感覺到這一點。夢主是位邁入五旬的男士：

黑暗中的光點

我在一個很暗的空間裡，像個空空蕩蕩的大洞穴。周圍或頭頂都看不見任何東西，但感覺並不可怕。我好像本來就該在這兒等，雖然不知道在等什麼。我聽見某種低鳴的聲音，由小聲漸漸變大。我開始看到遠處有些微光點在朝我靠近。有人邊唱歌邊走向我！我感受到一種難以言喻的歡迎之情。

這個夢的氛圍和意象猶如某種祕密社團的入會過程，洞穴則帶出走進地下世界的神話動機。這位夢主一直認為歸屬感建立在贏得外界肯定上，此夢象徵的多重意義強烈衝擊了他——他彷彿被自己心裡的一個

祕密聖域接納了，永遠可以以那裡為家。以象徵的方式與夢工作，能幫助我們與自己的深層真實以及一座好像冥冥灌溉一切存在的幽邃水脈相連。象徵驅動我們和一個更大的整體發生關聯。

由象徵的角度看夢需要練習。大部分人剛開始的傾向都是把夢中事物直接理解成實物，甚至一個研究自己夢境多年的人也可能還是習慣這樣解讀。象徵式的解夢不只是一項認知技巧。我們當然可以嘗試分析夢境，但這並不是為了找出一個「正確解答」，自信已將某個夢完全「破解」；我們需要認識到夢總是帶有一些超越意識理解的神祕和幽微之處，帶著謙卑走向夢，如其所示地欣賞這些來自織夢人的禮物。

作夢就像走訪陌生的城市或國家。在你開始「思考」這裡如何之前，不妨好好「感受」一下這裡的感覺。你的織夢人創造了一個沉浸式的想像世界，包括完整的五感體驗和勾起聯想的氛圍——你彷彿掉進一個有自己邏輯和觀點的異邦。開始解夢前，花一點時間在想像中回到這個夢。你看見什麼？聽見什麼或聞到什麼？四周是白晝或黑夜？晴天雨天？你有沒有碰觸到什麼？把這些細節都記下來，也記下你在夢裡的感覺或想法。這樣回想經常能使你再次體認到夢世界不可思議的精巧複雜，燃起好奇和象徵想像。

先好好感受夢世界，也有助於從象徵的角度切入夢。如果你發現你掉回了字面解釋的習慣，提醒自己從象徵的角度想想看。這可能會需要退遠一點，放下既有觀念，有方法地慢慢探索夢的意象。後續章節會介紹更多怎麼做的技巧。

可喜的是，生活中也有其他活動能練習運用象徵思維。假如你喜歡看電影，你不時就會接觸到一座象徵意象的湧泉。電影有點像集體的夢，我們都夢過的夢。下次你在大銀幕前坐下來，想想看如果這是個夢，它的主題是什麼？這些主題如何以象徵表現？或者你也可以反過來，想像夢是部電影。有時候，這能讓你稍微與夢拉開距離，看出它本質上也是一部象徵創作。你可以想像自己坐在昏暗的戲院中，放映機投出你的夢。這部電影是講什麼的？導演用了什麼隱喻？

雖說象徵的意義是極度個人化的，但榮格也承認「意義相對固定」的象徵。少了這類象徵支撐，織夢人就會缺少創造意義的骨架。例如深海常被用來表現無意識，動物很多時候代表原始本能。星辰的意義常與神聖有關，因為它們讓我們意識到自己身在一個輝耀浩翰的全體裡。「這些象徵都相對固定，」榮格認為，「但沒有任何象徵的意義是可以預先確定的。實際上能不能這樣解釋，總得看到個案才知道。」[5]換言之，這類象徵的常見意義能提供我們一個大方向，尋找它們在個別案例中的可能意思。

不同於夢辭典將意義說死的解釋方法，象徵辭典（symbol dictionaries）能讓我們認識許許多多意象在人類歷史長河中累積的藝術、神話、詩歌、宗教意義。這些建立在淵博研究上的詞條能針對一個意象，告訴我們有哪些時間見證的象徵意義可資參考。舉例來說，如果你夢到你養的貓，你的個人經驗——這隻貓的名字、個性、和你親不親等等——當然會影響如何解讀此意象，而象徵辭典（我們在「延伸資源」中列出了我們偏好的一些）則可為你補充貓在歷史、文學、隱喻中的典型身影，以及作為迷人寵物和無情掠食者的雙重特性；同時思考這點可以幫助你想通夢裡的貓代表什麼。

死亡的夢：象徵意義上的終結

夢見自己死了——從高處墜落、海嘯撲來、被殺手追上——總令我們很不安。有時候，我們也會夢見心愛的家人或朋友死了。這些夢是噩兆嗎？其實，死亡的夢多半只是在以戲劇化的方式象徵終結。夢工作者及作家傑瑞米．泰勒認為「夢世界裡的死總是攸關性情或特質的成長」。[1]我們人生新階段的開始往往伴隨著某段關係、某個角色或某個信念之失去，這些時刻常被以死亡象徵，就像無數神話所證明的，徹底死去後才有全新開始。

一位母親夢見自己青春期的兒子死了，在夢中傷心欲絕，醒來後，她很擔心這個夢是不祥的預兆。但當她從象徵的角度想，她意識到夢只是在訴說她對兒子童年終結的悲傷。她兒子今年就要高中畢業，離開家上大學了。

我們也可能夢見自己是殺手，殺死一個入侵者、一頭怪獸或甚至認識的人。雖然這種夢令人苦惱，但需要問的問題是一樣的：是什麼死去了？死亡象徵徹底終結，對你而言有某件事已經完結或必須完結，而夢在邀請你找出這件事。內在世界的死就像外在世界的一樣真實，一樣痛徹心扉，需要你有意識地好好哀悼。

儘管象徵式的態度對於解夢不可或缺，也有些夢直白得簡直像銀行對帳單。有個男人早上醒來，回想起夢裡有個聲音對他說：「你得了大腸癌。」到醫院檢查後，發現真的患了這種癌症，所幸還在早期階段。預知夢也可以非常直白：黛比剛懷孕時，有段時間常常夢見自己生下龍鳳胎。夢中的產子過程很神奇，所以她沒有特別當回事，過了很久檢查得知寶寶確實是一男一女的雙胞胎。她的夢告訴她內在的現實——雖然事後才明白其重要性。

別忘了夢是象徵式的

我們夢中的意象不是意義固定的暗號，而是一種象徵。試著避免「解密碼」的思維，改從象徵的角度來看待夢，包括：

- 回想你在夢裡的五感體驗——你在夢世界裡聞到、聽到、看到或摸到什麼？你對這個夢的感覺是什麼？
- 如果說這個夢象徵了你現在的處境，它可能象徵什麼？
- 想像你的夢是部電影。你能否看出其中關鍵的象徵主題？
- 你的夢裡有意義相對固定的象徵嗎？例如樹、海、洞穴、火。
- 夢裡有哪個意象值得查閱象徵辭典嗎？

夢提供新鮮的觀點

織夢人會在個體化的旅途上為我們提供有幫助的新情報和新觀點——每個夢都是在告訴你一件你還不知道的事。夢可能**反駁**、**補充**或**證實**有意識的態度，取決於你的有意識和無意識是貼近或疏遠。想像你輕碰一面鏡子：你會看見鏡裡鏡外的手彷彿在互相觸摸。你愈是收回手，鏡中的手就愈往另一邊縮。同樣地，如果有意識的態度有一點點偏離，夢呈現的態度會輕輕扯向另一頭；而如果有意識的態度已經非常一面倒，夢會呈現更加激烈的相反態度。在飛車黨的夢裡，我們就能看到織夢人呈現出一個極其凶悍的意象，來挑戰夢主的溫順。

反駁的夢

反駁清醒想法的夢可能令人不快，但它們是為了幫助我們而來。這些夢挑戰我們想要維持但並不真實的自我認知，譬如下面這個夢：

用手抓東西吃

我在一個家庭聚會上。大夥兒在烤肉，吃傑克常做的那種小火慢烤煙燻豬。我忽然意識到我直接用手抓所有東西吃，不只肋排，還包括馬鈴薯沙拉等等應該用餐具的食物。其他人也發現了，我覺得超丟臉。

這個夢抵觸了夢主清醒時的自我認知。他覺得文雅和形象很重要，不想承認自己也有不顧形象享樂的時候。他將這種放縱特質投射到表弟傑克身上，傑克很重視物質享受，還有個可資證明的大肚子。雖然夢主有意識的態度瞧不起傑克，但自己飲酒也不大節制，而且心裡某部分知道這件事。夢提醒了他，他和傑克並沒有他想的那麼不同。

最戲劇化的反駁夢可能令我們驚懼，一位已婚女子在和一個男性朋友愈走愈近時夢見：

崩壞的房子

我們全家搬到了一間偌大的老房子。正要睡覺時，我發現牆上有個地方在漏水。我叫我先生過來看，自己則到一樓檢查，發現漏水已毀了大客廳的牆壁和天花板。小孩們看見後，開始抱怨根本不該搬來，我擔心他們可能說對了。我們搬家時很匆忙，沒到現場就直接買了房子，照片並沒拍出房子有這麼多問題。愈仔細看愈發現牆壁和門窗有很多破損的地方，有些磁磚裂了，有些電器打不開。家具都是隨屋附的，盡是些浮誇難看的東西。我覺得我快應付不了這一切，不知道怎樣才能清掉這些東西，修好漏水和破損，享受舒服的家。我從一間大房間走到另一間，發現我們的房仲就在一間房間裡，是個機器人般冷冰冰的金髮美女。她說我們還有一點點機會退掉這間房子，但已經不可能回到舊家了。我聽見有警鈴在響，一群保全走進房間，說我私闖民宅。我開始向他們解釋我的狀況，然後又繼續在房子裡走，發現還有更多我不知道的房間。一場暴風雨好像正在醞釀，屋外烏雲密布、狂風四起。我發現每間房裡都愈來愈多人，但不知道為何這些人會在我們家。有個小男孩坐在走廊上，朝牆壁丟石頭——接著開始朝我丟。我試圖逃開，這時牆壁開始碎裂崩解。我一直找不到先生和孩子們，但房子就要塌了、屋外的風雨變得更強。我一身冷汗地嚇醒。

夢主經常夢見自己身在一座大房子裡，開心探索未知的房間，但這次的夢房子有種夢魘似的氛圍。夢裡的她作了個衝動的決定，使自己和家人失去舒服的家，困在一棟問題房宅裡。夢裡的細節意象彷彿堆疊成對她清醒態度的嚴厲警告——你心理上的新建物很危險！不能隨便搬進去！夢主意識到她擔心自己正在興奮展開的新友誼會使她情感上的「家」不再舒適穩定。

補充的夢

補充清醒態度的夢通常會點出一件你遺漏的事，或以令你意外的角度看待當前處境。你有意識的態度可能不算是錯的，只是忽略自己無意識知道的某些事；織夢人會設法讓你調整態度或意識到這些事。補充的夢一般而言情緒色調上比較溫和，不像反駁的夢那樣明顯挑戰我們，因此容易被我們輕易略過。但若仔細觀察，你經常會發現這些夢是在提倡某種你沒想到的嶄新態度。一位在高壓職場工作、有兩個國中小孩的四十五歲女人作了以下的夢：

陽光法國

我在法國，感覺像某個怡人的鄉間，陽光燦爛，暖風徐徐。我身邊是一群不認識的人，都是說著法文的法國人。其中有個黑捲髮的女人轉過來對我笑，開始用法文跟我講話。她說我其實還記得怎麼說這種語言，鼓勵我開口試試看。

夢主大學時學過法文，對法國有美好的旅遊回憶。她覺得法文很悅耳動聽，但平時用不上，況且她也說不好。法文令她想起她比較年輕無憂的一個時期，當時她還能盡情探索和追隨令她快樂的事物。在她被生活問題和工作綁住的今天，夢似乎在邀請她找回當年的這種態度——懂得享受愉悅和學東西的單純欣喜。

另一位夢主和好友在一件事上起了衝突，不知道該不該向朋友表示憤怒，此時她夢見：

牙痛

我和一個大老粗在一起。他牙痛得很厲害，真的非常難受的樣子。

夢主很氣朋友而且很受傷，她認為朋友是個聰明世故的人，故意不體諒她。但想到朋友或許就像夢中人物一樣，其實很難受，她的態度便開始軟化。夢將她的視線簡化導向她和朋友都在痛苦的部分，指出她們在這場爭執中的言行都是出自心裡較原始和脆弱的地方。這使她更能同理朋友的心情，溫柔地修復這段關係。

證實的夢

證實清醒態度的夢比較少見。收到這些夢就像收到一份禮物，經常帶來一種我們直覺可以信任的強烈好感覺。一位剛展開事業的前全職媽媽夢見：

金戒指

我在一個晴朗的地方。前方有一大群人圍成圈站著，我自己在稍遠處旁觀。圓圈中有個男人捧著一個魚缸，裡面滿滿裝著幾百張折好的小紙條。他把手伸進去抽出一張——我馬上知道他抽中我。他打開紙條唸出：「４Ｄ。」果然就是我的號碼。我從人群中走出來，另一個男人捧來一個透明塑膠盒，盒裡裝著爛泥巴。他把爛泥往我手上倒，我急忙用雙手去接。在那些泥巴中，我看見一枚很大的金戒指滾進我的掌心。

夢主在孩子成年後開始從事藝術工作，這是她長久以來不確定該不該追逐的夢想。現在她嘗試給自己機會——去上課、租了一間工作室、成功賣出幾幅畫。夢中的她像清醒的她一樣決定站到舞台上，而夢顯示她為此獲得了獎賞。她沒有在爛泥前縮回手，反而開放地接受任何給她的東西。夢似乎在告訴她，她正在走的路確實能通往她命運中的金戒指……以及許多肥沃的泥巴。此夢中還有個關鍵意象，即「4」和第四個拉丁字母「D」。榮格認為四意味著結構上的完整（建築、街廓、花圃常為四方形，春夏秋冬、東南西北、紙牌的花色等等也都是四部分組成）。這些元素好像都在傳達和諧與肯定。

夢會反駁、補充或證實你有意識的態度

夢通常在告訴你一件你有意識的部分尚不知道的事。想像夢是你遇到某個人生事件後，織夢人寄到你電子信箱的一封信。想想這幾個問題：

- 織夢人要告訴你什麼新情報？
- 織夢人像在激烈質疑你清醒時的態度嗎？
- 織夢人像在為你補充一個你漏看或略過的角度嗎？
- 織夢人像在為你的作法加油打氣嗎？
- 把你的夢放進目前的人生處境來考慮，想想看你的什麼態度可能是織夢人正在嘗試挑戰、修正或表達支持的對象？它為什麼要挑在這時候寄信來？

夢自我也許想錯了

阻礙我們聽見夢訊息的一點在於，夢給的建議經常是批判性的，但當夢中的我們——即「夢自我」——覺得自己的立場被反對或糾正，通常會馬上自我防禦。不過多數時候，一個夢裡最不值得參考的態度就是夢自我的態度。此精闢的見解出自榮格派心理學家派翠西亞・貝瑞之口，她引用了曾與榮格共事的約翰・雷雅德（John Layard）的原則：夢中沒有任何錯的東西……也許除了夢自我。[6]我們看自己經常有盲

點，無法在有意識的態度太偏頗或有重要遺漏時察覺，此時提醒我們正是織夢人的工作。無論是一群飛車黨還是一棟漏水的可怕房子，夢裡那些反對夢自我的元素事實上就是你的無意識為了補償有意識的某種錯誤態度，用來與之抗衡的相反態度。

解夢初期的一個關鍵步驟，是想想看夢自我的態度是否哪裡有問題。飛車黨的例子中，夢主最初認同夢自我，認為飛車黨是來找碴的「壞人」。當他意識到夢中並無證據顯示這群人就是暴徒，便能開始思考此意象可能代表的正面意義。讓我們再用一個例子來說明為何夢自我看事情容易偏頗：

金錶

我手裡抓著金錶。我注意到錶的一個小螺絲鬆脫了。我彎腰找螺絲，結果更多零件掉出來，我意識到此時必須把錶送去修理才行。我去找鐘錶匠，是兩個老人，他們的店開在一個旅館房間裡。那兩個人暴躁又寡言，檢查了我的手錶之後，說只是便宜貨，叫我別修了。我向他們指出錶盒是金的，他們說只是鍍金而已。我把「14K」的標示指給他們看，他們說真正14K金的部分非常少，其餘都只是鍍了一層。他們把拆得支離破碎的錶還給我，我發現錶上的水晶裂了，送來的時候明明還是好的。我抱怨他們弄壞我的錶，但他們堅稱我拿來時就這樣了。我把錶裝在塑膠袋裡離開那家店，很傷心我的錶變得七零八落，而且那兩個老人根本不懂這隻錶的珍貴價值。

夢主是位正來到人生中場、退休在即的男士。打拚事業多年後，他有種倦怠且幻滅的感覺。金錶是他大學畢業時用祖父母送的錢買給自己的禮物，也是他人生第一次買下的昂貴物品。它彷彿是他前半生最重視的那些價值——學業成就、事業成就、外界肯定——的化身。那兩個不懂欣賞他寶貝的老人令夢自我生氣、覺得被誤解了。他們的態度與夢自我正好相反，因此醒來時，夢主很篤定他們是錯的。然而，如果我們假設兩個老人的態度才是對的呢？易怒的老鐘錶匠們遞出了織夢人要給夢主的解藥：曾經指引你人生方向的那些價值已經不堪用了，你需要換套新的。

當然，夢自我的觀點並不都是錯的。有些時候，夢自我的看法甚至能令清醒自我豁然開朗，但這比較常發生在你已經與夢工作多年之後。另外有種很常見的情形是，夢自我的態度只是偏了一點點，譬如以下這個夢：

壞男人

我和大學時代的男友肯恩走在外面。我們交往時他對我很過分。我躲躲藏藏，怕被人看見我跟他在一起，因為我朋友都知道他對我一點也不好，他們一定會覺得我很奇怪。然後我丈夫出現了，指著肯恩說他是個徹底的爛人。

夢自我的態度不能說是錯的，只是方向有點偏。夢中的她知道肯恩待她不好，覺得和他走在一起很丟臉，但還是繼續這麼做。夢主從這個夢聯想到她的工作，她現在有點任人占她便宜。夢裡的丈夫說出她心底知道的事實，提供修正有意識的態度需要的一點點力道。

通常，意識會直接把它的傾向複製貼到無意識的內容上。如果在現實生活中，一群飛車黨深夜包圍你家，你當然會打電話叫警察。如果你拿了一隻錶去修，被鐘錶匠拆得零零落落，你當然會很難過。如果現實中有人跑來威脅或質疑我們，我們心中的警報會大響，整個人劍拔弩張。但榮格建議，當你在夢中碰見與夢自我對立的人物，不妨先假定這些人物是特地來向你的意識傳達重要訊息。「我們總會夢見邪惡可怕的東西、自己最無法接受的東西，」他解釋，「但那僅是因為有意識的態度錯了。」[7]改從這個角度看你的夢，有時便足以讓你突然頓悟——發現你已經弄懂了夢在說什麼。

夢自我的態度未必是對的

我們很習慣透過夢自我的眼光看待夢，但大部分夢中，夢自我的感覺和理解事情的方式都有先入為主的傾向。展開夢工作時，一個很有用的初始步驟就是檢驗這個夢是不是真的像夢自我理解的那樣，考慮這幾點：

- 有沒有可能別種態度才是對的？
- 夢中看起來壞的元素，有沒有可能是在提供有幫助的想法給你？
- 如果先假定夢自我覺得「錯」的事物其實是對的，這能不能給你什麼新的啟發？

夢日記練習方向

想像你現在是夢裡與夢自我對立的那一方，例如飛車黨或鐘錶匠。你怎麼看夢自我遇上的事？你會對它說什麼？

夢在呈現裡或外？

夢的主題多半是我們自己。即使一個夢在談現實生活中的人或事件，通常也會點出我們在這些事面前的樣子。我們傾向把問題看成只和外在處境或外在他人有關，但織夢人幾乎總是將我們的視線轉向內在。它使用外在世界的人或事件來呈現我們此刻的內心狀態，邀請你理解某件關於你自己的事。

❖ 請謹記：我們最常夢見的是自己，幾乎沒有其他主題。——榮格

內在世界

開始解夢時，我們會先假定夢中的每個元素都在描繪我們心靈的某個部分。榮格將這第一層次稱為解夢的「主觀」層次。根據榮格的看法：「夢中的『他者』並非我們的鄰人或友人，而是我們心裡的另一個自身。」[8]假如出社會多年後，你夢見大學室友，你的織夢人可能不是真的要跟你說這位室友的事。它只是從你的人生經驗中選出這個人來使用，像一個舞台監督在挑選要放上台的道具；它用這位室友來反映你的某種特質。同樣地，當你夢見名人、不熟的人、久未聯絡的人，可以先假定夢在用這些人表現你的某個部分。而如果夢中出現了你親近的人，可又明顯不是平常的樣子，這也很可能是在談你的內心。譬如，當一個人夢見平時健康美麗的妻子看起來又老又病，夢中的妻子很可能就是織夢人用來飾演他內在動態的小道具。一位從事教職、子女已經成年的女士作了這個夢：

不孕

我妹妹斐歐娜為了不孕的問題去了醫學中心。醫生說她已經沒有可用的卵子，所以永遠無法生孩子了。她告訴我這件事，我聽了很難過。不可能吧？一定還有其他辦法！我聽見她啜泣的聲音。我知道她需要好好悲傷一場……我自己也需要。

夢主的妹妹接受過不孕治療，後來生了兩個孩子，所以夢並不像真的在說斐歐娜的狀況。毋寧說，夢在借斐歐娜評論夢主的一個部分——一個被宣告某些人生期盼「永遠無法實現了」、必須接受和調整的部分。這讓夢主聯想到她女兒，她大學沒有讀完就不讀了。

夢主開始意識到，她可能一直在女兒身上寄託某些傳統希望，她需要憑悼這些在她心底悄悄破碎的願望。夢自我最初拒絕調適（「一定還有其他辦法！」），然而她的心已經開始哀悼了——斐歐娜在啜泣。這使夢自我承認了她的失落，也承認了她需要好好悲傷一場。這個夢不是關於她妹妹或甚至她女兒的，而是關於她內在的斐歐娜。那部分的她原本期待孕育某種新生命，現在卻必須哀悼。夢反映了她內心接受這件事的過程。

❖夢是活的，不是沙沙作響的泛黃紙張，而是個正在發生的處境。——榮格

外在世界

有些夢也確實會對外在世界作出點評，它們可能讓我們注意到我們與重要的人之間的互動關係。此層

次被榮格稱為夢的「客觀」詮釋。如果你夢見生活中你很親近的人，而且他們在夢中的樣子與平時一致，夢可能就是在評論你和外在他人之間的關係。讓我們以一位女子的夢為例：

危險駕駛

我先生開車載著我在路上，但他戴錯眼鏡了，根本看不清楚前方。我覺得這樣下去很危險，可我不想讓他難過，所以什麼也沒說。

夢主提到，夢中的丈夫外表就像平常那樣，而且平時開車的也是他。因此，推測織夢人在用此意象表示外在世界的丈夫，似乎是很合理的。夢主意識到，她在很多事情上都讓丈夫作決定，但他作出的一些決定感覺欠缺考慮。織夢人給了她一個複合訊息：你的丈夫現在看得不夠清楚，而你採取了危險的消極態度。

就像所有關於夢的事物，我們的清醒心智很少能涇渭分明的分類。但是夢可以談主觀／內在，也可以談客觀／外在；夢可能在兩個層次上都能看出意義。

夢談的經常是內在世界

先觀察夢是在呈現內在世界或外在世界，能讓你有個基本方向，更容易找到夢要告訴你的事。判斷的時候，可由下列問題著手：

- 夢裡有你不認識或平時較少互動的人嗎？
- 夢裡有你很熟悉的人，但出現的樣子很不一樣嗎？（例如年紀感覺不一樣、行為怪怪的，或有個本來沒有的特徵。）
- 如果有的話，夢可能就是在刻畫你的內心狀態。這種例子中，建議先假設夢中的每個元素都是在表現你自己心靈的某個部分。

另一方面，

- 夢裡有你熟悉、平時會有互動的朋友、同事或家人嗎？
- 若有，他們的外貌和行為符合平常的樣子嗎？
- 如果是這種情況，夢可能是用這些準確形象來指外在世界的他們，好讓你注意到你未察覺或不承認的互動關係。

將夢運用到現實生活

織夢人熱忱關注你如何度過清醒生活，並和你分享它的觀察。因此，多數的夢都會針對外在世界的事務，提出你的織夢人認為不能漏看的重要面向。惟須記得，你的織夢人對於「重要」的想法可能和你很不一樣！有時候，有意識的你糾結的事在織夢人眼中並沒那麼重要；它比較在意你更長遠的成長和個體化。

如果你猜不出夢在說什麼，花點時間想一下你這陣子還遇上哪些挑戰。想想看，你這一兩天思緒都往哪裡飄？夢評論的對象經常是我們丟到背景裡的煩心事。也許有意識的你最近正忙著趕工作，但每當放空，你總會浮起一個隱隱不安的念頭，好像你和伴侶漸行漸遠了——夢會不會是在談這段感情關係呢？

想想看夢是否和你遇到的人生問題相關

你的夢和你已經意識到的煩憂有關嗎？沒有的話，可以思考：

- 織夢人為什麼這時候送這個夢給你？
- 作夢前這一兩天，你腦中都在想什麼？
- 你心裡有什麼未解決的疑惑嗎？也許盤桓在你的意識邊緣。
- 這一兩天，發生過任何攪亂你心思的事情嗎？
- 你的夢會不會是針對前述這些事，織夢人要給你的訊息？

與織夢人對話

開始關注你的夢之後，你會逐漸認識在你心裡編織夢的另一個你。夢工作會變得像一場饒富趣味的持續對話，一邊是清醒的你，一邊是你最熟悉的內在陌生人。你們會慢慢發展出一套共同語言，一些你們都知道的動機與象徵。你會認出織夢人愛用的暗示，就像老友之間的祕密笑話。

重複的夢是織夢人喚起你注意力的方法。如果你一直沒聽懂，它就會繼續說，也許稍微加點變化。通常只要我們願意努力，真的理解它們，這些夢就會停止。很多人作過被追趕的夢。一開始，你可能是被某種不明的恐怖東西追著。持續與夢工作之後——記錄夢境、嘗試聯想——追你的可能會漸漸變成比較清楚、不可怕的東西，甚至可能在某個夜裡結束，你的夢自我會回頭面對它，弄懂它要什麼，發現它根本不可怕。

夢的主題會隨時間演變，讓我們能夠看出自己的心理趨勢。寫夢日記可以幫助我們追蹤這些內在風向。開啟夢工作之初，也觀察並寫下你對你織夢人的態度。這個陌生的你給你什麼感覺？你對它好奇嗎？害怕嗎？總覺得它不重要嗎？在今天這個大大傾向外在世界的年代，非理性的智慧泉源——例如夢——經常被給予太少重視。但如果走到另一個極端，把夢和直覺當成不可質疑的神祕天啟，只怕是矯枉過正了。夢工作是在意識與無意識之間，努力持續不斷創造對話。兩邊的聲音都必須被聽見，才可能產生新的理解。

織夢人是永遠不會拋棄你的內在夥伴，致力於你的個體化旅程——同時也是榮格心理學的核心主題。轉身面向你的織夢人、認真學習它的語言，能幫助你有意識的冰山一角與水面下的更大部分建立起堅實的關係。願你們一起展開豐富的對話與感動。

第三章

夢的意象：聯想、解釋、放大

我總是圍繞著夢的畫面工作，不管夢主多想脫離夢境。在治療中，我時常一再重複：「讓我們回到你的夢裡。夢對你說了什麼？」

——榮格

夢工作有個很棘手的地方：我們必須將自己抽離平時習慣的態度，嘗試站到織夢人所提議的那個迥然不同的立場。這是相當困難的。榮格寫道，「要理解一個夢實在很難，因此我有很長一段時間規定自己，每當有人來問我他們的夢該怎麼解釋，我一定會先對自己說——『我完全不知道這個夢在說什麼』，然後才開始檢視這個夢。」[1]秉持這種「初學者的心」出發解夢，有助於我們擺脫熟悉的框架，漸漸養成必要的開放性。而如前一章所述，主動親近織夢人也會有幫助。那麼接下來呢？

三個層次

夢通常不都是一組人、地、物的集合嗎？那麼就讓我們由此開始吧。你夢中的每個元素都是你的織夢人選出來使用的，因此，探討你個人對它們的想法、感受、回憶能幫助你理解它在夢裡的象徵意涵。另外，有些意象——好比手電筒、辦公室、鞋子——從實際功能的角度看，特別能看出意思。最後，夢中有時會出現具有普世意義的意象——例如樹、火、輪子——這時去查閱它們在宗教、藝術、神話或童話中的典型意義，就會對理解你的夢很有幫助。

換言之，思考夢中元素的意義時，我們可以從三個層次下手：**個人聯想**、**功能解釋**，以及**原型放大**。例如夢見一隻狗，想知道狗可能代表什麼。個人聯想就是問自己我對狗有什麼特殊回憶或感覺——也許我小時候家裡養了一隻我很愛的狗，或者我有過與狗相關的創傷經驗。功能解釋則是想想看狗的一般特性或功能是什麼——狗是一種和人類很親近的四足動物，時常發揮陪伴、看家，或協助獵捕的功用。原型放大是榮格使用的一個方法，藉由狗在各種神話、文化、象徵中一再被用來表現的意義，來思考夢是否反映了某些更廣大的主題。例如希臘神話中，三頭犬賽伯拉斯（Cerberus）看守著地獄的入口，而古埃及文明裡，狗頭神祇阿努比斯（Anubis）掌管死後世界及木乃伊製作。

雖然這三個層次不無重疊或模糊處，但它們提供了一個好用的觀念與操作框架。而且最好依照順序操作。任何夢中元素都可能有這三層次的意義，就像我們前面舉例的狗。可能會發現各層次之間有所重疊，例如個人聯想常牽涉到實際功能，實際功能又往往指向原型意義。但重要的是，如果你能辨別自己在進行哪個層次，一層一層思考夢的意象及其含義，就不會遺漏某個層次的潛在意義。

本章中，讓我們用以下的夢來示範如何運用個人聯想、功能解釋和原型放大。舉同一個夢為例，是想讓讀者看出如何利用這種方式打開夢一重又一重的新意義。夢主是位中年女性：

絲綢洋裝

我和妹妹在一家商店，店裡掛著色彩鮮豔的絲綢洋裝。我們正在試穿，我妹妹把最漂亮的那幾件都拿去了，其中一件是清澈耀眼的土耳其藍。我開始著急，而且很傷心。我只能試穿那些很醜的洋裝，還有一件是拼布做的。她甚至沒想過要留一些漂亮的給我。

個人聯想

多數夜裡，我們的夢充滿過去與現在的熟悉身影——來自個人經驗的元素。個人聯想是任何夢詮釋的基石；收集個人聯想是解每個夢都必備的少數鑰匙之一。這些意象是織夢人從你存放人物和地方的「個人意象庫」挑出來的，所以我們需要更了解你和它們的關係，才能判斷其意義。榮格認為，若不檢視夢之於夢主個人的脈絡、感覺、回憶，便無法正確理解一個夢。

少了夢主協助，無法解夢。描述夢的文字並非只有一種意思，可能的意思太多了。如果有個人夢見「桌子」，我們不可能光憑這點資訊知道桌子在他夢裡代表什麼；儘管「桌子」聽來挺明確的。我們可能並不知道，他夢見的是他老家的桌子，當年他父親坐在那張桌前，拒絕提供他經濟援助並將他掃地出門——那亮晶晶的桌面彷彿反射出他的一事無成，白天出現在他意識裡，夜晚溜進他睡夢

> 中——「桌子」對他的意義是這樣的。因此，我們需要夢主協助，才能將文字的無數可能意義限縮到最核心、最有說服力的幾種。[2]

若要理解一個元素在象徵上的重要性，以及它和夢主生命史的關係，個人聯想就非常關鍵。我們對任何夢意象都可能有自己的聯想，包括那些稀奇古怪和光怪陸離的，例如夢見一艘太空船或是在水面下呼吸。聯想時，應該涵蓋夢裡的所有關鍵元素，**但對於與個人史相關的東西，個人聯想尤其不可或缺**。如果你夢到你童年住過的房子、獨自壯遊時的背包，或是爺爺給你的一個戒指，側重它們對**你個人**的意義通常會對解夢最有幫助。

首先，列張清單，把夢中的關鍵元素都寫出來。接著，針對每項元素，寫下有助於鎖定其核心意義的相關回憶、感覺或聯想。一般來說，聯想不必太長，最好可以總結為幾句點出此人或此物的核心句子。盡量貼緊夢意象，從它原有的特質出發，尋找會引起你情緒共鳴的聯想——想太遠或試圖窮盡往往會使我們偏離飽含情緒的主要意象。在〈絲綢洋裝〉夢裡，關鍵元素有**商店**、**妹妹**、**絲綢洋裝**、**土耳其藍的洋裝**、**拼布做的洋裝**。其中，妹妹的意象與夢主的個人史相關，所以個人聯想在此會特別關鍵。

試著聚焦在讓你「有感」的聯想。「我妹妹比我小三歲」作為聯想會太弱，因為這只是陳述事實。通常，兩、三句觸及感覺的話便已足夠，而且讀起來容易抓到重點。例如我們這位夢主的聯想是：「我妹妹很注意外表，總是想讓大家注意她。我在她旁邊永遠跟陪襯一樣——她連我結婚那天也搶我風頭。」像這樣的聯想就包含了意象喚起的感覺。只有在聯想「有感」時，我們才能找到自己真正覺得重要的意義，因此請耐心搜尋，找找有沒有引起你情緒共鳴的聯想。

人物

整理對於認識的人的聯想時，試著描述他們的核心本質。記下特別重要的回憶和感覺，還有一個有用的方法是問自己：「這個人和我哪裡像？哪裡不像？」我們夢中也經常出現不認識或面貌不清的人，對於這些人物，你還是能尋找自己的相關聯想。想想看這個形象是否勾起了任何回憶片段或模糊的感覺。如果它讓你想起某人，你對那人是什麼感覺？如果它特別高或有頭紅髮，你想到這種特徵會想到什麼？你的想像力覺得這是個怎樣的人？自問這些問題可能引出很有用的資訊，讓你可以更深一步探討夢的訊息。

名人

名人——歌手、演員、明星——時常在我們夢裡現身，是運用個人聯想時較特別的一類人物。很多例子裡，對解夢最有用的聯想會關係到這些名人的演出作品，而不是真實生平。如果你夢見了梅莉．史翠普（Meryl Streep），先回想一下她有沒有演過哪個角色令你覺得很像你。是《蘇菲的抉擇》（*Sophie's Choice*）裡令人心碎的蘇菲嗎？是《麥迪遜之橋》（*The Bridges of Madison Ccurty*）裡感傷寂寞的法蘭西斯卡嗎？是《媽媽咪呀！》（*MammaMia!*）裡大膽奔放的唐娜嗎？如果你夢見泰勒絲（Taylor Swift）或碧昂絲（Beyoncé），你會先想到他們的哪一首歌曲？探索這類意象時，不妨從這樣角度出發。

日間遺思

夢經常裝滿從近日經驗中揀出來的意象。夢中場景和角色可能來自我們睡前看的一部片，或像極了昨天去過的一家店。佛洛依德將夢中出現的記憶片段稱為「日間遺思」（day residue）。這些近期回憶通常還很鮮明，可能承載著情緒，但織夢人利用它們來創作象徵訊息的方式和利用其他意象道具並沒有不同。你可以挖掘這些意象令你想起什麼，以便理解織夢人為何挑選它們。夢工作的初學者有時候會以為日間遺思不重要，因為認為自己已懂了它們的意思——例如夢見犯罪影集裡的一幕，只是因為睡前碰巧看了影集。但可別忘了，織夢人是透過象徵和隱喻說話的，試著由此角度思考它想指出什麼，而非預設影集就是影集。收集你的聯想，記下相關感覺，並且注意這些意象和你人生中的重要主題有無關聯。譬如，有位男士看了一部介紹非洲新發現的古代人種的紀錄片後，作了這個夢：

納萊迪人

納萊迪人（Homo naledi）正一群一群往美洲大陸遷徙，但那裡的居民並不歡迎他們，情況很像難民問題。

夢主醒來後，覺得史前人類從紀錄片中跑進他夢裡感到好笑。他認為作了這個夢只是因為剛好睡前看了那部片，因為這樣解釋感覺最簡單了。然而，當他以象徵形式思考這個夢之後，他覺得夢像是邀請他正視自己心裡的某些他以為早已絕跡的部分。它們一直都還在，努力想融入他的世界，但並不被意識歡迎。

應用個人聯想

夢評論著我們目前的生活，包括內在與外在生活。因此收集個人聯想時，也想想這些事和你當前處境有何關係。你可能在哪方面陷入了夢展現的互動模式？在哪些事情上有類似反應？夢中的人物是否在某些部分呈現了你不想承認的自己？榮格曾經作過一個夢，夢見他學生時代遇過的一個不怎麼厲害、但非常狂妄的律師。他很困惑怎麼會夢見這個好久以前的人，最後意識到他自己現在對待某人的姿態就像一個賣弄法律的自大人士。夢使他發現自己心裡也有一個瞧不起人的小律師。

❖ 夢揭露你內在世界的祕密和悄悄影響你性格的因子。只要你不發現，它們就會繼續干擾你的清醒人生，你僅能從症狀中察覺它們。——榮格

〈絲綢洋裝〉的夢主可能會思考她什麼地方像夢中姊姊的感覺，以及在什麼地方表現得就像夢中妹妹。這個夢或許是在描述外在世界——夢主與妹妹的互動關係；但也很可能是在呈現夢主的內心真實——她未曾承認自己像妹妹的部分。夢主平時不喜歡引人注意，覺得隱身幕後比較自在，但這個夢使她察覺她心裡其實也有一個主動強勢的妹妹，渴望成為最明亮的場上焦點。夢裡的兩姊妹會不會是在刻畫她自己矛盾的兩面呢？持續這樣聯想下去，你會在某個點上有「就是這個！」的感覺，伴隨一陣情緒上的共鳴。這種感覺可能會參雜幾分傷心，但你不需要因此洩氣！夢往往是為了修正有意識的態度而來，因此如果在夢工作的過程中發現令你反省自己的新資訊，那很可能表示你已經獲得織夢人給你的解藥了。

個人聯想經常是解鎖夢之意義的關鍵。一位女士在夢裡驚訝地見到了她多年不曾想起的小學同學：

媽媽病了

我和南西在一家購物中心裡閒逛。然後我在一間醫院裡，要去看我媽媽，她不知為何住院了。我穿過一條又一條走廊，想找到她的病房，但一直迷路。我終於到了她的病房，看見她躺在床上，身上插著各種儀器的管子。她變得那麼瘦、那麼衰弱，我嚇壞了。

夢中強烈的情緒內容使夢主震驚，但最令她想不通的是她的小學朋友南西怎麼會出現在這個夢裡。爬梳回憶的過程中，她想起四年級的時候，南西的爸爸曾經心臟病發作。那是她第一次間接體驗到父母患病或過世的可怕。這個聯想使她意識到自己可能在擔心這樣的衝擊，也因此能更妥善地為母親開始出現的失智症作準備。

解夢總是要從收集個人聯想開始

個人聯想實在非常重要，想理解你的任何一個夢，都會需要先收集你對夢中關鍵元素的聯想。如果夢中出現的意象是對你有特殊意義的東西，個人聯想就尤其不可或缺。

- 先將夢裡出現的人、地、物都列出來，然後逐一針對每項元素寫下你的相關回憶、態度或經驗。
- 這個元素對你而言的核心意義是什麼？
- 它引起你最主要的情緒是什麼？
- 你對它有任何具分水嶺意義的回憶嗎？
- 當聯想對象是你的認識的人，想想看你和他們哪裡像、哪裡不像。
- 如果夢中出現了你不認識的人，這個模糊形象有任何勾起你聯想的特徵嗎？你的想像力告訴你什麼？
- 如果夢中出現了樂手、演員或創作者，他們讓你最先想到的是哪些作品？

- 如果你夢見睡前或這幾天見過的東西，別忘了這些同樣是織夢人使用的象徵材料，也一樣收集你對它們的聯想。

整理好聯想後，試著思考這些事和你目前生活的關係：

- 你心裡什麼部分可能就像這種狀態？
- 你在什麼關係上有類似的互動模式？
- 你在什麼事情上表現得就像夢裡的某個人？

功能解釋

功能解釋讓我們能用普通的眼光檢視夢中元素，有時因而發現原本沒發現的意義層次。榮格並未特別提及這種方法，但解釋意象及其功能通常對我們理解意象很有幫助，尤其對於自己沒有太多聯想的夢中事物。解釋時，想像你在設法對一位外星訪客說明這是什麼——「枕頭」是一種鬆鬆軟軟的東西，可以在睡覺作夢時墊在脖子下；「火山」是頂端有個凹洞的山，會噴出來自地底的蒸氣和岩漿……諸如此類。[3]

這是什麼？

解釋任何夢中元素時，先從這個問題開始。有的意象感覺很平凡，好像不用解釋，但這樣問可以幫助我們確認和擴充它的意義。如果我夢見一朵花，我也許會想跳過這個步驟，可是實際開始回答後，我會發現花除了賞心悅目、是慶祝或紀念時人們經常相贈的禮物，也是許多植物的性器官。有時候，這樣的特性會帶領我們找到先前沒想到的含義。「汽車」是一種代步工具，但和單車或公車都不一樣；騎單車要靠你自己的力氣，而公車並非個人私有。如果你在一個夢裡不是騎單車，不是搭公車，而是開汽車，你的織夢人一定是出於某種原因考慮才作了這個選擇。仔細想想這些特性，將之寫下來，可以幫助你找到這個原因。

假設，你夢見一台製麵包機。你會先搜尋你的個人聯想：你家裡有過製麵包機嗎？你對這種機器有什麼特殊回憶嗎？夢裡的是你倉庫裡那台從來沒拆的結婚賀禮嗎？還是你孩子還小時常一起用的舊機器？個人聯想能幫助你釐清這個意象之於個人的特殊意義。但如果你想了想，發現你沒有這類記憶呢？事實上，你從來沒想過製麵包機的事，直到它出現在你夢裡。這種時候，功能解釋就很有用了。

先從「這是什麼？」開始。製麵包機是製作麵包用的一種全自動機器，把材料倒進去，機器會幫你攪拌、揉麵、發酵、烘烤，再打開時就好了。你可以用這種機器把麵粉、酵母、液體變成香噴噴的養分來源。

這段敘述文字隱含了某種對於製麵包機的正面看法，但我們也能注意到，這種機器取代了需要接觸、技藝、時間的一段過程，把做麵包變成了沒有手作溫度的全自動操作；這讓我們思及負面的觀點。該以何種觀點為主，部分會取決於夢主的情緒反應、此意象與其他意象的關聯，以及此意象在夢敘事中扮演的角色。

你是否發現了？對製麵包機的解釋也將我們導向了它的神話根源。麵包在許多地方是人們的主食。思及此點，我們以為的普通家電也被賦予了象徵。解釋最底下的基石經常是原型，所以深入挖掘一個意象能使我們看出更廣泛宏觀的動機。像這樣超越個人與日常的層次、尋找普遍模式的過程，就是我們稍後會討論的原型放大。

做什麼的？

另一個很有用的問題，是問自己你夢見的人或物是做什麼的。醫生治病、法官判決、旅行社提供旅人諮詢服務。刀子用來切東西、閣樓經常被用來收藏舊物、香水能讓人散發好聞的氣息。描述功能有助於將夢中元素的潛在意義攤在我們眼前，譬如以下這位心理治療師的夢：

警察

我在看一群警察清空一個女人的家。他們抱出一個嚎哭的嬰兒、一條雪尼爾床單、一盞桌燈。他們要扣押這些東西，因為她吸毒。

夢主會在工作空檔抽大麻。雖然她某部分知道不該在這種狀態下為人治療，但她合理化自己的行為，拒絕思考後果。功能解釋告訴我們，警察是查緝不法的。她的內在警察顯然認為女人的用藥行為已經逾越界線，為此抓到了她。織夢人似乎以此訊息告訴她：她的心相信自己現在的作法非常不妥當。

自然主義眼光

還有一種解釋的角度，是用一種自然主義的眼光檢視夢中元素。這能讓空泛的意象瞬間變得飽滿。如果你夢見長頸鹿，花一分鐘搜尋一下長頸鹿，看看牠們的習性是什麼。長頸鹿是陸地上最高的生物，也是最大的草食哺乳類。長長的腿和脖子讓牠們能吃到高大樹頂上的葉子，美麗的斑點則提供保護色。牠們生活在固定的群體中，在廣大的地域上共同移動覓食。雖然你作夢前對長頸鹿了解不多，你的織夢人依然會利用長頸鹿這個熟悉的身影來象徵你內在世界的某種「長頸鹿特性」。探索夢中元素的自然特性有時能給我們這方面的啟發。

反過來說，如果某個元素在你夢中和在自然中的表現差別很大，你的織夢人必然是刻意這樣設計的。如果你夢見一隻爬樹的狗，或一台飛天汽車，你會立刻知道它們違反了狗或汽車的自然特性或功能。注意到這些差別能幫助你釐清織夢人想表達什麼，例如一位四十三歲的女士夢見：

重石

我泡在一個水池裡。我前方的水中有塊青綠色的花崗岩，上面鑲了一個金屬的圈圈。它看起來像塊遺跡，像吊在城門另一側的那種平衡重量的大石塊。我看著那塊重石，用我的注視讓它浮到水面、在水上滑動。它開始在水上跳躍，就像打水漂。

從解釋看，重石是一種平衡重量的裝置，讓人類施加小小的力就能升降很重的東西。把和城門同重的重石吊在另一側，人們便可較輕鬆地拉起沉重的城門。在這個夢裡，重石並沒有它應有的重量──夢自我用注視就能在水中抬起或移動它。當夢中元素的運作違反物理或應有功能，這通常是在呈現某種內在事物的變化。夢主也許可以思考她內在哪方面原本應該像重石一樣，卻魔法般地失去了這種屬性。作這個夢之前，夢主為了逃避她生活中某件沉重的事，開始熱衷於一些強調正向的靈修活動。或許讓她的重石恢復重量，更有助於打開她內在城堡的門。

字源

除了前述角度，我們還能從字源著眼。這有時能讓我們對夢中事物的意義探討得更深一點。舉例來說，「汽車」（automobile）是從希臘文和拉丁文經過法文來到英文的一個字，裡頭藏著「自己」（autos）和「可動的」（mobilis）兩個字根，所以駕著小汽車時常是說英語的人無意識中「自個兒隨意移動」的代表意象。「洛杉磯」（Los Angeles）是西班牙文「天使」的意思；「大學」（university）之中藏有「宇宙」（universe）。只要你上網搜尋一個詞的字源，就可能發現它在你無意識中的其他意義。

文字遊戲

文字遊戲和一語雙關是解釋的一種特殊類型。無意識把語言當成象徵道具來使用，因此，找到某個意象的諧音或雙關意義，有時能幫助我們弄懂夢在說什麼。〈絲綢洋裝〉夢裡，「商店」（store）也許是在說「儲藏」（store）——什麼東西被收起來了。夢主是否收起了自己強勢爭取或渴望受人讚美的一面？這些次要意義提供我們更多理解織夢人訊息的可能方向。

有個女人夢見自己跑進一個山洞，在那裡睡著了。當她睜開眼，她發現一隻豹站在她旁邊，用炯炯的黃眼睛俯視著她。過了許久，豹終於走了，她嚇得無法動彈，同時深深為豹美麗的黑色驚嘆。清醒生活中，她在婚姻裡不敢扮演小女人以外的角色。夢裡的豹（panther）像在叫她「穿上褲子」（pant-her）——即俗諺「成為當家做主的人」（asking her to wear the pants）——扮演男女感情中主導的一方。另一個女人夢見自己在解一個怎麼也解不開的字謎（crossword）。解夢過程中，她意識到她在遇到的某件事情上一直在壓抑自己「生氣的話語」（cross words）。

應用功能解釋

功能解釋能幫助我們理解某些元素為何出現在夢中，尤其當我們對它們沒有太多聯想的時候。讓我們回到〈絲綢洋裝〉的例子，找找看哪些部分適用這種方法——**商店**、**絲綢洋裝**、**土耳其藍**、**拼布**可能都值得檢視一下。回顧完個人聯想後，我們要來為這些東西各寫一小段抓到重點的解釋。「商店」是買東西的地方，裡面通常會陳列各種供人挑選的商品。顏色鮮豔的「絲綢洋裝」是種奢華的女裝，一般穿在特殊場合上。「土耳其藍」指一種清澈的藍綠色，名字來自這種顏色的半寶石——據說能帶來好運的土耳其石。「拼布」是一種針線活兒，回收可用的碎布，將之製成新織品或花被子。

寫好你的精簡解釋後，開始試著在字裡行間聆聽隱喻。商店提供豐富的選擇，但夢自我無法取得這些選擇。拼布做的洋裝彷彿在說夢主只能穿剩布製成的衣服，她心裡的自我穿著破爛的舊衣裳，沒有自信能值得珍貴的絲綢洋裝。夢似乎也可能是在暗示她可以重新設計她的生活，就像融入創意和手藝製作一條美麗的拼被。解釋讓這些暗中流動的價值和態度更容易浮上檯面。

功能解釋可能幫助你理解夢中元素

從零開始回答一種夢中元素是什麼、是做什麼的，有時能讓我們看出織夢人為何要運用這種元素。考慮這幾點：

- 你夢到的這種人或物是什麼？想像你在對一位外星朋友解釋。
- 這種人或物是做什麼的？它通常發揮什麼功能，或扮演什麼角色？

- 從字源來看能給你什麼啟發嗎？
- 你能注意到任何文字遊戲或一語雙關嗎？
- 考慮這個字的額外意義，能否讓你看出織夢人想向你傳達的訊息？
- 可用的意象這麼多，織夢人為什麼偏偏選了這樣東西？它的某個象徵意義和你目前的處境有關嗎？

原型放大——千古模式的迴響

原型放大是榮格對夢分析的主要貢獻之一，協助我們在思考夢元素時看見更宏觀的層次。我們會嘗試挖掘一個意象的象徵根源，以發現與之相連的更寬廣悠久的主題。如同榮格所說：「在愈深的地方，根基就愈廣。」[4]因此，這種方法總是涉及神話、宗教、藝術或其他象徵系統，尋找一再出現的大主題。還記得我們的製麵包機嗎？它就像煉金術士的鍋釜，投入原料就能煉出魔法石。認識到製麵包機是一整類「可以把素材變成其他東西的容器」之一，就是一種放大的過程。

榮格在大量鑽研神話、童話、象徵後發覺，心靈是具有普遍模式的。他將這些模式稱為原型（archetypes），來自希臘文「原始的形式」或「最初的模子」。榮格將原型比作溶液潛在的晶體結構。像鹽巴溶於水中時，你看不出鹽粒會是什麼樣子，但結晶之後，鹽自有的造型便浮現了。原型也彷彿溶在我們心海裡的成分，遇上了特定的處境、感覺、行為，便會在意識裡形成結晶。這些建構我們一切經驗的躍動雛形，在不同文化中形成相似的意象。

區分「原型」與「原型意象」很重要。我們用原型來指那些無法直接觀察的心海成分，它們驅動意識，創造出在各種儀式、神話、藝術中不斷重現的相似形象或主題。原型是雙極的；任何原型都有光明面和黑暗面。舉例來說，印加神話中的大地媽媽（Pachamama）、聖母瑪利亞、埃及的治療女神伊西絲（Isis）皆正面呈現了母親原型，而印度的黑色女神迦梨（Kali）、蛇髮女妖梅杜莎、巫婆則是對同一原型的黑暗想像。

夢中的原型意象把我們的小小生活連結到孕育世間一切的共同基質，使我們想起我們屬於一個有著祕密秩序的更大整體。這些意象是我們個體化旅程中的重要路標，為我們指出中央的火和綻放自己的路。它們主要以兩種形式出現在夢中。第一種是神話般的「大夢」，就像序章中布琳的夢。「大夢」以明顯非個人的力量衝擊我們、震撼我們，使我們發現自己的故事屬於一個更大的敘事，有時強烈得足以改變人生。譬如一位女士決定投身神學研究的契機，是夢見了一隻鳥飛進她的心臟裡。

不過，原型更常見的出現形式，是幽微鑲嵌在我們日常的夢境中，例如化成一台製麵包機。這種情況下，辨識原型根源可以幫助我們更完整理解一個夢的意義。原型的回聲迴盪在許許多多夢裡，經常藏在平凡的意象下，因為有太多人生經驗都反映了原型世界的節奏和規律。放大讓人能意識到自我和更大整體的關聯，將視野帶向超個人的層面。

思考你的夢時，找找看有沒有能夠放大連結到原型的元素。超自然的意象經常適用這種方法，稍後我們還會提到其他適用的狀況，包括好似與個人經驗無關的夢、引起深深敬畏感的夢。目前須先記得的是：平凡的夢意象也可能指向神話主題。被綁架的夢可能使人想到被冥王擄走的佩兒西鳳（Persephone）；開飛機的夢可能讓人想起騎乘天馬的貝勒羅豐（Bellerophon），或者駕駛父親的馬車奔向毀滅的太陽之子法厄同（Phaethon）。我們夢中時常現身的動物們也幾乎總是有原型意義。一點玩心和好奇心——以及一本象徵辭典——能幫助你發現自己夢裡的原型意象。

應用原型放大

原型放大藉由辨識夢中出現的普世主題，來探討一個夢更豐富深邃的意義。這種方法需要旁徵博引，因此至少熟悉一種神話傳統、閱讀或重讀童話、研究宗教象徵或藝術形象都會有幫助。雖然我們的內在圖書館不可能像榮格那般龐大，但我們有一樣榮格沒有的東西——網路！另外，如前所述，象徵辭典非常好用，能用來查詢意象的原型根源以及相關的神話、文學、宗教動機；這些辭典不會把意象的意義鎖死，反而會打開它（可參考書末「延伸資源」所列的推薦）。你愈能將夢中內容連結到原型意象，愈能看出貫穿這個夢的神話動機。

讓我們以〈絲綢洋裝〉為例實際嘗試一次。我們的夢有時會重複神話或童話的主導動機（leitmotif）。歷久不衰的敘事動機建立在古老的心靈模式上，而織夢人對這些模式很熟悉，因此編出的夢有時就像某個你我聽過的故事。〈絲綢洋裝〉夢裡，夢自我只能穿舊布拼成的衣裳，漂亮衣服都被姊妹搶走了——這是否讓你想起灰姑娘的故事呢？

灰姑娘的兩個繼姊就像夢中的妹妹一樣，完全不考慮她。灰姑娘會被困在低微之中，或相信她自己的價值，主動去皇宮參加舞會呢？這個故事能協助夢主將自己的經驗放到一個悠久、帶來鼓舞的脈絡下檢視。清醒生活中，她覺得被心裡的命令規定必須卑微，很少為自己爭取或表現自己。相信她價值的那個她被放逐到無意識中，在夢中以強勢妹妹的形象出現，奪走夢自我打扮自己、受人注意、感覺特別的機會——就像有意識的她待自己的方式一樣。夢挑戰她，問她敢不敢把夢中妹妹的一些自信整合到有意識的生活中，就像決心參加舞會的灰姑娘。

好似與經驗無關的夢

當我們對一個夢沒有太多個人聯想，功能解釋能提供的資訊又很少，原型放大可能成為理解夢的關鍵。例如以下這個夢：

火馬

我和一群人正在前往某處的途中。我停下來和一個男人交談，結果大家沒等我就走掉了。我看見一些馬繞著一個很大的圈子奔跑，每匹都是黑色的，一面跑一面從胸口或側面冒出火焰。我看呆了，入迷地站在那裡。那些馬用力狂奔，那個地方像是專為牠們設計的一片谷地或牧場。我有點擋到牠們，但牠們還是繼續飛馳，好像能自動避開我或我避開牠們。我看見另一個山谷裡也有馬在跑，同樣是黑色的火馬。

夢主不久前結束了一段重要感情，感到迷惘孤獨。夢刻畫了一個人落單的感覺，但在這樣的狀態下，她邂逅了一群不可思議的生物。我們在現實中不會遇見冒出火的馬，所以會直覺感到火馬的意義可能要從原型層次理解。火馬的唯一產地是神話，即世界各地的古老故事與象徵系統中湧出的原型意象。中國的天干地支中有火馬（丙午）；聖經的啟示錄提到口中噴出火、煙、硫磺的馬；希臘神話中，太陽每天駕著一輛火馬拉的金色馬車從東方駛向西方。不需翻遍所有文獻就能發現，火馬在神話中通常連結到驚人的能量與力量。

動物的夢：內在的野性

夢中的動物是很特別的存在，值得獨立討論。就像神話、童話和宗教故事，我們夢中充滿了動物，從寵物到神獸到奇妙的混種生物——例如印度教的象頭神迦尼薩（Ganesh）。蛇、狗、馬、貓是我們夢中的常客。但就算是有豐富個人聯想的動物，當織夢人是用牠們代表你心裡的一個本能部分，你通常能從鮮明的差異中察覺，甚至憑感覺知道那意象是蛾還是蝴蝶。

夢對動物的呈現總會喚起情緒：一隻可憐的小貓、頂著壯麗大角的雄鹿……或一條六公尺的巨蟒（順帶一提，經驗告訴我們，每個人遲早都會夢到蛇）。在夢中遇見動物時，我們的感受會變得特別敏銳，不只情緒，也包括感官：絨毛下的骨頭、尖尖的鳥喙、水波中閃閃發光的斑斕魚鱗。動物將我們連結到自己可能從不認識、已經遺忘或深感害怕的某些面向，但與牠們的相遇通常總會伴隨一種強烈而靜謐的意義感。

童話心理學大師馮．法蘭茲是榮格最密切的合作者之一，她說她發現唯一普世共通的童話主題是：當動物開口說話，你必須要聽。在夢境裡出現的動物也需要你的聆聽和回應，無論牠們是以凶猛或友善、親切或陌生的模樣現身，牠們都有重要的話要告訴你。夢中動物同時替我們的個人陰影和本能智慧發聲，即使一隻最優雅的波斯貓也會在鳥飛過時展現牠的食性偏好，你夢裡的貓既獨一無二，又屬於一個龐大古老的貓家族，裡頭有野貓、家貓、神聖的貓、魔幻的貓……動物能連接個人經驗與集體經驗，透過原型放大個人之夢的意義。

引起敬畏感的夢

指向原型的夢會對意識產生特定作用。我們心底的雛形升起、為經驗賦予形狀和意義之同時，會引發一種超越理解和經驗的意義感。榮格寫道，「我發現……當『原型的』內容自發出現在夢中，它們會散發聖祕與療癒之效。這些**原始心靈體驗**經常能讓患者再次接觸到被阻斷的宗教真實。」[5]榮格以「聖祕」（numinous）一詞來指一種在崇高陌生面前被敬畏充滿的感覺。對夢中意象的強勁情緒反應往往是遇見原型的信號；因此當一個夢引起這種反應，原型放大就很可能是解夢關鍵。

鯨魚

我在海上划船。突然之間，一頭鯨魚從我的船旁邊冒出海面。我看進鯨魚的眼睛，覺得那顆眼裡透出無限的智慧——一種對我而言陌生的智慧。我知道牠輕易就能打翻我的小船，讓我葬身海底。我感到深深的恐懼與敬意。

夢主在遭遇嚴重自我懷疑的期間作了這個夢，被夢裡近在身邊的古老存在與力量引起了聖祕的感覺。夢留下的強勁情緒衝擊令他注意，找尋神話主題的過程又加深了其意義。鯨魚是海中的巨型居民，而海是廣袤無意識的象徵，因此遇上鯨魚彷彿遇上某種神明。在《白鯨記》（*Moby Dick*）裡，白鯨幾乎殲滅追獵牠的所有捕鯨船員。《聖經．約拿書》中，約拿被鯨魚吞噬，並經歷轉化後重生。《聖經．約伯記》裡，上帝自比為鯨魚般巨大有力的海怪利維坦（Leviathan）：「再火爆的人也不敢驚擾牠。誰敢面對牠？誰相信自己能迎戰牠而歸來——天底下有這樣的人嗎？」[6]

鯨魚被連結到死亡、新生，以及面對神聖存在的奧祕經驗：鯨魚是神祕深海的王者，夢主完全屈服於牠的力量。這個夢使他完整經歷到何謂真正自覺渺小。鯨魚彷彿展現著有意識的「我」與在無意識中牽引及構成我的「自性」——或者人與神——的關係本質。這類夢的經驗是超越闡釋的。

❖在夢中觸及了原型，以某種說法而言就像發現了寶藏，發現了可以打開鎖上之門的鑰匙，或可以解除危險處境的魔法。這一事實史前古人早已知道了。——榮格

發現夢裡有神話動機會讓我們很興奮，因此有時一開始解夢就想跳到原型放大。但遺漏個人聯想可能會使解釋方向走偏——這是我們三人在榮格訓練中學到的道理。我們都有參加的一堂案例討論課中，案主作了有蜜蜂的夢。幾位同學立刻想從原型象徵下手，舉出神話或童話裡提到的蜜蜂和蜂蜜。後來報告者繼續分享，告訴大家夢主從小就對蜂螫過敏，嚴重時可能致命。

如果沒有考慮這項關鍵個人聯想，對夢的理解會完全偏離重點。然而蜜蜂的原型意義也很可能深化夢意象——個人意義與原型意義並不是互斥的。就連矛盾的意義也可能同時成立，因為曖昧和矛盾在夢中有其地位。但個人聯想**一定要優先考慮**，因為夢的意義根基是它對夢主個人的意義。

原型放大能發掘夢更豐富深邃的意義

原型放大讓我們可能看出自己的夢如何呼應著一些自古以來人類共享的主題。任何夢都要優先考慮個人聯想，但在沒有太多回憶或連結的案例中，原型放大可能特別有用。應用這把鑰匙時，思考以下：

- 你的夢充滿洶湧的情緒和聖祕的感覺嗎？若是，它是否屬於從原型國度浮出的一個「大夢」？
- 夢裡有神奇魔幻的元素嗎？這些現實中不存在的東西很可能是原型意象。考慮翻找象徵辭典或上網搜尋來發現相關意義。
- 你的夢會使你聯想到某個神話或童話故事嗎？熟悉這類故事或許能帶來幫助。
- 你夢裡的「平凡」元素可能有神話根源嗎？理解這些面向能否幫助你放大擴充對此夢的思考？

串起三個層次

現在，讓我們把本章介紹的三把鑰匙——個人聯想、功能解釋、原型放大——一起拿出來用用看。

一位中年女士夢見：

死去的鹿

深夜的市郊，我走在去便利商店的路上。意識到有人在跟蹤我，這使我緊張起來。我愈走愈快，終於看到便利商店的燈而鬆了口氣。但我聽見後面的腳步聲也在加快，於是我開始跑，可是追我的人還是愈來愈近。我轉身拔出槍，射向那個人。結果那並不是什麼人，只見一隻鹿倒在馬路上！驚恐和懊悔淹沒了我。

聯想與解釋：夢主住在一個大城市裡，「被跟蹤」使她想起近期為了抄近路，取道一條暗巷的經驗。她沒有真的被騷擾，但當時感覺到脆弱與恐懼。「便利商店」是一種零售事業，販賣雜貨零嘴，深夜都還有營業。光亮透明的店面給她一種保證安全的感覺。我們也可以思考「近路」和「便利」的其他意義。夢主心裡是否有什麼方面為求省事而不願走更遠？織夢人也許利用那次外在世界的經驗，在描繪她自己心中某些新的、渴望靠近並被整合的心理潛能所抱持的恐懼態度。她是不是親手破壞自己與像鹿的部分接觸的可能性？

放大：暗巷令人想到黑帝斯（Hades）的冥府，與透亮的商店形成對比——光與暗是代表意識與無意識的一組典型意象。希臘神話中，獵人阿克泰翁（Actaeon）在林中撞見了獵神阿提米絲（Artemis）和她的女伴們在池邊沐浴。憤怒的阿提米絲將他變成了一頭鹿，被自己的獵犬追趕、咬死。雖非完全對應，但夢自我就像阿提米絲一樣，以毀滅性的力量回應。夢只告訴她有什麼跟著她，她卻認定那是跟蹤者，直到開槍之前都沒有回頭。那個直覺的、像鹿的部分也許只是想跟上她，夢自我卻因為害怕而反應過度。

讓我們再用另一個夢來試一次。一位男士正考慮退休，但很擔心退休後的收入能否支撐自己和患有慢性病的妻子。他作了以下的夢：

魔幻宅邸

我在一間很大的宅邸裡，像座美術館。四下無人，我一個人逛著，很高興有機會進到這麼奇妙的地方。我在一條長椅上坐下，悠悠閒閒欣賞藝術品。我注意到右手邊有條寬闊的長廊，我正望向長廊，忽然有頭獅子從大約十公尺外的地方走出來，開始橫越走廊。我驚恐萬分，動也不敢動，唯恐引起牠注意。所幸，獅子沒看我就走掉了。但緊跟著又有一隻大猩猩走出來。猩猩轉頭瞧我，開始大聲吼叫。我怕極了，但牠叫完便繼續走了。然後是一頭大象走出來！牠轉向我，踏著笨重的步伐朝我過來。我想逃，但動彈不得。大象抵達我面前，忽然止步，緩緩舉起象鼻在我頭上揮了好幾圈，然後轉身離去。我簡直無法相信自己的眼睛。

聯想與解釋：夢主人生第一段事業是做藝術的，對於逛美術館有很正面的回憶。「宅邸」是豪華寬敞的大住宅，通常會以精緻家飾和藝術收藏布置。夢主擔心不再工作會帶來一種限縮——他現在擁有的富庶或旺盛會消失嗎？

放大：宅邸裡突兀的動物們代表某種狂野、不馴、充滿神聖活力的東西。大象常被與機智和睿智聯想在一起，前面提到的印度教象頭神是幫助人們克服難關的神祇。織夢人向夢主展現：即使在這個看似縮減的轉變期，他周圍依然充滿朝氣與美麗——可能性比他所想的還多。這個夢為他帶來聖祕的感覺。織夢人肯定了他工作的價值，同時告訴他，儘管有意識的他有諸多憂慮，他還是可以轉職研究「退休的藝術」。

＊

現在你的鑰匙圈裡已經掛著幾把可以使用的鑰匙了。它們分別和聯想、解釋、放大相關。夢工作總是要從收集個人聯想、探索它們重不重要開始。功能解釋能幫助我們理解為何會夢到某種元素，原型放大則能帶我們探進千古不變的人類模式收藏庫。我們都站在兩個世界之間，一腳踩在我們獨一無二的經驗裡，另一腳踩在連結我們與某個更大整體、延伸到時間盡頭的普世經驗裡。夢每個夜晚都提醒著我們這兩面。

第四章

不可靠的夢自我：內在世界的奇幻邂逅

夢是為了讓我們遇見自己心裡最陌生的東西。

——榮格

如果你請別人對你說一個他們的夢，敘述很可能會由「我」開始——「我和一群朋友在打曲棍球」、「我開車載著家人要去一個地方」……等等。我們將夢中的「我」稱為夢自我，也就是即使在最奇怪的夢境中——穿著潛水裝去上班、坐在後座駕車、被一群殭屍追趕——夢主也熟悉的「我」的感覺。織夢人寫的劇本裡，夢自我總是和平時有意識的自己差不多，夢中其他一切則展現著無意識的種種。注意夢自我和其他元素的互動，能幫助你大致察覺自己哪些地方可能過分偏狹、哪些地方可能一直在抵抗不符合有意識立場的態度、感覺或想法。

榮格派心理學家麥可・亞當斯（Michael Vannoy Adams）解釋，夢工作讓人有機會「探索如何在自我形象和非自我形象間建立起有效關聯。」「仔細檢視夢自我是什麼樣子、它怎麼和其他元素互動，十分有助於推進對夢的理解。夢自我經常作出笨拙或傲慢的舉動，因為夢白我就像清醒自我一樣，喜歡相信一切盡在自己掌控中。榮格描述，自我「不是自己屋裡唯一的主人，而是被周圍許許多多我們稱為無意識的東西環繞著」。[2]每一入夜，織夢人便會向我們展示這座內在房子裡發生多少我們所不知道的事。想要邁向個體化，需要讓自我和無意識發展出健全、互相聽見的關係。而夢能協助做到這一點，讓我們看見目前那座屋裡的狀態、喚起我們對未知房間的好奇。

只是看看

人偶爾會作沒有「我」的夢。這類夢裡可能只有感官印象，例如「看見一座石板庭院」或「聽見有隻狗在吠」。它們可能是想不起來的更大夢境的碎片，或者心靈在混亂或苦惱時期的不連貫產物。

另一些時候，這類夢裡有完整的故事和情節，但「我」好像只是旁觀者，像看電影一樣看著夢境發生，甚至在夢中的身分可能就是「作了此夢的人」。織夢人有時會在安全距離外為我們呈現某些內在主題，以免產生激烈反應。有些處境發生在電影中我們可以忍受，真實上演會受不了。第三人稱式的夢讓夢自我能抽離一點距離看處境。我們也可能夢見自己是不同族裔、性別或年齡的人。

是我沒錯！

不過大部分時候，我們在夢中扮演主要的行動者，而且態度、行為和感受與平時大同小異。一位三十幾歲的女律師作了這個夢：

我的鄰居羅琳

我認識了J．K．羅琳（J. K. Rowling），她們一家剛搬來我家隔壁。我開始和她成為朋友，一直提醒自己不要對她太諂媚，但當然心裡還是滿佩服她的。有天羅琳和她先生來我家吃晚餐，我和她先生聊了起來。結果我聽說羅琳其實有憂鬱症，一生都在對抗憂鬱的問題。

夢主覺得夢中她的反應，大概就是羅琳若真的搬到隔壁她會有的反應。象徵意義上，某種格外迷人的創造力，成為她內在的鄰居，但它也很脆弱，也許需要夢自我溫柔關心。

❖夢不是刻意虛構，也不是任意編造；它們是自然流露，扮演著它們唯一真實的樣子。夢不會誤導或說謊，不會扭曲或掩飾……它們只是一直在設法表達自我不知道也不理解的事。——榮格

想像這發生在現實中

但也有些夢裡，夢自我會作出不像我們的言行舉止，一些我們覺得傻裡傻氣、糟糕、想不通代表什麼的荒唐行為。譬如一位女會計師夢見：

玉米片

我在和一位重要客戶開晨間會議。約在我童年的家裡。我很餓，所以倒了一大碗玉米片，邊吃邊和她討論。

在夢中，回到老家邊吃穀片邊和那位客戶開會感覺是相當自然的事。夢自我與清醒自我的明顯落差使人注意，也為探索提供了切入點。自問「如果這是生活中發生的事，我會怎麼想？」能幫助我們釐清織夢人想說什麼。注意平時所想和夢中所作的落差，經常能揭開無意識的情緒伏流。一比之下，夢主意識到她用某種閃爍含糊的態度面對夢裡的客戶：客戶啟人疑竇的經營方式令她不安，但她遲遲沒問，怕會引起衝突。夢展示了她在不願承認的衝突面前逃回小孩姿態的傾向。

想像這發生在現實中

將夢的處境放進現實生活裡設想，可能會對解夢有幫助。問自己：

- 如果這是生活中發生的事，我會怎麼想？
- 我會有什麼感覺或反應？
- 這讓我多明白了什麼事嗎？
- 如果夢中處境真的發生，會影響我哪方面的生活？

發現面具

夢自我可能揭露與人格面具相關的問題。人格面具（persona）本指古希臘劇場中的角色面具，榮格用它來指生活中面對鄰居、朋友、老闆……所展現的不同樣子。我們根據場合和關係來打造與挑選這些面具，時常以服裝、配件、髮型及更多方式傳達在使用哪一個。大家都能一眼看出某人穿軍靴、運動鞋、涼鞋時的不同——更別說穿紅色細高跟鞋了。

有人格面具是健康、有利適應的。我們可藉此滿足外界要求、在社交場合行走。會出問題的只有兩種情況，一是面具不充足，二是面具太僵化。例如過度認同自己的某個角色——比如明星、母親、科學家——以至於反被角色定義。雖說充足的面具能使人際互動較輕鬆，但過度緊抓面具會阻礙個體化。

夢能在人格面具不充足或不恰當時提醒我們，例如以下這位三十多歲女子的夢：

婚禮服裝

我在父母家，想找件衣服穿去朋友婚禮。我和那個朋友最近吵了一場令人傷心的架，好幾個月沒說話。我在夢裡被我媽媽痛斥，感覺像被一團憤怒裹住無法掙脫。我找不到能穿的衣服，只得急急奔出房子。臨走前，我遇見姊姊——不知怎地又是我丈夫——坐在門邊一張沙發上，說我已經失控，叫我停下。我還是走了，一踏出門好像就不氣了。街上有個我不認識的男人，騎著一匹黑色的巨馬，向我伸出手，輕輕鬆鬆把我拉上了馬。我很害怕去婚禮、怕要見到我朋友，但我好開心能和這個人一起騎在馬背上。我有安全的感覺，憤怒漸漸消退。抵達鎮上後，我在一座一神普救派（Unitarian）教堂旁下了馬，走到一扇櫥窗前檢查自己的模樣。我穿著紅白色的兩件式裙裝，半透明的上衣中間有個大大的凱爾特十字（Celtic cross）。我回頭看騎馬的男人，他正站在馬旁。看著他的同時，我感到一股強而有力的決心、信任和衝勁。

夢主不久前開始接受心理治療，逐漸掘出她童年和青春期不被允許的憤怒。她不知道怎麼用有建設性的方式迎向衝突，近幾次生氣都讓她覺得造成無法挽回的結果，包括與夢中友人的衝突。她需要一件新衣——一個新的人格面具——來經營彼此可以生氣衝突的關係。她終於找到了衣服，只是她必須先離開父母家。那件新衣像似中世紀的十字軍——為了更高目標而開戰的聖戰形象——但又加入了幾分性感調性。

夢也會呈現人格面具不充足的問題。每個人都有出於某些理由，面具不足以達到外界要求的時候。這可能使我們被當成粗魯、笨拙或孤僻的人，感覺不自在或格格不入。幾乎大家都作過當眾赤裸或半裸的夢，這些夢往往是在呈現我們「找不到好面具」的地方或關係。

一位剛結婚的女醫學生夢見：

在公婆家赤裸

我在公婆家，困在浴室裡沒辦法出去。我身上光溜溜的，但衣服都放在房間裡。我想圍條毛巾，但毛巾不夠大。地上掉了一些襪子，所以我撿起一雙穿上。我只能這樣衝回房間、祈禱沒人看到我了。我走出浴室，但發現要經過樓梯口可能會被樓下看見。我回不了房間，雖然房間就在走廊對面。感覺路上好像有重重阻礙。

夢主對自己選擇的職業充滿信心，與朋友相處也很自在，但每次去拜訪丈夫家人都很尷尬，覺得自己格格不入。他們的文化背景與她不同，而且很挑剔，她時常覺得自己做錯事或說錯話。夢中她的裸露彷彿呈現了她不敷使用的人格面具。想像這發生在現實中她會如何反應，夢主說：「我會叫我先生幫我拿衣服，絕不會沒穿衣服走出去！」這和夢自我行為的落差，也許揭露夢主不只覺得會被公婆拒絕，也覺得丈夫無法在這件事情上保護她。

赤裸的夢：人格面具問題

幾乎每個人都夢過在眾目睽睽下赤身露體、只穿內衣去開會，或坐在高級餐廳裡，但身上是件熊貓圖案的睡衣——太可怕了。為何我們會夢見這些現實中絕對會避免發生的羞恥場景呢？很顯然，這類夢境以公共空間為背景是有原因的。公共空間特別需要我們戴上社交面具和達到外界期許，學校、職場、社區是很多人最需要適應的地方。人格面具能幫助我們融入這些地方、免於羞恥和難堪、在人群中感到自在，也有能力在他人心中留下正面印象。

人格面具在夢中經常出現為衣服、制服、髮型、房子門面，或其他象徵身分或位階的意象。當夢中的這些面具明顯不合清醒世界規範，想想看你是不是太過努力適應某個群體了？也對夢的背景地點發揮一下好奇心。這是你覺得衣不蔽體、找不到面具戴的一個地方嗎？還是你在這裡的面具和真實感受有衝突？

一位有小孩的已婚女人夢見自己穿著網紗襯衫去上班，沒穿內衣的胸部看得一清二楚，她完全找不到東西遮。夢真正暴露的，或許是她在為事業禁錮自己重要的女性或母性部分。她太認同她的職業身分，將其視為對內在渴望並認可的自我價值。

充足的人格面具有助於在各種社交與工作場合中與人互動融洽。但如果開始被面具定義，我們會壓抑真實的情感，結果可能是損及身心靈。一九三四年，一位德國醫生作了個令他心神難寧的夢。那天他的一個助理穿著納粹突擊隊的制服來上班，他生氣又不安，但選擇沉默，入夜後他夢見：

> 我被關在一個集中營裡，但待遇相當好——囚犯們還能參加晚宴和看戲。我心想外頭真是把集中營說得太誇張了，直到我走過一面鏡子，瞥見自己的身影。我穿著營區醫生的制服，踏著一雙極高的靴子，靴面鑽石般閃閃發光。我走向鐵絲網，倚在網子上……開始哭。[3]

在納粹時期政治與心理受到壓仰的氛圍下，醫生抓緊他順服的面具，不曾流露心中的恐懼、悲傷和憤慨。當他配合政治期待保持沉默時，使他成為開始蔓延的恐怖的共犯——夢中的他穿上納粹制服。要繼續戴著這張僵化的面具，他必須切斷自己對於天大不義和苦難的意識，將之換成一個璀璨的瘋狂童話。夢裡提供囚犯餘興節目及美食及醫生的亮晶晶鑽石靴，彷彿在嘲笑他的自欺欺人。他很清楚這張虛偽的面具要付出多大代價——夢自我在哭，逃不出鐵絲網。

注意夢是否點出了人格面具問題

織夢人的訊息有時關係到人格面具，即我們用來面對他人的各種樣子。

- 夢可能是在告訴你這類問題嗎？例如你過度緊抓某個面具，或在某個地方找不到面具？
- 如果夢中處境讓你覺得缺乏準備或格格不入，這是否對應到某個現實處境？
- 如果夢自我有服裝打扮，這和你生活中的哪個角色有關嗎？
- 如果你夢見自己赤裸或衣不蔽體，這是否涉及你找不到「對的面具」而感覺暴露或無所適從的現實處境？

- 夢是否展現了太虛偽或太僵化的人格面具？

情結出現

夢自我時常在夢中遇上「情結」，榮格發明這個心理學詞彙來指集結成團、有固定模式的動力。情結由渲染情緒的聯想、回憶、感覺交織而成；每個情結的核心都是一個原型，但會長成什麼樣深受個人經驗影響。就好像我們生下來都有許多潛質的內在吸鐵——依附類型、語言、性向——這些吸鐵牽動落在各人心中的經驗鐵粉，於是才形成每個人獨特的花紋。

人幾乎對什麼都能發展出情結。我們常聽到自卑情結、內疚情結、殉道情結、權威崇拜情結。你可以將情結想成你情緒最糾結的領域，你在這些領域總是被一點芝麻綠豆的事引發過度反應，而且模式基本上固定。個體化的重要任務之一便是察覺情結，嘗試將被壓抑的動力整合進意識裡。

一位女士對學校有嚴重的情結。她童年住在中國，強勢的母親非常在意她的數學和科學成績，考試少了幾分就會體罰或羞辱她。校園和教室頻繁出現於她夢中，總是上演失敗和不夠好的主題，譬如以下這個夢：

在教室裡丟臉

我在一間教室裡。教室前面站著兩個人，左邊是戴眼鏡的榮格，右邊是彼得。彼得拿著一張列印的紙正和榮格討論，內容是我寄給榮格的一封電子郵件。我站在教室中間右邊，心煩意亂，因為我知道他們一定在說我寫錯了。彼得糾正了我標題的一個小錯。我望向榮格，眼眶開始泛淚。我強顏歡笑，但眼淚太明顯了。榮格和藹地看著我。我真的很難堪，所以對他說：「拜託別再提這封信了！」然後我自己也發現了信裡的一個錯。我哭著醒來。

夢主那陣子正考慮重回學院讀心理學，因為她對榮格心理分析感興趣。但這觸動了她對學校的情結，掀起那些熟悉的羞恥和無能的感覺。可喜的是，她的內在榮格遞出了溫柔的解藥。她可以一點一點療癒自己。

夢展現出自我與情結的關係。在前述這個例子中，教室場景揭示的學校情結立即觸動了不成比例的羞恥和防衛反應——彼得不過是糾正一個小錯而已。這說明情結能造成多大的影響，改變自我對事實的認知，也限縮可能的反應。有時候，夢會揭露那些束縛自我、使自我無法正常運作、常導致痛苦情緒的情結。例如以下這位二十六歲男子的夢：

反鎖

哥哥湯姆把我反鎖在衣櫥裡。我聽見他和朋友在外面有說有笑。我拚命捶門，求他放我出去。結果他們笑得更大聲了。

夢主對哥哥的感覺很複雜，後者無論功課、體育或交友都如魚得水，在這些方面跌跌撞撞的夢主經常一想到哥哥就自卑。他正努力完成學位，但自我懷疑使他裹足不前。夢中，他的自卑情結展現在與哥哥互動的意象中，夢裡的反鎖大聲宣告著這情結如何禁閉了他。

在情結的錯綜疆土上，**母親**和**父親**影響力特別強大。對父母的情結承載了原型的偌大力量；我們面對他人和世界的態度是受其形塑的。這個鑄模的形狀大部分取決於孩提經驗。如果你媽媽基本上慈愛溫暖，你的母親情結可能就是正向的，因此擁有一個安定的內在世界，並以信任和樂觀的態度面對他人。另一方面，心靈裡的陽性原則通常是環繞一個朝向世界的內在吸鐵形成的，因此父親情結影響著我們如何看待成就、自信和抱負。父母情結就像在背景裡運作的程式——每個人都有內在母親和內在父親，猶如互動模式的範本，支撐並影響著我們之後的感知、態度與期待。生活中許多方面都受此影響：我們稱滋養我們的學校為「母校」；而制定秩序和律令的政府則與父親原則有關。

內在母親和父親——或對父母的情結——會出現在每個人夢裡。有時它們借用我們實際雙親的模樣現身。如果你夢見父母，先想想夢是在評論外在世界或你心裡的情結。如果夢意象就和平時與你互動頻繁的母親或父親一模一樣，夢可能是在談你們關係的某個面向。但大部分時候，這些夢是在刻畫已經內化為你人生作業系統一部分的「內在父母」如何影響你。比如這位年輕女子的夢：

死蟑螂

我從一個通宵派對上回到家，很累而且不開心。我借住在很久沒見的媽媽家，她還沒醒，所以我走進一間很大的白色浴室泡澡。泡到一半，有個高䠷美麗、棕髮鮑伯頭的女人走進來，說她是我媽媽的助理。她說我可以慢慢洗沒關係，不過她們馬上就要用這個空間了。她很友善，但我對她那麼常和我媽媽相處頗感吃醋，也有點不好意思被她看見我裸體，還一臉洗花的妝。就要洗完時，她和我媽媽搬著樂器走進來，開始練習鄉村二重奏——我媽媽彈吉他，助理拉小提琴。我很驚訝，因為我不記得媽媽對音樂感興趣。我踏出浴缸，發現浴缸周邊有很多小堆的蟑螂屍體。我問她們：「嗯……我們是不是應該把這些清乾淨？」助理親切答道我的提案很好，但太難了。我媽媽不發一語，一臉不高興的樣子。終於她說：「我告訴你，根本沒必要，有時候就是要有一堆死蟑螂。」

夢自我住在媽媽的房子裡，沒有一點自己的空間。想像這發生在現實中，夢主說她會理所當然對跑進浴室練樂器的人發脾氣。觀察人格面具，我們發現夢自我沒衣服穿，而且妝都花了。夢裡的她去派對也不盡興，似乎失去了所有感受快樂的能力。夢主對母親的情結好像有兩面：一面是盛氣凌人的母親，一面是馬虎配合、釋放矛盾訊息的助理。神祕的助理也許描繪了維持這段關係的必要代價，看似親切美麗，卻有種空洞虛假。夢中的母親告訴女兒：她必須面對她情緒真相中的死蟑螂。

負面的父母情結永遠可能轉變——即使關係始終無法好轉，或父母已經不在——這也是個體化使我們逐漸蛻變的美好證明。例如這位男士的夢：

擁抱

我在媽媽家，陪她等爸爸回來。他因為生了某種病而去度假，為了暫時忘記治療去散散心。我有一張他在野外的照片，看起來像蘇格蘭高地。我媽媽說他晚了，本來早上就該到家，她覺得他可能不會回來了。她說爸爸有個要好的女性朋友，也許已經決定和那個人共同生活。我想像著爸爸和她親暱地在哪裡度假，兩人說說笑笑的樣子，這讓我很高興，尤其當我想到他時日不多。我媽媽有點喪氣他選擇其他女人，但也逐漸接受。就在這時候，我爸爸回來了！他度假很開心，只是身體還是不好，需要更多治療。我走向他，給他一個擁抱。那好像是個非常勇敢的舉動。我抱住他很長一段時間，感覺非常真實，我能感到他也伸手環住我，感到自己身體很放鬆。我鬆開手，問他最近還好嗎？他說還好。我醒時發現自己哭了，但心情是好的。

夢主的父親六年前過世了，但父母會作為我們心裡一部分一直活著。夢主的內在父親——他的父親情結——變得與實際父親不同了。「我和我爸爸不親，現實中的我永遠不可能那樣抱他，」夢主說。「和那個女人的關係也很不像他。那種隨性俏皮的感覺比較像我自己。」整合父親情結，使夢主開始能和他自己像父親的那一塊交流，感到溫暖與貼近。

一位憂愁、五十多歲的獨身男士夢見：

電車裡的母親

我眼前有輛電車，駕駛說：「這是到凍原邊緣的往返車。」我看見我母親身穿睡衣坐在電車上，但她不認得我或其他人。我們走到隊伍末端排隊，我母親忽然奔向遠方的冰原。冰原被通電的鐵網擋住了，但她像頭鹿般躍過去。我追在她後面，但跳不過鐵網。我試圖鑽過去，卻被卡在通電的網子底下。我開始恐慌，心急如焚，覺得再也救不回母親。

夢主的母親情結展現在母親缺席的意象裡，與他的童年經驗一致。一襲睡衣、誰也不認識的夢中母親卻擁有某種原始力量，能躍過夢自我過不去的鐵網——躍進無意識。他周圍一切都凍結了，沒有任何感覺或情感交流。夢主就像夢自我一樣，在這種情況下因為焦慮而陷入動不了的狀態中。

幾年後，同一位夢主作了這個夢：

白蠟燭

我跟著一群人走進一座空曠的大教堂，進去才發現教堂深得不可思議。他們消失在室內的黑暗中。我要去點亮一支白蠟燭來照亮大部分的空間。我不太確定這是上帝還是撒旦的教堂。

母親情結如今化為「母親教堂」的意象，不再是全然的拋棄和無助，成了一種雙面的原型——這是上帝抑或撒旦的教堂？夢自我不清楚在他之前的人們是被吞噬或拯救，但他準備去擦亮能讓他看清的光。蠟燭的白光猶如意識的象徵；夢自我現在有了能動性，顯示夢主的母親情結已和過去不同。

尋找情結的意象

- 你夢見的意象是否和總是觸動你糾結情緒的領域有關？夢也許是在追蹤一個熟悉的情結。
- 夢自我有何反應？這和你在此領域的典型反應有何關聯？
- 夢如何呈現自我與情結的關係？
- 如果你夢見父母，想想看這是否在表現你的父母情結——你自己心靈作業系統的一部分。
- 夢自我和夢中父母的關係如何？
- 這和你與實際父母的關係哪裡相似或相異？
- 夢是否在刻畫你的作業系統對你清醒人生的影響？
- 夢中的情結意象是否演變了？怎麼個演變法？

這是我和我的事——與自己的關係

榮格最關鍵的洞見之一，是人不只是有意識的部分構成的。人的內在世界裡湧動著千千百百觀點和感覺，許多與有意識的立場扞格。有些內在部分或許擁有迫切必須實現的藍圖，但意識自我抗拒去做；有些需求被意識貶抑或壓抑，始終不被整合也不被承認；有些情緒被意識判定為太痛苦或太危險，流放到經驗之外，使我們的內心無家可歸。在我們夢裡，夢自我是清醒自我的替身，其他夢元素則展演出無意識的各部分。與自我意識較接近的面向可能以熟人的樣子現身。更陌生的動力則化成哺乳類、爬蟲類、昆蟲、怪獸，乃至於自然力量，每一種都代表與意識更遠的距離。

正常的心理生活充滿衝突。我們與自己禁止的欲望搏鬥，抵抗自己害怕的真相，壓下威脅自己安逸的成長渴望。織夢人每夜為我們送來這個世界的最新報告，讓我們在夢自我和其他夢元素的互動中看見有意識人格與更深心靈結構的互動。我們能藉此發現矛盾的地方、逃避成長與改變的地方，又或者自我欺騙的地方。

❖ 沒有什麼比夢更誠實了。——費里尼（Federico Fellini）

關係中的夢自我

你能從夢自我和其他夢元素的關係中發現許多事。首先，觀察夢自我的態度。夢自我生氣嗎？害怕嗎？不當回事嗎？它相信或認定的事實是什麼？接著，想想看這種態度有沒有問題，因為如你所知，夢自我經常會想錯。夢中有證據支持夢自我相信的事嗎？舉例來說，若夢自我很怕一個人物，你可以檢驗這個人物是否真的作出了威脅性的舉動。就像清醒自我，夢自我有時候會太快咬定事情一定是如何。

檢驗夢自我的立場之後，找找看哪些元素與夢自我對立。哪些角色或事件反對或阻撓了夢自我？這能幫助你找到衝突或兩難的另一頭，察覺被意識遺漏的部分並看見自我與它的關係。這一切都有助於照亮你個體化的路。

夢自我的舉動反映了意識現在怎麼處理它與無意識的衝突——一場已經在心靈裡擦出很大熱度，甚至迸出夢的火星的衝突。我們的無意識通常要求面對和整合，意識則傾向逃避和切割；夢經常展現夢自我閃閃躲躲，不想連結也不想承認。一般來說，夢自我的動作可以分成三種：**上前**以探聽或結交、**翻臉**以開打或抵抗、**轉身**以溜走或躲藏。其中每一種都可能是決心解決衝突的表現，也都可能只是用來閃躲問題或自我辯護的手法。

以下例子中，讀者可以觀察夢自我做了什麼，實際意義是積極面對還是消極閃躲。

上前

上前接近夢元素可能代表真正的開放和接納，也可能只是粉飾太平的方法。一位家有青少年的媽媽夢見：

血刀

我帶著一群青少年搭巴士去旅行。一個很徬徨、有犯罪紀錄的孩子帶了一把上面有血的水果刀。感覺晚上大家做菜會很有用，但我覺得最好還是讓誰知道一下這狀況。我們到了一家餐廳，我試著傳訊息給我爸爸，可是一直寫不完。我想好好說明那孩子的事，因為我知道他也不容易，而且我之前曾經通報過他。這時候，我發現他站在後面偷看我打字。他抱住我肩膀。我一開始以為這是表示我們很友好的舉動，但幾秒後就發現他把我向外拖。並且說要殺我滅口。我終於明白我太天真了，要是剛才面對門口打字，就不會發生這種事了。

夢自我的友善姿態好像只是為了掩蓋衝突。她用很多好話為青少年的血刀和犯罪紀錄辯護，似乎展現出一種用忽視差異和不恰當的容忍來逃避問題的習慣。

一位中年女士作了如下的夢：

梭魚

> 我坐在公車上靠走道的位子，看見兩個人帶著一尾大梭魚從前門走來。梭魚是活的，一點痛苦的樣子也沒有。我很震驚，而且很怕，把頭撇得遠遠的，可是發現我不看那條魚它就不肯離開。我只好看它，沒想到我一看，它就瞬間變成了一條鯙鰻。我覺得好噁心，拚命縮到一邊，但又發現那條鰻好像一定要碰到我才肯往前走。我緊閉眼睛不敢看，讓它碰我的臉，再睜開眼的時候，鰻竟然變成了一頭羊駝。我好高興，伸手撫弄它毛絨絨的臉，結果一摸，羊駝變成了一匹矮矮壯壯的美麗冰島馬。我樂極了。

如同下一章會詳細談到的，心靈內容以恐怖形貌出現，通常是因為我們自己排斥它們。無意識就像鏡子，會用我們對它的表情對我們。最初夢主認為心靈內容是禁忌可怕的，因此它以肉食性魚類的模樣出現，一旦她正眼視之，梭魚就化成了一條鯙鰻。夢自我覺得鰻很噁心，但仍然沒有退縮地接觸了自己的這個部分，彷彿在回報她，這個部分變成了與意識更相近的哺乳類羊駝。最後，她對羊駝的欣賞使之變成了馬——一個本能力量在意識驅策下奔向目標的完美意象——而冰島馬很特別，不只有慢步、踱步、小跑、快跑，還有彷彿凌空奔騰、叫作飛跑（flying pace）的第五種步態。很多時候，我們起初拒絕的特質會在被迎入意識後成為輕快的助力，在這個夢裡，勇敢接觸她曾經害怕的無意識內容也使夢自我發現了讓創意起飛的新力量。

翻臉

夢自我經常在意識不認同或不認識的心靈部分面前翻臉，這種傾向展現在夢中攻擊或戰鬥的意象裡。一位即將取得法律學位的男子夢見：

流浪漢

我要去市中心，有個沒有四肢的流浪漢一路跟著我。我閃進一家餐廳，用力甩門想擋住他，但門來不及關就被他咬住了褲腳。我嚇得醒來。

夢主計畫畢業後從事以公益為主的工作，以呼應他的宗教信仰和個人信念，但同時，他也發現自己被更世俗的志向吸引。這種志向感覺不容於他的價值觀，因此被他「截肢」了，在夢裡以會咬人的可怕流浪漢形象出現。這個被他詆毀的抱負努力想接近他，但夢自我聽也不肯聽就翻臉了。

一位四十多歲、有兩個小孩的女士作了如下的夢：

殭屍

我和女兒一起在一棟有殭屍的房子裡。我們逃進浴室，我把門關上，但沒完全堵好，底下留了一道幾公分的縫。我回頭看，發現有隻殭屍透過門縫盯著我。我嚇到了，但還保持鎮定。殭屍把手伸進門縫。我們有把斧頭，所以我舉起斧頭砍斷他的手。殭屍又把頭探進來，我於是砍下他的頭。解決那隻殭屍後，我總算安心一點了。我注意到窗戶是開的，決定把窗戶封死。

雖然房子裡有殭屍，夢自我還是沒把門堵好，暗示她並非完全與她無意識的「殭屍」部分隔絕。夢主觀察到，殭屍從門下看她時表情很好奇——這可不是殭屍的一般特性！好奇心使殭屍彷彿有人性，揭示了交流和建立關係的可能。或許夢自我可以和它說話，甚至放它進來。一瞬之間，整合這部分的心靈內容似乎可行。然而夢主目前並未決定這樣做，而是對殭屍更強硬，砍下了他的手和頭，並決定封死窗戶。

轉身

織夢人對我們最主要的要求是認真與無意識互動，一再轉身逃走可能導致心靈乾枯。夢自我的舉動揭露了我們面對內在衝突時逃跑和撤退的傾向，但這些一時之計無法真正解決問題，反而可能走入僵局。一位年邁男士夢見：

活埋

我獨自走在鄉村的泥土路上。我看見路旁有個小房間似的洞，於是欣然鑽了進去。洞裡很暗、溫暖而柔軟，我舒服地窩在裡頭。然後不知怎地，洞被封住了，變得像個棺材一樣。我意識到我會被活埋在這個地方。我想大聲求救，但嚇得發不出聲。

此夢展示了數個與死相關的撤退或自我封閉意象。自願鑽進棺材似的封閉空間或許象徵憂鬱和絕望，而後來的恐慌似乎是夢主一直缺乏的激動。心趨向完整的天性要求他正視及整合自己無意識的內容；逃遁違反了這股生命力的流向。

留意夢對你內在世界的關係怎麼說

- 夢自我的初始態度是什麼？它相信或認定什麼？夢中有證據顯示這樣想沒錯嗎？
- 夢中哪些角色或事件與夢自我對立？它們可能代表什麼價值或態度？
- 夢自我和其他夢元素的關係是什麼？它在夢裡的動作算是上前、翻臉或轉身？
- 夢自我的動作是否呼應了你處理內在衝突的方式？
- 夢是否揭露了逃避內在衝突的傾向？

夢日記練習方向

夢中反對、挑戰或驚嚇夢自我的元素是什麼？想像一下，你覺得它想要什麼？夢自我對它有何固定想法或成見？

心理防衛機制

與自己的關係裡勢必會有模糊和拒絕——我們擔心某些內在部分會傾覆自我的小舟，因此會把它們從海面自動排除。佛洛依德稱這種機制為「心理防衛機制」，我們需要靠它們來維持一個安穩的自我形象，但如果它們太僵化，也可能妨礙成長。夢能在這些機制變成束縛或累贅時用意象讓我們看到。

一位屆臨退休、開始探索內在的男士作了一個夢：

搬家

我住在一棟公寓裡，但大家必須搬走。住頂樓的人把所有東西都清空了，房間掃得乾乾淨淨。他把牆壁重新粉刷成沉悶的米色，連牆上貼的小孩照片也直接刷過去。扶手上的油漆沒乾，沾到了我的手，令我有點惱火。住我樓下的人則是留了個爛攤子，滿屋的垃圾都沒收。我的計程車快來了，但我得把公寓收拾完才能走。我把那些垃圾都拿到路邊丟，搬著搬著，發現有個像巫婆鍋子的鑄鐵鍋，還有幾盞形似火炬的檯燈。感覺會有用，我決定把它們一起帶走。

夢描繪了夢主一直在維持的一絲不苟性格，但這種性格也在邁向人生新階段開始鬆動。他是個外在和內在都井井有條的人，如果有什麼違反這種形象，他習慣「掩飾」它們，也因此童心和創意經常被掩蓋。如今，他在他心靈亂糟糟的角落找到了有用的東西——某種不被承認的神聖陰性特質以及意識的光火。煉金術士認為魔法石藏在糞堆中，夢自我也在他認為的垃圾山裡找到法寶，拯救他枯槁又死氣沉沉的心靈生活。

尋找心理防衛機制的意象

- 夢是否在描繪你的心理防衛機制，即你的心自動維持某種自我形象的方法？織夢人怎麼評估它？
- 夢顯示這種心理防衛機制造成問題了嗎？它是否變得太僵化或妨礙你擁有創意、活力或親密？

大部分夜晚，夢中的我們於內在世界進行著奇異的冒險，與在那裡遇見的人、動物和古怪生物互動。織夢人借這些意象來表現我們與自己的關係，表現我們複雜的情結和不曾承認的欲望。雖然夢自我通常是劇中主角，但它也有很多時候會迴避關鍵衝突、抵抗其他元素、千方百計閃躲令意識不安的心靈內容。夜復一夜，夢邀請我們認識這些來自我們心底的陌生角色——它們想被承認及整合，然後使我們變得完整。

第五章

情緒：織夢人的調色盤

情緒是煉金的火，其溫度給予一切生命，其熾熱燒去一切多餘……另一方面，它也是打火石擦出火花的那瞬間；我們的意識多半因情緒而起。沒有情緒，靜不會變成動，暗不會變成明。

——榮格

夢醒時，我們經常感受到被翻起的情緒——無論是說不出的淡淡雲煙或吞沒我們的洶湧波濤。夢之所以引人注意或好奇，部分原因就是它喚起情緒反應。情緒也經常是理解夢的關鍵之一。

夢中情緒是你的織夢人利用的主要道具之一，用來照亮你心中被隱藏的衝突、被壓抑的內容和沒有意識到的自欺。夢中情緒讓人有機會窺知意識和無意識的關係。例如，若你在夢裡對一個索價太高的店員憤慨發脾氣，這也許顯示你太低估自己無意識生活某面向的價值。夢使人接觸到被自己切斷的感覺，譬如難過。你也許能在夢裡為一頭受傷的動物感受到長久壓抑的傷心，於是讓這種感覺重新回到意識裡，活得更平衡。織夢人利用情緒喚起我們注意未察覺的、被遺忘的、被放逐的事物，並幫助夢主有意識的認識他們。如果夢裡的情緒溫和，這表示某些失衡的斷裂；而激烈不寧的夢搖撼意識，迫使意識看見已經嚴重脫節的事。覺察夢的情緒將有助於發現自我完成的訊息。

情緒可能瀰漫整個夢，或從夢的各個角落升起。夢自我可能情緒激動，也可能態度淡定，你醒來後才開始湧出情緒。又或者，夢自我看起來事不關己的樣子，反而是其他夢中角色充滿激情。夢的情緒荷重可能分配在各種地方，取決於自我與這種情緒的關係。夢的一部分療癒功能就是移動情緒，使之往意識靠近。

夢將感覺傳進意識裡

非自我的夢中角色展現強烈情緒時，有點像把無意識的情緒傳到意識裡。這麼一來，情緒承載的動力就可以開始為意識所用。情緒是獨立的存在——你有多少次整天異常不安，好像有什重要的事想不起來，最後才發現你還在惦記前幾天和朋友的爭吵？我們心裡經常存在自己沒意識到的強烈情緒，有些是還沒察覺，有些是被壓抑。自我會壓抑它害怕認識的情緒，於是它們在身體裡亂竄，導致混亂的症狀，因為意識掌握不到它們的行跡。這種時候，織夢人會賦予它們形體，讓意識有機會與它們互動。讓你更能掌握你的情緒是夢的一項主要功能，也是夢協助心調節的一條主要途徑。

清醒生活中，我們感覺情緒是從內湧現的。但在夢裡，情緒可以活在我們外頭。夢中的情緒就像從其它角色、場景、物件流向我們的一股動力。你可以想像每個夢意象都是一顆特定情緒的電池，可以把充飽的情緒灌進意識裡。

以下是一個被壓抑多年的情緒透過夢而被意識到的例子。夢主是位中年女士，正開始面對她二、三十年來都不願去想的、在婚姻關係中的深刻不滿足。

盛怒

我和先生在車上，他開車，我們要去一家郊區的餐廳。他像平常一樣開得很快，我最初有點怕，但提醒自己他開車技術很好，完全不用緊張。我們到了餐廳，開始吃東西。那是個沒有隔間的大空間，周圍幾乎沒有其他夫妻或情侶。我們在討論最近在那一帶掠劫民宅、甚至會殺人的一群強盜。我在夢裡的理解是，他們就像堪薩斯內戰中約翰．布朗（John Brown）的廢奴起義軍，充滿正當的義憤，但暴力手段殃及無辜的人。我們正談著，忽聞遠處有槍聲響起。我看向先生，說我覺得應該馬上離開這裡。我對沒付帳感到很抱歉，但心想可以明天再打電話回來刷卡。我們走進餐廳外的停車場，頓時鬆了口氣，慶幸能安全脫身。然後我抬起頭，看見前方山丘上的林子湧出許多人影——強盜正朝我們衝來。他們已經非常接近，我知道我們來不及趕到車邊了。有一秒鐘，我思索著是不是該逃回餐廳，但已經太遲。強盜包圍我們，首領是個女人，渾身散發出盛怒氣息。

女首領充滿憤怒，夢自我卻只有恐懼。夢主一直覺得發怒的能力很可怕，多年來都將這種情緒埋藏心底。女首領彷彿象徵著她不承認且切斷的憤怒情緒，經由此夢邀請她認識並整合一些她的怒氣。後來幾週，她發現她更能感覺到從前壓抑的憤怒及其帶來的活躍可能性。這讓她能克制討好他人的衝動，提出正當需求改善自己的婚姻。夢起了傳遞的效果，將某些動力、活力和情緒從一個內在人物轉移到清醒的她身上。

❖睡著後打開的許多眼睛將靈魂照得通明；我們透過這些眼睛看見白晝不能見的所有東西。——埃斯庫羅斯（Aeschylus）

夢意象有時候會承載我們一度感覺到卻又推開的情緒，有時候則是我們尚未察覺的新情緒。以下是發現新情緒的例子，一位快要退休的醫生夢見：

靈性覺醒

我的女朋友帶我去山裡參加一個閉關靈修營。我是想讓她高興才去，我不相信任何神靈。參加者約有四十人吧，老師輪流帶每人作很長的冥想，我只覺得很累又很煩。然後我們開始誦經，我聽見一個隆隆的低音在迴響。我嚇得發慌，大喊：「是真的！是真的！」

夢主從小就喜歡科學，也順著興趣發展出成功的事業。談起這個夢，明顯情緒激動、眼框含淚。夢使他感受到了敬畏，一種他現在才要開始認識的新感覺。

注意夢是否傳遞了情緒

- 夢中的情緒有突然改變嗎？新的情緒來自哪裡？是夢自我以外的元素嗎？
- 如果夢自我以外的元素表現出強烈情緒，夢是不是在將這些情緒傳給清醒的你，以拓寬你對你情緒的意識範圍？
- 夢中的強烈情緒可能對應到你壓抑已久或尚未察覺的感覺嗎？夢是不是在幫助你更有意識地掌握這些感覺？
- 這些情緒關係到你目前生活的哪方面？過去生活的哪方面？

夢中的好感覺

夢中的正向情緒通常可以信任——你能相信它們感覺是什麼就是什麼、相信它們確實就是代表好的意涵——包括快樂、舒暢、滿足、敬畏等等。這些情緒有時呼應清醒生活中的感受，彷彿織夢人在和我們一起慶祝生命中的好事、證實我們走在對的道路上、肯定和支持我們現在的態度。我們遭遇逆境或難關時也可能夢到強烈的正向情緒，這種夢就像人生黑暗時期的一劑強心針，為我們注入希望，提醒我們眼前痛苦的窄谷之外還有其他風景。有時候，這類的夢會帶來深遠的靈性意義，甚至令人一生難忘。好感覺的夢是可遇不可求的美好禮物。

當夢中的某個人、地、物讓夢自我覺得安心或受吸引，它代表的很可能是心靈的某個正向部分——儘管清醒自我看它的方式可能不同於夢自我。舉例來說，在夜的冒險世界中，夢白我有時會愛上其他人物或和它們享受魚水之歡。這些人物可能是真實伴侶、電影明星，或者令我們相當驚訝的人。在夢中享受性的歡愉甚至高潮是很常見的；夢中的性吸引力和歡愉多半被經驗為正向的感覺，而這些感覺時常意味著我們與自己的某個部分——夢中愛人所象徵的那部分——交流的喜悅。只是，當夢中愛人是某個清醒生活中極不適合或不可能發展愛情的人物，夢就會令我們較難接受了。但無論如何，你通常都能假定這類邂逅是在呈現內在世界的正面發展，以這位年輕女人的夢為例：

和爸爸交媾

我在和我爸爸交媾，很是愉悅。

清醒生活中，夢主和父親頗疏遠，與父親的關係有時令她受傷和失望。作了這個夢讓她覺得很詭異，但允許自己思考夢意象之後，她意識到自己確實渴望更親近父親，而且注意到父親擁有許多她需要發展的正向特質，例如適度的自信。

正向情緒能協助我們釐清曖昧的夢意象。如果一個夢的解讀方式很多，感覺到正向情緒能幫助你知道大概要往哪個方向理解它，譬如這位四十多歲女士的夢：

傳家寶

我發現我的餐桌被扔在一間潮濕骯髒的地下室。上面都發霉了，我努力想把它擦乾淨。我好高興又找到了這張桌子，等不及要把它擺回我的客廳了。

這張餐桌是夢主祖母留給她的古董桌，對她有特別的情緒意義。她祖母在世時是個相信她、鼓勵她大膽逐夢的人，而這也是她從前和親戚一起度過無數重要時刻的桌子。夢似乎在告訴她，她的意識有段時間忘了這些價值——就那樣將古董桌扔在潮濕的地下室是會害它受損的，也許她心裡有什麼與此相連的東西已被永遠傷害。因此，重新發現桌子是個曖昧的意象：找到它是好事嗎？還是發現珍惜的寶物已經被毀的悲劇一場？然而，夢自我毫無疑問的快樂告訴我們夢所呈現的發展基本上是正向的。夢主似乎已經準備好把祖母的餐桌所代表的勇敢、自信、對家族的重視等價值放回意識裡——她的心在她拾回這些價值時表現出鼓勵與支持。

快樂、興奮等正向情緒經常是織夢人與自我態度一致的信號，但有個情況例外。有時候，正向感覺並不適合夢所呈現的處境。當夢自我在危險處境中感覺良好或滿不在乎，這往往是夢給我們的警訊。榮格曾經認識一位登山愛好者，他告訴榮格他夢見自己狂喜地奔下山巔。榮格勸他從事興趣時謹慎一點，他不以為意，不久後就在一場登山意外喪生。一位涉足高風險投資的三十八歲男子作了這個夢：

飆船

我駕著一艘細長的極速快艇，飆過狹窄的河道。

夢自我非常快活，一點也不擔心此處境隱含的危險。幾週後，同一位夢主夢見：

陡路

我開著車，沿一條山路往上衝，路非常陡，陡到幾乎要垂直了，感覺車子隨時可以往後翻過去。

夢中的他還是沒有任何害怕或警覺，只覺得在這麼陡的路上開車很「酷」。當夢自我表現出並不適合夢中處境的正向情緒，這可能是織夢人在警告我們小心樂極生悲。年輕人的心理師向他指出夢暗示的危險狀態令人擔憂，但他一笑置之。他無法連結到自己內在適合這種處境的感覺，好像開始進入一段攔不住的自毀時期，儘管他的夢一直努力阻止他。幾年後，他的人生經歷了一場浩劫。如果你聆聽夢的訊息，夢能警告你注意意識與無意識之間的重大斷裂。

夢中的正向情緒通常可以信任

- 正向感覺的夢通常可以直接理解為好的意涵，除非有證據顯示並非如此。
- 這個夢像在肯定你走的路沒錯嗎？像在鼓勵你挺過困難的時期嗎？
- 夢中的正向感覺能協助釐清曖昧的意象嗎？
- 有證據顯示正向感覺對於夢中處境極不恰當嗎？如果有，夢可能是在警告你一件你的意識嚴重低估危險性的事。

難過與悲傷

學者發現，無論世界各地，悲傷的夢都比快樂的夢多。有些理論認為，悲傷的夢是心靈在練習面對人生痛苦事件。但可別以為無視這些夢就好了，因為要把悲哀、心痛等等持續壓在無意識裡是需要能量的，而這些能量原本可以用在豐富生活和實現目標上。

感覺告訴我們有些事需要注意。當你在一個夢裡覺得難過或悲傷，試著將此夢看成需要你理解的重要訊息。個體化的一大工作是察覺自己無意識的感覺，並與它們建立關係。當你不允許自己感受某種痛苦的感覺，織夢人會設法讓你注意到，例如這位年輕女子的夢：

挨餓的小貓

我出門很長一段時間後回到家，看見一隻小黃貓躺在玄關地板上，瘦得奄奄一息。我把牠忘在家裡了！我好難過，後悔得心要碎了。

夢裡的小貓彷彿她心裡一個稚嫩天真、被遺棄的部分。她在看似優渥的環境下長大，這個表象掩蓋了她深刻欠缺的情感連結，也讓她一直無法察覺這類忽視對她造成的創傷。她能為感受到小貓的悲傷，卻無法感受到自己小時候的悲痛。夢使她更接近自己心底被遺棄的痛苦，也更接近療癒的道路。

有時候，織夢人只是半掘出深埋的情緒，也許因為我們還沒準備好整合它。這種時候，夢意象可能飽含情緒，但未能成功引起我們的感覺，反而是聽我們說起這些夢的朋友或治療師會深受觸動。如果夢描繪了客觀上傷感或駭人的事，但夢自我表現淡漠，這很可能是我們切斷了重要感覺的徵兆。一位兒時受過身體及情緒虐待的三十五歲男人夢見：

被丟棄的動物

夜裡，我出去丟垃圾。巷子裡一片漆黑，突然有聲淒厲的悲鳴嚇得我跳起來，聽起來像小孩痛得哀嚎的聲音。我試著尋找聲音的來源，發現垃圾桶後面有一隻好小的動物，像幼犬和雛鳥的混合，用人的聲音在哭。

和前一位夢主不同，夢主對夢並沒有強烈的感覺。他記得父親揍他的畫面，情緒平淡地向治療師描述。夢呈現的巨大痛苦好像連結到他幼小脆弱的一個部分，那個部分被他貶到心靈堆放垃圾的暗巷。似狗似鳥的小動物也許提供他一個未來救回那個他的方法。目前，他理智上知道自己隔絕了某些童年痛苦，但還無法實際和那些感覺相連。

難過的夢可以治癒我們，因為它能喚起自我疼惜。除非與失去摯愛的悲傷有關，否則夢中受傷的動物或被遺棄的孩子通常是在呈現夢主自己的受傷層面。這些夢讓我們有機會哀悼我們曾經經歷卻藏起或遺忘的傷痛，找到更多對自己的愛和溫柔。以一位二十多歲女子的夢為例：

我只有這顆心

我從一場手術中醒過來，一睜眼就看見手術醫師的藍眼珠。「我怎麼沒死？」我問。我已經自願把我的心臟摘了。「有時候會這樣，有些人心臟摘掉以後不會馬上死，別擔心，應該只是幾分鐘的事。」我躺在手術椅上繼續等，但愈等愈焦急，因為我還是沒死。我左顧右盼，發現椅子旁邊有個不起眼的鞋盒，我的心臟就丟在裡面。我胸口的洞劇痛不已，我開始抱住鞋盒，愈來愈慌張，因為我已經這樣超過了一小時。我站起來，決定想點辦法。我打電話給姊姊，請她幫我聯絡我們的家庭醫師。我去找爸媽，告訴他們發生的事——我得快點把我的心移植回去，但眼看就要沒時間了。媽媽不相信我說的話，叫我別窮緊張。我開始像隻無頭蒼蠅在城市裡轉來轉去，瘋狂打電話給我的主治醫師，但他不接電話。終於，我看見路旁有輛救護車，車裡坐著一個年輕女醫師。我對她說：「醫師，這是我的心臟，求求你幫我把它裝回去。我只有這顆心，我永遠不會有別的心了，我不能放棄它！求求你了，試試看也好，幫我把它裝回去吧！」我控制不住地大哭。她同情地看著我，說她願意試試看，但只怕已經遲了。

夢主解釋，夢裡的她最初只擔心死不了，「但當我想到那顆心被孤零零扔在鞋盒裡，我開始為它覺得很難過。」難過的感覺驅使她動起來，不再消極求死，開始努力尋找能幫她把心臟安回去的人。雖然夢自我最後很絕望，但至少有個願意幫她的年輕女醫師出現了。夢透過她為那顆被捨棄的心感到的難過以及使它活起來的熱切願望給了她解藥。

夢裡的悲傷可能打開深鎖的心房

悲傷難過的夢通常是在邀請我們更深刻感受這類情緒，將之整合進意識裡。

- 這個夢是否讓你比平時更容易感覺難過？或許它能幫助你哀悼你不曾允許自己哀悼的傷痛。
- 如果夢呈現了一個令人傷心的處境，但你沒有感覺，那也沒關係。先記下這個夢，也許你日後能嘗試接近這些情緒。
- 引起悲傷的夢或許能協助你自我疼惜。

夢日記練習方向

夢的哪部分令你難過？仔細描述它，特別記下與情緒相關的細節。如果夢中傷心的是一隻動物、小孩或某個受傷的角色，你有什麼話想對它們說？要是它們能開口，你覺得它們會說什麼？

討厭的感覺——生氣、嫌棄、害怕，以及噩夢

當夢自我經歷討厭的感覺，意思大概有兩種，我們需要尋找證據來判斷是哪一種。織夢人可能是在表達這種反應有必要，告訴你它支持這種反應。或者更常見的是，它可能在設法讓你看見自己矛盾或自欺的地方，彷彿舉起一面鏡子說：「瞧！這是我眼中的你。」當你在夢裡感到生氣、嫌棄或害怕，別忘了夢自我的態度不見得是對的，也許夢在展示你不想面對的真相或不想認識的自己。

生氣

夢自我在夢裡生氣很常見。讓我們來看兩個例子。首先是麗莎讀碩士時作的一個夢，二十出頭的她剛開始讀榮格和關注自己的夢：

陪貓聊天

我週末要出門，所以暫時把我的貓小謎關在一個類似地下室或車庫的地方，託樓下的老太太喬安娜幫忙照顧牠。週末過後，我還沒立刻帶牠回來，喬安娜繼續顧貓，雖然我都說不必了。喬安娜開始留紙條給我，叫我在地下室裝這個修那個，讓小謎更舒服。然後她寫了一封信來跟我要錢——儘管我已經付過她週末的酬勞——附上一張含明細的發票，總價八千美元！信上的口吻有點不悅，說她花了十二元買貓玩具，還帶我的貓去一家高級餐廳吃午餐，花了八十元。但遠比什麼都貴的一項叫作「陪貓聊天」，說的是她和小謎交流的努力，竟然要兩萬元！我氣炸了。

麗莎醒來時，就像夢自我一樣怒不可遏，開始思考這個夢之後，才發現它可能展現了她的內在狀態。她一直在犧牲自己的某些部分，把她心愛的「貓」丟在地下室不管。喬安娜令人想起機智老婦的原型——神聖陰性的一個面向——這個原型的意義在我們文化中常被低估，在麗莎當時的人生中也是。麗莎夢裡，喬安娜和她的貓關係緊密，而貓是陰性本能的常見象徵。麗莎的織夢人以這幅意象挑戰她，讓她看見她在壓抑自己生命裡的這些面向。

夢自我的惱怒透露了麗莎的意識人格如何面對無意識——跳起來辯護自己的正當性和貶低挑戰她的東西。夢中的怒意使她發現，她在清醒生活中總是以「講理」的惱怒和逃避來回應整合她「情感豐沛的那一塊」的召喚。夢指出她對她內在老婦與貓的輕蔑，讓她有修正態度的機會。

讓我們再來看第二個例子，此例中，織夢人似乎肯定了生氣的必要性。

孩子房裡的鱷魚

有條鱷魚在我們家。牠靜靜趴在臥室裡，孩子們在牠身邊玩，令我非常擔心。我很清楚我們沒餵牠，我怕牠肚子太餓，會吃掉其中一個小孩。牠已在我們家待了幾天或一個禮拜，小孩在牠周圍蹦蹦跳跳，毫無警覺。某天，牠待在我們最小的兩個女兒房裡。她們一個四歲、一個六歲，房裡很乾淨，點著昏暗的粉紅色光源。我看到那條鱷魚頭朝著床，嘴巴是開的——這讓我再也忍不下去了。我把在房間對角玩的女兒們帶出去，把門關好，氣沖沖但自信地去找我先生理論。我告訴他這太荒謬了，他必須現在就找人來把鱷魚弄出去。他一副我太誇張的樣子，我說並沒有，讓小孩住在有鱷魚的家裡才叫誇張。他輕鬆改變了看法，同意我說得對，但說除鱷費用要我們一人出一半，大約一人兩百元。

夢主作這個夢時三十四歲，在家裡帶四個小孩自學。未療癒的創傷困擾著她，她覺得近來有被憂鬱、憤怒和壓力淹沒之感。那陣子，她正和丈夫商量送小孩去學校，讓她能進修和追求職業。夢中的她起初很憂心，但試圖繼續相信家裡有鱷魚很正常。隨著夢的進行，她觀察到愈來愈危險的徵兆——鱷魚的嘴巴是開的——終於決定採取行動。不斷累積的恐懼爆發成憤怒和保護欲，夢以戲劇化的方式向她呈現，這種態度比原先的消極更好。

這個夢裡的鱷魚似乎代表夢主的心理狀態——因為沒有餵養而開始對孩子造成威脅。她忽視此問題的嚴重性，但更合適的態度也許是展現出她對鱷魚和丈夫的憤怒。這股怒氣刺激她在夢中與現實中動起來，發現為了解決問題，她必須找丈夫理論，也必須承擔屬於她的那一半責任。

❖ 夢最大的祕密是：不是我們作夢，是夢作了我們。——榮格

夢的結局也能協助我們判斷織夢人是否認為憤怒是恰當的。麗莎的夢以忿忿不平和陷入僵局的感覺收場——夢裡的她好像必須付那筆可怕的天價。喬安娜並沒有妥協的樣子，夢也沒有提示任何其他辦法，另一方面，鱷魚的夢最後呈現出一條清楚的解決之道——人物們已經決定怎麼解決夢裡的大問題，即孩子房裡的飢餓鱷魚，而夢自我的憤怒在其中起了推動作用。

生氣的夢可能代表你在以發怒逃避成長，或者憤怒能幫助此刻的你

夢自我的憤怒可能揭示織夢人對你態度的看法。如果夢中的你在生氣，想想看：

- 夢自我在氣誰？
- 夢自我在氣什麼？
- 夢自我的憤怒是否是種自我防衛？為了逃避你無意識的某個面向？
- 夢自我的憤怒協助夢中危機獲得解決了嗎？還是使事情鬧得更僵？

嫌棄

若說生氣的夢經常透露我們在逃避自己的某些部分，嫌棄的夢則往往指向羞恥感和自我厭惡。一個年輕女人夢見：

馬桶滿出來

我在小學裡，急著想上廁所。我問老師能不能去，她叫我去校長室請示校長。我很擔心會出什麼狀況，但校長說沒問題。我總算及時趕到廁所，拉出非常多東西，最後連腸子也出來了。我驚慌失措，連忙甩上馬桶蓋按沖水。結果馬桶滿出來了，髒東西流得滿地都是。

夢主覺得這個夢「噁心透頂」，它呈現了夢主無法接受的某部分自己。織夢人似乎在警告她注意摧毀性的自我否定，她想把自己的腸子沖掉——腸子（gut）是內心感受（gut feelings）所在之處——但這樣做可能對她造成無法挽回的傷害。織夢人向她展示了這種否定的代價，邀請她考慮接納自己。

如同憤怒，織夢人有時看起來像在贊同夢裡的嫌棄態度。一位四十五歲的女醫師夢見：

藏起來的屍體

我住在一棟房子裡。那房子從前有某種用途，但如今環顧四周，到處都看起來破破舊舊的，有點令人厭惡。屋裡很髒，我一個人掃不乾淨。我發現清潔人員——是我的瑜伽老師——沒好好盡責，尤其完全沒掃全屋裡最髒的浴室。我想離開，但辦不到，因為屋裡有具屍體，如果我走了，屍體就會被發現。我在想該如何處理那具屍體。感覺那並不是我殺的人，只是屍體一直藏在我這裡。我知道會有風險，但開始研究能用什麼方法將它分解拋棄。

夢自我嫌棄這棟破爛老舊、藏了屍體的房子。夢主認為她的瑜伽老師是個極度不食人間煙火的人——她不願掃生命的骯髒角落。織夢人似乎贊成夢主鄙棄這棟「過去有用」的房子，它已經太舊了，裡面還有具屍體。或許有些東西一直被她藏在地板下，現在她必須把那些東西處理掉。這個夢裡的嫌棄就像鱷魚之夢裡的憤怒一樣，是愈來愈清楚問題的結果。夢自我逐漸察覺房子的不堪以及處理那具死屍的必要，織夢人記錄了這段過程，並贊同她的態度。

就像生氣的夢一樣，觀察夢的結局能幫助我們判斷織夢人的看法。馬桶滿出來的夢以被厭惡感淹沒的意象收尾——事情往令人擔心的方向發展，夢自我的腸子都跑出來了，看不出要怎麼辦。破舊房屋的夢裡，雖然問題還沒完全了結，但已能看見一絲曙光——夢自我開始研究怎麼處理藏起的屍體，以便離開那裡，厭惡感促使她為此事畫下句號。

嫌棄的夢可能指向羞恥感和自我厭惡，或代表嫌棄有其必要

當夢自我對某事感到嫌棄或噁心，織夢人可能是在展示你討厭或引以為恥的自己。

- 令夢自我反感的是什麼？
- 這可能代表你鄙視或拒絕的某部分自己嗎？也許你能考慮接納及整合它？
- 夢中問題有要解決的樣子嗎？
- 如果有的話，反感是不是促使夢自我積極行動？

害怕

害怕與擔心都屬於夢中最常見的情緒。我們不承認的內心部分經常引起夢自我的恐懼；這些部分不符合我們「應該是」的樣子，會動搖我們的自我認知，因此被我們放逐到無意識的黑暗裡。這些部分即榮格心理學所稱的「陰影」，我們第八章會更詳細討論它們，這裡可以先記得的是，夢自我害怕的元素通常就是這些被意識放逐的部分。榮格觀察：「一般而言，意識對它們的態度愈負面、愈是極力抵抗、貶抑或懼怕它們，被分離出去的內容就會以愈凶猛、醜怪或恐怖的面目出現。」[2] 讓我們以一位六十三歲女士的夢為例：

追趕

我夜裡在街上走，附近一個人也沒有。我突然感覺到有人跟著我。我開始跑，但那個人也開始跑著追我。

夢主說她在這個夢裡害怕極了。但當她試著站到追逐者的立場，她驚訝地發覺這個人物也許只是好心要跟她說什麼。夢讓她看見夢自我對某個無意識元素的態度——這個部分想攔住夢自我，因為它帶了有用的訊息來，但夢自我害怕與它打照面，因為她狹窄但安定的自我認識可能受之挑戰。害怕的夢經常是在邀請我們回過頭，面對自己的陌生部分，問它：「你是不是想告訴我什麼？」

被追趕的夢

我們拔腿狂奔，但怎麼也甩不掉追趕者。心臟狂跳、肺部灼燒，眼看結局將至——我們赫然驚醒。只是個夢啊！太好了！許多人都作過被追趕的夢。有些學者猜測，這些夢是人類被猛獸追趕的演化記憶殘餘。無論是否如此，被追趕是象徵恐懼的一個普遍意象。

孩提時代，追我們的東西經常是呼應神話原型的奇幻怪獸。長大後，我們可能被持械的人追趕。不少追趕的夢是重複的，彷彿「它」會夜夜來獵殺我們。雖然追趕的夢亦可能關係到清醒人生中的創傷或恐懼經驗，不過更多時候，它們屬於內在世界。追我們的經常是被我們流放到無意識裡、想獲得意識承認和整合的某部分自己。

當夢自我回頭面對追趕者，追趕夢的驚悚氛圍經常會一掃而空。一個覺得被課業壓垮的碩士生夢見在森林裡碰上一頭熊。他轉身逃跑，但意識到根本逃不掉，終於回頭接受被熊吃掉的命運。沒想到熊一屁股坐下來，友好地對他揮揮前爪，又爬起來，慢悠悠地走了。夢的訊息是躲不掉的，持續逃跑也沒用，你必須面對它，然後發現你想像中的洪水猛獸其實都沒有可怕到自我無法承受。

偶爾，夢中的恐懼是種適當的反應。夢可能在同意你確實應該害怕某些態度，而採取另一種態度。一位三十七歲女子夢見：

喜劇秀

我在戶外看一場喜劇秀。演員是個天不怕地不怕的人，像戴夫．查普爾（Dave Chappelle）之類的。演出的社區比較破落，座位是臨時看台，場地很溫馨，感覺很適合那場表演。我和凱特一起坐在觀眾席，忽然有個散發危險氣息的男人晃進場地。我被他的古怪舉動嚇到了，心想他可能有吸毒。他沒票，開始在我們附近的走道鬧事。我坐在最邊緣，所以非常近，凱特要我盡量把身體縮進來，以免他們動拳腳時波及到我。我前後的人已經在這樣做了，但凱特提醒我之前我都沒想到。場面很緊張。那個人開始威脅觀眾。我心裡想著唯一能阻止的只有戴夫了，至少他是個全國知名人物，擁有某種權威。很明顯的，危險男子放話說要搶走這場秀的全部或大半收入——當表演結束時傳帽子收錢，他會把錢拿走。我想不出還有什麼路走，感覺就像被將死了。這時戴夫走來，站在那個男人面前，忽然故意整個人往地上攤倒，身體變得軟綿綿，關節之間都鬆開，像被肢解一樣。危險男子茫然盯著地上的戴夫，在戴夫的碎片之間走來走去，不知如何是好。終於，他走了——威脅被卸除了。男人走後，戴夫重新把自己整合起來，成功拿回所有演出收入。

清醒生活中，夢主與一個事業夥伴起了嚴重衝突，為此非常憤怒。她在夢裡恐懼的似乎是她自己和夥伴的憤怒，兩者感覺都很危險，可能毀掉一切。她的憤怒像那個危險男子一樣開始失控，威脅搶走她辛苦打拚的成果。夢給她的解藥是喜劇演員的辦法，這個魔術師原型人物向她示範了如何以柔克剛。

同樣，夢的結局可以幫助我們判斷織夢人對恐懼態度的看法。被追趕的夢裡，問題不見收束，夢自我始終處在緊張恐懼中。喜劇秀的夢裡，夢自我先後被朋友凱特和喜劇演員教導柔軟化解的方法，發現不必與危險的心靈部分強硬對撞。夢主也因為這個夢而決定給自己和夥伴更多冷靜的時間，順利找到面對事業衝突的方法。

噩夢

噩夢是可怕夢境的一個特殊類型，其特色是會帶來極端恐懼。你可能會伴隨一聲尖叫醒來，心跳狂飆，發現只是個夢而大大鬆了口氣。我們兒時常作噩夢，成年後也還是會受它們騷擾——尤其是在生活混亂或壓力極大的時期。雖然噩夢使人深刻不安，甚至恐怖到令人不敢入睡，但這些夢一樣是織夢人為了幫助我們活得更完整和健康而送來的。

噩夢帶來的強烈恐懼是織夢人喚起你注意的方式；恐懼彷彿情緒的螢光筆，確保你一定會注意被圈起來的東西。馮．法蘭茲認為，噩夢其實是心理試圖將我們震醒的一種方式，提醒我們意識到某些事情出了問題，必須解決。噩夢能衝擊我們，促使我們看向個體化的方向。同時提醒我們心靈中存在一些遠遠大過自我的力量。一位二十多歲的女子重複作著一個噩夢：

鯊魚海

我在海上漂泊，注視夜空，忽然之間從海底浮出非常非常多鯊魚，但好像都死了。我極度激動地醒來。

夢主那陣子正透過心理分析開始觀察自己的夢。探索內在深處的同時，她最舊最深的焦慮似乎開始從海底浮出。

矛盾的是，噩夢也有容器的功用，以視覺畫面裝載我們最深的恐懼，讓我們有辦法與之互動。以下是一位成年女性回想的童年噩夢：

怪獸樓梯

我小時候總是反覆作同一個噩夢。在夢裡，我專心爬著一座樓梯。每個晚上一再嘗試小心翼翼踩上每一級，想要不驚醒怪獸抵達樓梯頂。但其實我踩的樓梯就是怪獸本身。

作這個夢的前後，夢主的母親帶著她離開了父親。夢主不記得看過父母之間的爭吵，她印象中的父親是個親切溫柔的人，但帶著心底的怪獸從越南回到美國。童年的家裡瀰漫著沒人提起也沒人承認的緊張。也許這創造了她無法描述的提心弔膽感受。不明的恐懼往往比明白的更令人苦惱，怪獸樓梯的意象或許是織夢人讓年幼的她看見家中遍布的情緒地雷的方法，讓她更知道怎麼面對那些不能討論的感受。

害怕的夢往往指出自我對某個內在部分的態度有誤

夢自我害怕的元素經常象徵著我們視為禁忌危險的某個內在部分，它挑戰我們對自己的認知，因此我們害怕面對它。

- 夢自我和夢中可怕元素的關係如何？
- 你覺得這個元素現身可能是為了告訴你什麼？
- 夢中問題有獲得解決的跡象嗎？若有，夢是否提示了你能用什麼新態度面對你害怕的部分？
- 噩夢帶來的強烈恐懼是織夢人喚起我們注意的方法。當你作了噩夢，想想看它可能是要讓你注意什麼。

夢提供無比深廣的情緒體驗。精神醫學家及作家伊恩．麥吉克里斯（Iain McGilchrist）認為，夢中情緒的廣度遠超過意識能及的範圍。「我在夢裡有過清醒生活中從來沒有過的情緒，」他在二〇二一年的一集「跟著榮格聊人生」節目中說，「有幾個夢裡的情緒，我真的找不到話來形容。」[3]

對榮格而言，感覺有衡量價值的功用：這件事對我多重要？我願意為它花多少力氣？夢的世界裡，意象是浸滿情緒的，尤其是那些我們寧願不要的情緒——傷心、丟臉、害怕、生氣、噁心。夢給我們的情緒從難以言喻的幽微感觸到排山倒海的驚人心情，有些在夢醒後還縈繞不去，影響我們接下來數小時、數天或甚至更長時間的心中陰晴。如果夢是一幅畫，意象和隱喻就像形狀，情緒則是所有色彩——每一種濃淡、明暗、色澤、調性。

「這個夢給我什麼感覺？」是探索任何夢時要先問的問題之一。情緒牽引我們的視線，令我們不能不注意最重要的東西。理解夢中情緒不僅是解鎖夢意義的關鍵，也是織夢人和我們溝通的主要方式，告訴我們個體化之路的有用訊息。

第六章
夢劇場：結構與動力

夢是一座劇場，夢主是其中的布景、演員、提詞人、導演、劇作家、觀眾兼劇評。

——榮格

有時候，我們醒來只記得夢的片段——一個畫面或倏忽即逝的感覺。更幸運的時候，我們能記得更多，記得夢裡有人物、場景、行動，也許還有開頭和結尾，儼如一個完整故事。我們透過故事編織意義：故事連結意識與無意識、串起意象與感覺，將部分組成一個整體。每本傳記或回憶錄都嘗試訴說人生的故事；小孩總愛一再重聽最喜歡的故事；無論在舞台上、螢幕上或書頁上，故事將許多回憶、經驗、感覺與渴望串在一起。人類天生愛說故事，因為它是靈魂表達意義的方式。

最老的故事形式是戲劇。戲劇歌舞與儀式的歷史悠長到難以追溯。世界各地都有演戲傳統，因為演戲涉及傳唱普遍故事的人類天性。劇場裡，以歌舞詩詞敘述著生命、敘述著自己、敘述著無限廣袤的奧祕。榮格認為夢就像心靈的劇場。這座夜夜自行開演的劇院展現了靈魂說故事的神話詩（mythopoetic）傾向。當你睡下，開始作夢，這不無類似在古希臘露天劇場裡找個位子坐，欣賞你的織夢人新編的內在戲碼。

並非所有的夢是有開頭、中間、結尾的連貫敘事。有些夢乍看彷彿一串胡亂湊在一起的零碎場景。然而，有時我們只要找到對的角度，就能看出底下的結構模式。比起戲劇敘事，有些夢更像二聯畫或三聯畫，還有些夢像有主歌與副歌的流行樂曲。織夢人好像有許多基本雛形可以選用，當我們能辨認出某個夢採用的是哪一種，就容易看出起承轉合在哪裡，獲得一項解夢的利器。

夢的戲劇性

注意夢的戲劇結構，代表觀察夢中故事的流動。就像光具有波和粒子的雙重性，取決於我們的觀察角度，我們也能透過注意戲劇結構來看見夢動態的「波」屬性，加在夢意象的「粒子」屬性上。我們可以觀察這些波是驚濤萬丈、形成漩渦或是輕撫岸邊。例如，如果夢裡有條蛇，你不只會看它的象徵意義，也會看它在這個夢裡做了什麼——在爬行嗎？已經咬人了嗎？或只是掛在一棵樹上？我們也能觀察夢中人物的互動、反應和情緒變化。

若你有機會進劇場看古希臘戲劇，你會發現這種經典戲劇結構有四大成分：時空背景及初始處境、人物行動、故事高潮的危機或災難，以及最終處境。不是所有夢都有這四大成分，更不一定像寫劇本那麼有條有理，但認識這些基本戲劇結構可以幫助我們辨識夢中的類似結構，因此就讓我們來逐一檢視它們吧！

時空背景

夢經常從時空背景的設定展開。幕啟，我們看見某個地方，可能是熟悉的廚房、公司辦公室或陌生的異地。背景往往透過夢的第一句話或第一個畫面交代完成，讓我們知道這在講述心靈的哪個社區。即使背景是童年老家或中世紀小城，夢描述的幾乎總是你目前的內心狀態。時空背景能幫助我們理解動作的意義，判斷織夢人的意圖與夢的主題。例如，一個以辦公室為背景的夢，主題很可能與工作相關；舊家的夢可能關係到承襲自家族的行為模式；臥室的夢則可能在談性或感情。

房子的夢

房子時常出現在我們夢中。它們是日常生活的重要面向，也是自我「為自己構築的環境」的意象。我們會夢見兒時的家和現在的家，儘管它們在夢裡可能變得很不一樣。我們也會夢見不存在的房子，甚至擁有一座不時造訪的夢中別墅，開始對那裡感到很熟悉，雖然現實中從未住過類似的地方。

夢見房子時，試著注意你的感覺。你快樂地打開新發現的密門嗎？還是正為怎麼翻修老屋煩惱？夢中的屋況或許透露你心靈建築的某些狀態。此外，房間用途也能為解夢提供線索。廚房是烹調的共同空間，臥室是私密的舒適角落，浴室和廁所是洗淨和排泄的地方，閣樓與地下室被我們拿來儲藏。過薄的牆或遺失的門也許指出某些關於界線的問題。

榮格傳記作者迪兒綴．拜爾（Deirdre Bair）描述，榮格相信夢裡的房了有特別的意義：

「房子代表某種人生處境……身在一棟房子裡就像身在一個處境裡。」根據他的觀察，當患者或甚至他自己夢見房子，這些房子幾乎要不是還沒修好、少了什麼房間，就是有條多出來的走道，通往現實中沒有的神祕部分。當人們從這些夢裡醒來，總會清楚感覺到必須「解開這個謎，或對此做點什麼。」[1]

就像夢中任何元素，我們可以利用聯想、解釋、放大來理解背景地點的意義。如果你的夢從你家廚房開始，先記下這個空間令你想到什麼。也許這是你和你家青春期小孩共度最多時光的地方。解釋告訴我們，「廚房」是存放食材、準備餐點的空間，也是許多人家裡的非正式小餐廳。最後，我們可以思考廚房可能的原型意義。現代廚房的前身是灶間，而灶是溫暖與光火的來源、房子的心臟、女人的領域。

有些夢發生在不熟悉的場所——從未見過的房子、奇異的城市甚至某個外星球。在這種夢中，你的織夢人可能在設法向你展現心靈未知地帶的新潛力。有些夢沒有實際時空，或只以極簡方式帶過。這些夢呈現的內在動態可能還模模糊糊，新的意識才在成形中。

初始處境

內在幕啟時，夢告訴我們的經常不只時空背景。也許有些事已在發生，或者有些角色已在場上。初始處境可能是：

我把一匹馬養在地下室裡。

我在一間餐廳裡，服務生端來一碗圖釘。

我在我家客廳，有個小嬰兒從沙發下鑽出來。

注意夢的開頭有誰在場、有什麼在發生都可能有助於解夢，夢接下來的發展會以這些資訊為前提。將初始處境與最終處境對比也可能帶來重要啟發，讓我們看出原先的心理處境和最終狀態之間的差異。讓我們用以下夢的開頭來說明時空背景與初始處境的意義，夢主是位三十多歲的女性：

老製線廠

我和一個男生在路上騎腳踏車，經過我的高中母校附近——感覺我們是好朋友。

夢將夢主放在一個離她高中不遠的地方，讓我們立刻知道這個夢可能關乎始自她生命那時期的議題。她在騎腳踏車，和一名男性朋友一起——彷彿她憑藉己力在人生路上移動，但有個內在人物作伴。我們也發現這個夢開始時，陰性和陽性元素是平衡的。

注意時空背景和初始處境

留意夢的時空背景和初始處境。它們通常是夢文本的頭一兩句，很可能協助你看出織夢人的意圖，也速寫出夢在討論的心靈疆域。可以思考：

- 背景地點是否指向生活中的某個領域？夢可能在談這個領域嗎？（例如辦公室的夢可能在談工作領域。）
- 你對背景地點有個人聯想嗎？
- 你能利用解釋或放大來發現背景地點更深的意義嗎？
- 初始處境中，有哪些人物在場？男女兩邊平衡嗎？哪些事在發生？

動作——接下來的發展

我們將初始處境納入眼底後，動作隨即展開。推進動作的是參演此夢的演員們，其中挑大樑的通常是夢自我。這些動作是承接開頭處境而來，但織夢人連結事件與事件的方式和意識自我未必相同，所以我們有時很容易跟丟情節。

夢事件就像織夢人用來展現互動關係的「舞台道具」。[1]夢中的動作模式幾乎包山包海：發現、衝突、尋求連結、旅行、對抗、躲藏、追逐，甚至做愛。如同戲劇，夢中可能不只一個場景，也可能有突然的情境或地點轉移。也許第一幕發生在甲地，後續場景發生在乙地和丙地。如果夢中有許多地點，你可以嘗試比較它們，注意其中是否能看出發展模式，或指涉其他心靈部分。

讓我們看看前述提到的〈老製線廠〉夢裡，動作如何展開：

> 我們經過一座老工廠，在路的左手邊。看起來已經廢棄，但散發一種異樣的美。磚造的老建築被荒草圍繞，好像還保持昔日尊嚴，雖然人們早已離開這裡。我意識到：「啊，這裡就是以前的製線廠！」

隨著劇情推進，夢主發現了老製線廠。磚造建築依然完好，只是被人們忘在那裡，似乎屬於一個古早年代。清醒生活中，夢主並不認識這樣的地方，線或工廠也沒有喚起立即的聯想。夢訴說，有個能製作線的地方被棄置了。線能連結和縫合。我們用線來形容思緒和頭緒。線有許多神話主題：亞洲民間傳說中，姻緣注定的人被以紅線牽在一起；鐵修斯（Theseus）用亞里亞德妮（Ariadne）給他的一球毛線逃出牛頭人身怪的迷宮；命運女神的紡車紡出每個人的命運線。

讓我們將這幅有力的意象放在戲劇結構的脈絡下思考。發現老製線廠與先前的背景——高中母校和男生朋友——有何相關呢？也許夢主透過陪伴她的內在男孩，重新發現了自己某個荒廢的部分？或許她高中時擁有某種跟隨心的線索的能力？

夢主的早年經歷較混亂。她母親對抗著心理疾病，父母已經離異。高中時，她輪流住在兩個家裡，媽媽家像座充滿活力、但隨時可能爆發的活火山，爸爸家則被講究規矩的繼母掌管。她覺得高中給了她探索與表達自己的機會，和同儕及老師都有一種連結感。老製線廠彷彿她曾經擁有的與自己和他人相連的感覺，經過多年仍完好屹立在心底一隅。

觀察夢中的主要動作

注意夢開始之後有哪些主要動作，即劇情的主要發展。

- 夢自我得知哪些新訊息？
- 這些發展與開頭和結尾有何相關？
- 場景變換了嗎？新的地點與初始地點有何異同？這可能是指你內在的另一部分或另一處境嗎？

危機或災難

危機是夢中最緊張的高潮。榮格分析師惠特蒙與佩雷拉解釋，危機代表「夢恰巧呈現的發展隱含的最大潛力，我們不知道夢會走向正面的、負面的或甚至夢魘的結局。」[2]危機可能是合理的小事，也可能是離奇的怪事，還可能是顛覆我們的大災難，但通常都帶有令人吃驚的成分。讓我們回到老製線廠的夢：

> 我太專心看工廠，腳踏車栽進水溝裡了。

對老工廠的著迷拉走夢自我對前方的注意力、阻斷她的行進。就在她想起曾經擁有的連結能力時，危機發生：腳踏車掉進水溝。對於自己失去什麼的新意識使她停下了騎行——也許「獨力踩著踏板向前行」的態度不再足夠了。

找到夢中的危機

- 夢中的高潮是哪件事？
- 織夢人在強調什麼？
- 什麼受到威脅？
- 什麼變化已經發生或者必須發生？

最終決定

理想上，夢中的一切動作最後會導向某種決定，不會讓故事懸而未決。有這種最終決定時，我們可以假定夢在對某個問題——通常是自我的態度——提出一種解決方法。就算最終決定令人摸不著腦袋或看不出前後關聯，它們經常也是織夢人對某個問題處境給出的回答和建議的新方向。

❖夢中象徵是心靈訊息的重要載體，為我們送來源自直覺到理性的訊息。解讀這些訊息能使貧瘠的意識重新豐饒起來，想起它許久以前會說的直覺話語。——榮格

夢也可能透過最後的畫面表現這個解答。注意夢的結尾引起你什麼情緒。感覺像某種勝利嗎？令人滿意嗎？無可避免嗎？當最後一句話給人正向的感覺，這經常是證實你走在正確的道路上。很多時候，夢的結局也會帶來驚訝之情，代表我們對某事的意識更清晰。[4]我們在夢中邂逅新的東西。當我們從有最終決定的夢中醒來，時常覺得像被告知了什麼重要訊息，即使不懂夢的邏輯在哪裡，還是有種恍然大悟的感覺。這些夢讓夢自我從一個新觀點看見了夢處境——儘管未必能完全理解那幅風景。

憑．法蘭茲鼓勵我們特別注意夢文本的最後一句話，因為它往往就像織夢人對夢中問題的解答。[3]

最終處境

我們也須注意夢發展至此，有哪些事改變了。你的每個夢都是織夢人推著你往個體化前進的點滴力量，它們應該能挪動你的觀點，至少挪動一點點，所以注意夢中的變化很重要。最終處境與初始處境有何不同？有最終決定的夢中，夢自我的心境通常會有所轉變。如同一部好的文學作品，主角在封面和封底之間歷經了某些成長。想想看你的這個夢裡夢自我有何成長，或者有什麼其他變化，例如背景地點或在場角色是否不一樣了？

〈老製線廠〉則是這樣收尾的：

> 我得從腳踏車上下來，把車牽出水溝。

夢自我從騎車轉變為牽車，年輕男生也不見了。看見荒廢在她心裡的老製線廠之後，她在世上移動的方式改變了：陪伴她的陽性力量不知去向，她得暫時慢下來。夢以一場小災難收場，這類結尾顯示問題處境沒有快刀斬亂麻的方法。[5]夢最後似乎訴說：她因為意識到失去，必須進入一段較低落的時期。事實上，夢主那陣子有點迷惘和憂鬱。但這個夢提醒她很重要的一點，即她的連結能力並未損壞，還在那裡。

我們不會意外的是，很多夢沒有清楚的最終決定或結局。織夢人呈現出我們遭遇的難關或疑問，提供一些關於它的預想，將行動推演至最緊張的高潮——然後懸在那裡。像這樣的夢可能說明前方道路還不清楚，或無意識也不知道答案。沒有明確結局的夢經常是在呈現未完結的內在處境，它們像影集一樣，可能還有「續集」，例如這個夢：

甩不掉的迅猛龍

我在一座小植物園裡，經過一個階梯狀的樹叢和苔蘚造景底下，有隻灰色的小迅猛龍從頂端朝我跳下來，大約只有家貓尺寸，沒有眼睛。我使勁將牠揮到一旁，牠太小了，構不成真正的威脅，但我還是感覺腎上腺素飆升。牠不斷跳向我，我不斷將牠揮開，愈打愈用力，後來一揮就能把牠擊到另一頭的牆邊。但它看起來一點也不受傷害或挫折，依然一次次衝過來。終於，牠不再追我了，但又出現了一隻和牠一模一樣的橘色迅猛龍。我知道後者也要開始衝向我了。

盲眼的迅猛龍似乎站在比夢自我優勢的位置——牠從高的地方跳下來。盲目經常與不顧後果或缺乏計畫連在一起。夢的時空背景帶有科幻色彩，將此心理處境設置在一個充滿草木和原始猛獸的世界裡。夢自我的還手引來更多攻擊，迅猛龍似乎還會再來，可憐的夢自我該怎麼辦？有待下回分曉了。

注意夢的結局以及有沒有最終決定

- 夢發展到最後是懸而未決，或導向某種解決之道？
- 若是後者，這代表什麼樣的態度變化？
- 最終處境和初始處境有何不同？
- 夢文本的最後一句話是什麼？你能將之視為織夢人對夢中問題的解答嗎？
- 夢最後的畫面是什麼？喚起何種情緒？與夢的主題有何關係？
- 如果故事最後懸而未決，哪些問題有待解開？什麼處於懸置狀態？

角色

沒有主角就不能造就完整的戲，而通常，夢劇中的主角都是夢自我。觀察一下你在夢裡演的是什麼角色：是英雄、小丑還是一個癡心的愛人？拯救者或等待被救？我們在夢中的角色很多時候與清醒生活中的角色相似，對應到我們看自己的方式，也因此能提供重要資訊，讓我們意識到自己如何面對特定處境。

考慮以下這個夢。夢主是位四十多歲的律師，致力於為弱勢和被剝奪者發聲，他在為工作奔走的一個時期夢見：

暴龍

我是一個四人小隊的成員。我們背負著特殊任務，必須取得一頭暴龍的一滴血或口水。牠很不情願，說牠太老了，但我知道有辦法說服牠。

夢自我扮演著英雄角色，是肩負危險關鍵任務的特別小隊一員；這個角色對應到夢主看待自己工作的態度。夢自我一行人必須接近暴龍，一種強大到無法想像的原始生命力象徵。想取得暴龍的口水或血需要勇氣、機智和與無意識打交道的正確方法，在夢中看來很有希望成功。夢似乎在說夢主醒時的態度是現實的、靈活的、符合個體化方向的，因此前景看好。

同樣四十多歲的另一位夢主在夢裡扮演類似於她感情生活中的角色，她與伴侶近來常起衝突，權力關係變得明顯：

囁囁嚅嚅

我躺在床上睡不著。我知道這樣不好，但還是拿起手機看。才剛開始看，茱莉就走了進來。她氣得狂罵，說她不敢相信我大半夜還在玩手機。她衝著我尖叫，我囁囁嚅嚅，沒辦法為可恥的自己辯護。

這個夢裡的夢自我像個倒楣的受害者，她覺得自己選擇的舉動很可恥，因此只能任由伴侶罵她。這反映了夢主和伴侶清醒生活中的一種互動關係。茱莉總是為了微小的過錯無情抨擊她，但因為其中有幾分是事實，她經常覺得羞恥和無權反駁。織夢人分配給夢自我這個角色，讓夢主看見她的過度羞恥感如何促成現在的關係問題，使伴侶對她握有太多權力。

觀察你在夢裡演的是什麼角色

- 夢自我扮演的是什麼角色？例如英雄、領袖、受害者、追隨者、旁觀者、魔術師、中間人、愛人？
- 這個角色能對應到你清醒生活的哪方面嗎？
- 夢有暗示這個角色有任何問題嗎？

夢日記練習方向

你在夢中演出何種角色？在生活中哪方面你扮演著類似角色？採取此姿態在夢中有用嗎？在清醒生活中呢？如果沒有，怎麼說？

夢中的戲劇機制

織夢人在夢劇場裡扮演著意義層疊的複雜故事。傳統上，劇作家會利用獨白、戲劇反諷、矛盾等許多機制來強化戲劇性；同樣地，織夢人也會利用各種機制來點題、聚焦、揭開隱藏模式。

一……就……

夢是一個所有元素都互相牽連的微型宇宙。在夢裡，順序經常暗示著因果關係，即後面的事件某個意義上是前面的事件「造成」的。當兩個動作接連發生，我們會假定前一個動作導致了後續動作。榮格分析師派翠西亞．貝瑞將這對關係稱為「一……就……」，此方法有助於從看似無厘頭的轉移中找出意義。[6]以〈老製線廠〉的夢為例，夢自我**一**被工廠的景象吸走注意力，**就**把車騎進水溝，只好下車步行。以心理學的話來說，她**一**意識到自己失去了曾經擁有的連結能力，**就**不能再以本來的方式於人生路上移動，暫時掉進低落的水溝。

「一……就……」是項重要的解夢工具，能輔助理解夢中相連兩景的意義——尤其是夢中特別多的那種莫名其妙的突然轉移。夢經常從一地倏地跳到另一地，或者無預警換掉關鍵角色。兔子忽然變成狗；教室變成釣魚碼頭；本來身在森林小木屋中，卻不知怎麼又變成在候診室裡。「一……就……」就像個開瓶器，打開看似無關的事件之間的關聯。

例如我們能用它來理解這位女士的夢：

顛倒的房子

我接到朋友的電話。她說她昨晚去了一個超棒的地方玩，約我在那裡碰面。我到了，結果那是一家美髮店。我們坐下，她坐我左邊，美髮師只顧幫她弄頭髮，不怎麼理我。他想讓我朋友用一種他發明的天然染髮劑，他說那不太適合我的髮質。他的女助手也來了，請我寫下三個願望。我心不在焉，寫完才發現我寫的其中一條是「一間顛倒的房子。」場景變了，我和我的九歲兒子在一間非常狹小的高腳屋裡。前一景的人們放了一些香料蛋糕和蘑菇在桌上讓我們自己拿。我吃了一片蛋糕，覺得非常美味。我在想我兒子會不會吃，感覺應該不會。我想再拿一片，但空間實在太窄了，我無法轉身拿到後面的蛋糕。

夢主對自己的工作生活感到不滿足。她想展開個人事業，但不確定該不該接受朋友的合夥邀請。夢中的一個重要時刻是助手請她寫下三個願望，但她就像許多童話主人翁一樣，白白浪費了大好機會。三個願望是傳統寓言中「神奇」與「可能」的原型意象——你能擁有任何你想像得出的東西。夢自我沒有認真看待這個機會，心不在焉地許願要一間「顛倒的房子」。我們可以假定這是因，緊接在後的事件是果。她**一**許下這個願望，**就**使自己卡在一間狹屋中、不能盡情吃蛋糕。或者說，她**一**限制自己對可能性的想像力，**就**會過起受限的生活、嚐不到生命中的美味。

利用「一……就……」結構

在夢中，順序經常意味著因果關係。

- 當夢中有兩件事接連發生，我們可以假定前面的事某種意義上導致了後面的事。
- 同樣地，場景的突然轉變可以視為是緊鄰在前的事造成的。有因必有果，利用「一……就……」結構來看待夢事件有時能打開新的理解。

重複

在夢中，字詞、意象或行動的重複很常見。夢可能使用累贅的形容，例如描繪夢自我在**大學**的**圖書館**中**寫研究報告**。織夢人以此方式來確保能傳達「鑽研學問」的氛圍。一個女人的夢可能包含多重陰性意象：跟姊妹說話、餵奶給小女兒喝、和媽媽吵架。雖然我們記錄夢時，字詞選擇是有意識的，但這些詞彙源自與夢世界非常貼近的一個內在空間。因此夢文本中的重複字眼依然值得注意。

織夢人利用重複來強調某個心理主題。發現重複能幫助我們連結看似一盤散沙的元素。且以下面這個夢為例，夢主是位四十六歲的女士：

特殊療法

我在美國的某家醫院門口，有兩名女性清潔移工正用一桶放在地上的白色混凝土修補入口。我注視她們怎麼工作，其中一個人年紀稍長一點，看起來比較資深。我約了要看一位有名的心理醫生，於是走進大門，走上二樓，才看到醫生在樓下。他正在焦急地找他的鸚鵡，我看見那隻淺藍色的美麗鸚鵡就停在屋頂上，牠的鳥喙吸引了我的注意。我大喊：「在這裡！我找到了。」我很快走進醫生的診療室，坐在一張椅子上，閉上眼睛。幾分鐘後，我聽見醫生問我：「你怎麼在這裡？」我很驚訝，不知道他進來了。我向他道歉，他叫我做一些手臂的放鬆運動。我想說話，但他打斷我，說被帶到這裡的患者都是需要接受某種特殊療法的人。這時候，兩名護士推著一張病床進來，床上躺著一個看起來很危險的女人，令我相當擔心。她們要把她推到另一個房間，但醫生說那張床放在我後面就好。我很害怕，覺得那個女人會殺了我。她已經瘋了。

這個夢中能發現隱微的「二」之模式：兩名女性移工、兩名護士、夢白我與精神失常的女人。就像音樂中的主導動機，不斷出現的「二」是和夢的象徵主題相關的。其他成對的意象都是女角色——夢主本人也是女性——因此我們能推測另一個女病人與夢自我是一對的：夢自我必須直視那個黑暗陌生的部分。夢中的鸚鵡以及與心理醫生的互動自然也需要探討，但重複的「二」使我們理解到夢的一個關鍵層面。

尋找夢中的重複

注意夢在角色或情節安排上的重複。

- 尋找夢中是否重複出現了同樣的字詞、意象、主題、人物、顏色、數字……等等。
- 織夢人可能想藉此強調什麼？
- 哪些看似迥異的元素可能有關聯？

誇飾與幽默

織夢人最戲劇化了！它很愛誇大其詞。就像一個老練的默劇演員，它有時會運用誇張手法來確保訊息傳達。譬如以下這個四十多歲女性的夢：

被希特勒關起來

我和泰芮在一起，她和我被關在希特勒管控的集中營裡。

夢主提到，她朋友泰芮不太能接受自己憤怒和攻擊性的一面，夢主覺得她本身也有相同的問題。織夢人用一個將攻擊性推到極端的意象——希特勒——來向她顯示她被無法發怒的問題囚禁了。夢意象有時令人恐懼或不安，所以別忘了織夢人有熱愛誇張的傾向，以免把所有夢都想得太嚴重。

織夢人也非常幽默。有些夢的荒誕、頑皮、機智會令我們發噱。馮．法蘭茲晚年曾經夢見自己迎接一些結束戰役後回家的士兵，她注意到這些士兵非常年老，有些人還對她說，這些人早就該退伍了。馮．法蘭茲覺得這個夢很有意思，也立刻明白織夢人的用意，她隨即調整了行程，減少自己的工作量。

思索夢中是否有誇飾或幽默成分

- 夢中有極度強烈的意象嗎？
- 織夢人是不是在利用誇飾來強調某一點？
- 夢的調性是詼諧的嗎？希望你在會心一笑的同時收到了織夢人的訊息！

醒悟——明白真相的瞬間

醒悟（anagnorisis）是希臘文的一個字，指戲劇或故事主角發現重要真相的那一刻。《韋氏辭典》定義醒悟是當「主角意識到自己或其他角色的真實身分，或領悟自身處境的真正性質。」[7]讀者可以想像這就像《叔比狗》（*Scooby-Doo*）每集最後掀開壞人頭罩的時刻，或《星際大戰》（*Star Wars*）中的達斯維達告訴路克「I am your father.」的瞬間。醒悟會讓主角看見問題或危機的根源，而織夢人也會使用這種幡然領悟的手法。夢中的醒悟時常與危機交織在一起，但也有例外。讓我們以一位四十多歲夢主的夢為例：

想起失去

我發現我有隻狗不見了。我新養了一隻狗，我非常愛牠，但我忽然想起我本來有另一隻愛犬，我真不懂自己怎麼會忘了牠。在夢裡，我還有個金髮的小兒子。我找了很久，終於弄清楚狗在哪裡——牠被我一個朋友帶走了，一直以來都藏在她家。我去她家把狗接回來。舊狗和新狗一模一樣，只不過臉上有很多疤。接狗時，我驚覺朋友還藏著我的另一個兒子，原來我生的是一對雙胞胎，她當初偷狗就是為了讓偷來的娃娃有伴。我震驚不已，想不透我怎麼會忘記另一個小孩。我帶著失散多年的兒子和狗一起回家，想到兩個變成了四個，突然有種完整的感覺，好像我終於也成為社會的一分子。我對自己想著：這樣我總算和某某朋友一樣了，她碰巧也有兩個兒子。

隨著夢的進行，夢自我意識到她內在失去且遺忘的狗與兒子，並重新接回了他們。一種漸增的意識與承認是此夢的中心主題。夢反映出這位夢主清醒生活中重要的、與童年創傷相關的內在工作。

夢中的醒悟經常發生於我們意識到某個被切斷或否認的部分之時，往往涉及承認一件我們在某個層次上早已知道，但因為太痛苦而設法從意識中抹去的事。這可以解釋前述夢主的困惑：她不懂自己為何會忘記另一隻狗和另一個孩子。醒悟的瞬間很多時候是從消極轉向積極的信號，新的知識和意識會帶來作出決斷的潛力，也帶來收復失落的能動性。夢中的醒悟展現的多半是清醒生活中我們已幾乎察覺的事——夢通常走在意識前面——預示著一種新的理解即將到來。

注意夢是否呈現了醒悟，即發現重要真相的瞬間

- 夢自我有發現原來不知道的重大訊息嗎？
- 這項發現是否讓夢自我從被動或無為轉向了主動作為？
- 新的知識帶給夢自我什麼改變？它現在的情緒狀態是什麼？
- 這項發現可能和你清醒生活中的新意識有關嗎？
- 你清醒生活中就快意識到的是什麼？

台詞

夢中的台詞有時很重要。就算這些話對清醒心靈而言奇怪難解，我們有時能感覺到它們值得注意，彷佛夢送來的某種神諭。一位想懷孕的三十多歲女性夢見：

想太多

我站在兒時的家裡，正在排隊買鞋子。隊伍最前方坐著設計師，是個穿著時尚的中年女人，會幫每個人在鞋盒上簽名。我要買的是一雙包頭涼鞋——有點老土。終於輪到我的時候，她幫我簽名，並說：「你想太多了。」不知為什麼，我知道她是在說懷孕的事。

鞋子與人格面具有關，指出我們立足於世的方式（想想高跟鞋與拖鞋的不同）。夢自我犧牲風格，選

擇了包頭涼鞋——也許令人聯想到母親形象。中年設計師可能是機智老婦的象徵，言簡意賅地診斷出夢自我的問題：「你想太多了。」這句話似乎有兩重幽微不同但有所重疊的含義。一方面像在安慰她放鬆就好、順其自然；另一方面也像在告訴她想太多的習慣本身可能不利受孕。無論如何，織夢人透過中年設計師之口，邀請她放鬆她目前採取的自我和理性主導的態度。如同這裡的設計師，非自我的夢中角色經常替織夢人代言，說出無意識要給我們的忠告。

夢自我的台詞則經常傳達自我的主要態度。這是織夢人警告我們的方式，讓我們注意到可能過度偏頗的態度。以下是一位四十五歲的行政人員的夢：

四扇門

我為了躲某種東西，倉皇逃進一個空間。我意識到必須檢查門有沒有鎖好，我一面動起來一面對自己說：「要做好準備。」外側的牆有三扇門，我從左到右逐扇檢查，每扇都確實鎖著。接著，我發現更右邊還有第四扇相同款式的門，和前三扇形成直角。我檢查那扇門有沒有鎖，結果一轉就開了。我開始驚慌，怕有壞東西（幽靈？）跑進來。我能看見門對面通往另一個房間，四扇門朝我的這一側都沒有裝鎖，因此我用手去摸第四扇門背面有沒有鎖能扳動。什麼都沒有。我試圖拉上門，但感覺到有股很強的力量頂著門，好不容易才關上，門一下又彈開了。我站在那裡看著對面的房間，等待可怕的東西闖進來。

夢自我努力想把某種東西擋在外面。「要做好準備」（gird one's loins）是出自聖經的一個片語，指古代男性將長袍下擺拉到腰際綁好，以便戰鬥或行動——夢自我採取的顯然是準備作戰的姿態。「與其他門形成直角的門」是個有趣的意象，開啟的方向和其他門完全不同，也許通往令夢自我恐懼的心靈內容。織夢人寫給夢自我的台詞強調了她在抵抗自己心裡尋求整合的新事物。

留意夢中的台詞，包括夢自我和非自我角色說的話

- 在夢中，非自我角色說的話可能是織夢人要向你強調的訊息。
- 夢自我說的話有時能讓你清楚看見織夢人眼中的自我態度。

兩極對立

尋找夢中有沒有相反或相對的意象：強大／無助、奔跑／爬行、親切／敵對、冰冷／熾熱等等。織夢人會利用兩極對立來表現某些心理處境，因此當你在夢中發現這種例子，注意夢的情緒色調和夢自我的態度。記得第三章的〈絲綢洋裝〉夢嗎？妹妹把漂亮的絲綢洋裝都拿走了，夢自我只能穿舊布拼成的醜衣裳。織夢人利用這組對立呈現出夢主斷裂的兩極：一邊是強勢卻不顧他人的，另一邊是委屈而缺乏自信的。這兩者如果整合起來，可以從自我中心或含恨在心變成健康的自重自信。

如果我們不能有意識地承認和聽見自己內在的矛盾聲音，它們會變得更斷裂、更偏激。這種時候，織夢人會設法讓我們注意到妨礙成長的失衡問題。莫名的症狀、夢魘、揮之不去的壞心情也可能是心靈過度一面倒的警告。榮格一再強調的一點是：容忍兩極之間的拉扯很重要。這些拉扯會引起擔憂、模糊、不確定，然而容忍它們，而非過早排除矛盾，能帶領我們找到有創意的、使意識驚訝的兼容方法。

一位二十五歲的女公車司機作了一個夢，夢中的兩極對立產生了與〈絲綢洋裝〉很不同的情緒：

兩隻鳥

我和未婚夫在家中臥室準備就寢。他打開一個盒子，有兩隻鳥飛了進去。一隻是鮮豔美麗的雌鳥，另一隻是顏色灰撲撲的雄鳥。未婚夫說，他每天起床後都會把兩隻鳥放出來，但只有雌鳥會跟他一起出門。他還說回家時，那隻鳥總會跟他一起回來。

夢主不久前剛訂婚，覺得現在的生活有種輕鬆自然的感覺。兩隻鳥的雌雄、羽色、白天習性恰好相反，但每晚都會在盒子裡團聚。夢的意象與情緒色調彷彿在訴說一種互補共榮的可能，或許指涉夢主外在的感情關係或內在的發展潛力。

想想夢中是否有兩極對立的意象

夢中的相反意象可能揭露心靈中的兩極拉扯、失衡問題，或創意兼容方法。

- 哪些元素可能代表相反或相對的兩極？
- 它們之間的關係如何？
- 夢自我與它們的關係又如何？它有比較害怕或親近哪一方嗎？
- 這種矛盾出現在你人生的哪方面？

其他敘事結構

許多夢無法整齊歸入前述的戲劇結構中。當一個夢有清楚的開頭、中間、結尾，它很可能是呈現單一故事的「劇場夢」的好例子。遇上這類型的夢，觀察戲劇結構能幫助你看出重要模式，在不相關的元素之間找到關聯。但若碰到其他類型的夢怎麼辦呢？許多夢與其說是精心設計的戲劇，不如說更像是一系列看似不相連的片段。不過，一旦仔細觀察它們的結構，我們會發現有些多場景的夢具有特定模式，類似於繪畫或音樂的手法——看起來織夢人不只編劇在行，還很會寫歌和作畫。

二聯與三聯

有些夢並沒有平順推移的劇情，感覺好像幾個斷裂的場景拼在一起，將它們想成繪畫有時候比想成戲劇更有幫助。

在中世紀，繪畫常以二聯（diptych）或三聯（triptych）的形式呈現，畫家會於二或三片木屏風上作畫，再將完成的作品拼在一起。每片木板上的畫各自獨立，但互有關聯，例如可能是不同時間或不同角度下的相同主題。早期荷蘭大師耶羅尼米斯・波希（Hieronymus Bosch）就畫過許多著名的三聯畫，包括大家可能都看過的《人間樂園》（*The Garden of Earthly Delights*）。這組畫作左幅是伊甸園，中間是縱慾的人間樂園，右幅是地獄，雖然場景不同，卻呈現出同一主題：伊甸園的失落及其後果。《人間樂園》甚至描繪了條件徹底改變的相同風景——三幅畫大致相同的位置都有一池水。當我們作了有兩、三個不連貫場景的夢，織夢人很可能是從不同的觀點在評論同一件事。

例如以下這位四十多歲藝術工作者的夢：

沒價值

我和童年朋友瑪西一起坐在車子後座，她爸爸開車，媽媽坐在副駕駛座。此時是晚上，外面一片漆黑。我覺得自己好小、好沒價值，但很感激他們願意帶著我。

然後我在艷陽下的一片海灘上。大家都在水裡玩，只有我在岸上看，因為我沒有浮潛用的面鏡。我丈夫來了，穿著一件潛水裝坐在我旁邊——這讓我忽然不再悶悶不樂了。我跳進海裡，幫忙一個女生，她想潛到海底撿某個掉下去的東西。

我的證件不見了，我覺得我可能把它忘在美術社裡。我走進店裡深處，問一個年輕女店員她們有沒有失物招領。她叫我把手伸進書架最底下，拉出放在那裡的袋子。另外有兩個俏麗的女郎和她在一起。我趴到地上，拿出她說的袋子，是個小小黑黑的手提袋。我把袋子裡的東西倒出來，掉出很多珍珠，但沒有證件！我告訴她們我明天要搭飛機出國，沒有證件就飛不成了。我必須離開那家店去別的地方找，但走到門口又覺得不對。我轉身走回剛才那裡，那兩個女郎還在，我問她們能不能給我電話，這樣以後還有機會聯絡，因為我真的很喜歡她們。其中一人正用白板上寫著很多名字和電話。我想她們可能是要辦活動，也許婚禮之類的。我坐下來聽。一個俊美的年輕人短暫出現了一會兒，不知道是不是新郎。我看向腳邊，驚訝地發現我剛剛倒出珍珠的地方有個小男嬰睡在襁褓裡。他非常粉嫩可愛，我很想抱抱他，但不確定他是誰家的小孩。

這個夢有三個不同的場景，時空背景都不一樣。想要找到其中的關聯，我們需要問：「它們有什麼共同點？」每個場景中，夢自我都有點無法融入。這三個片段各自呈現出「格格不入」的一個層面。第一個場景展現了一種孩子似的被動，夢自我覺得自己沒價值，但很感謝別人願意帶她一起。車外的黑暗和後座的位置凸顯了她無法自己作主的狀態。

坐在海灘上的夢自我是唯一沒有下水器材的人。她本來可能有點自憐自艾，但丈夫的出現將她從自己加諸的孤立中解放出來。她開始可以從被動轉向主動，陪伴她年輕的一個部分找到遺落深處的某樣東西。

最後一個場景由遺失證件展開。證件記載著個人身分，有時象徵我們的社會位置，和人格面具有點類似。夢自我前往美術社（她買便宜美術用品的地方）找證件，但只找到一個裝了珍珠的手提袋。珍珠常被用來象徵稀世珍寶——新約聖經中，天國被比作「一顆價值連城的珍珠」，[8]人們會為了換取它不惜變賣一切。然而，夢自我一心只想找到她遺失的身分，對近在眼前的珍珠看也沒看一眼。同樣地，她本來也要為了找證件放棄認識那兩個女郎；她似乎太迷戀那張「外人」的舊身分，儘管那身分令她自覺渺小沒價值，而且在意這件事使她無法和自己真正喜歡的人們交流。所幸這一景中，她再度找到主動做選擇的能力，決定折回店裡把握交朋友的機會。從珍珠中出現的小嬰兒彷彿她的獎勵，雖然她目前還沒有抱起他的自信。

第二景和第三景的前半段，夢自我因為煩惱著她缺少的——浮潛面鏡、證件——而無法爭取她想要的——下海玩水、認識那兩個女郎。有趣的是，第一景中孩子似的夢自我知道自己有所欠缺——她少了有價值的感覺——但仍能帶著感激和接納她的人們互動。夢好像從三個角度呈現夢主與「格格不入」感的關係，溫柔向她展現那是她自己加諸的狀態。夢中的三片段也許反映時序，分別對應到她人生的不同時期。

讓我們再舉一個夢為例，夢主是位五十五歲的醫師：

鑽石與熊

有顆裸鑽（loose diamond）掉在外面某處。我想把它找回來，但必須等到積雪後。我打算把雪全部鏟起來帶進屋裡，融化之後就能找到鑽石了。我看向窗外，陽台上已積了一層薄薄的雪。我正著裝準備出去，忽見外面有頭很大的熊在跑。一隻狗在追那頭熊，把熊追進了我家。房子裡就只有我和那頭熊，我嚇壞了。我試圖將熊趕到前廳關起來，這樣我就能繞到另一頭打開大門放牠出去。

夢有兩個好像不太相關的場景：第一景是找鑽石的計畫，第二景是跑進房子的熊。然而，如果我們假定兩景的主題是一樣的——就像波希的畫——意義便浮現了。第一景中，有個很小的貴重物品「跑出來了」（loose）。夢自我想出非常累人的鏟雪計畫，試圖將這個東西從「外面」帶進「房子裡」。在俚語中，「冰」（ice）是鑽石的意思——夢主是不是「冷落」和鑽石一樣珍貴的某樣東西？

第二景乍看與第一景天南地北，但重現的裡外主題暗示鑽石與熊是對心靈中相同原則的不同描繪。這次外面的是一頭熊，夢自我並沒有想讓牠進來，卻有隻狗把牠追進屋裡。熊的意象承載了鮮明的原型意義，熊是許多文化中神聖復活的象徵，也是古老薩滿信仰裡森之精靈的傳訊者。不像行事仔細、為了找顆小鑽石要鏟起所有雪的夢自我，夢主像狗的心靈部分作法簡單多了，直接把如熊的本能力量驅趕進來。很多夢中，知道該怎麼做的是我們的內在動物。夢自我一做事過度僵化，內在的狗就為心靈房子帶來野性力量，儘管夢主的意識可能還需要一段時間才能接納它。

❖我認為，夢無非是自然的一部分。自然從來沒有誤導的意圖，只是在盡力把話說清楚。——榮格接下來這個夢說明了不同的「畫板」也可能重疊，為意義加上層次和強調。夢主四十多歲，剛從一個動亂的國家移民到美國：

陽台和麵包店

我在公寓陽台上澆花。一隻灰色的小貓抱住我的腳踝不放。我對貓大吼，想叫牠走開。樓下的街上似乎發生了什麼暴動。對街有家麵包店，很多想買麵包的人正在外面排隊。他們如果躲進麵包店就安全了，但店家一次只能讓一個人進去。我聽見遠遠有槍響傳來，趕緊回到室內，小心不讓貓跟我進來。

夢的兩幅重疊場景中——陽台和麵包店——都有想要進入室內尋求安全和養分的角色。夢主對貓感到嫌惡，貓令她想起一個有藥癮的家族友人住滿凶猛貓咪的破屋子。陽台上的夢自我雖然照料著植物，卻拒絕理會顯然更需要她的小貓。夢主的雙親都染有藥癮，這使她從小就學到「有需要」可能是危險或甚至可鄙的。樓下的場景復現而且強化了脆弱、需要、匱乏的動機。為食物排隊的人們受到街上的暴動威脅，縱然有家麵包店——也許象徵母親般的保護及滋養——但那裡一次只能照顧一個人。然而人們像小貓一樣頑強不走，甘冒風險爭取得到營養和庇護的機會，此意象似乎描繪出逆境之中的一種堅韌，令夢主聯想到自己的移民身分。在夢中，她聞到家鄉的傳統麵包香，時隔多年想起了那種麵包的美味。她觀察道：「我好像身在安全的美國，才終於能回顧我的文化和被它滋養。」

包括兩、三個獨立場景的夢經常在談同一件事，只不過彷彿從不同的制高點視之。同樣地，如果你想起同天晚上作了不只一個夢，這些夢關注的心理主題經常是一樣的。當你夢見場景不連貫的夢，想想看其中的共同元素是什麼。這些夢就像波希的那幅《人間樂園》又或者像被黑澤明拍成電影的《羅生門》

（*Rashomon*），可能是相同故事的不同版本。你可以注意這些層層疊疊的觀點如何創造出立體的視野。像這樣的視野能幫助你釐清問題在哪裡，對整件事有更深的理解。

夢的結構像二聯畫或三聯畫嗎？

- 如果你的夢包含兩、三個看似斷裂的場景，想想看織夢人是否在從不同角度評論相同主題。
- 這些場景有何共同點？找到共同主題可能協助你明白織夢人想說什麼。
- 如果假設這些場景都在描繪同一件事，你會想到什麼？
- 這個主題和你目前生活的哪部分可能有關？

主歌、副歌、橋段

有些夢同樣是由看似無關的場景組成，但數量多達四五個以上。它們更長、更複雜，也更難解讀。這時有用的一個方法，是尋找場景之間有沒有某種反覆模式，就像音樂裡那樣。好比說，很多流行音樂具有主歌、副歌，主歌、副歌的結構，即ABAB；也有些是唱兩段主歌才接一段副歌，即AABAAB；還有些在重複主歌和副歌前會先接一段橋段，即ABCAB。夢的反覆模式可能很難找（或找不到），但觀察反覆的情緒主題、行為、意象會對理解夢有幫助。

例如這個夢就具有「樂曲式」的結構：

花生太妃糖巧克力蛋

今天是我最後一天在學校，下學期要轉學了。放假期間不能留宿，大家正把宿舍裡的東西搬回去。

我走進一個表演廳，裡頭坐了很多人。我看見一個高瘦清秀的男人，有種被他吸引的感覺。我開始偎到他身旁和他聊天。他身上有股好聞的味道，皮膚很柔軟。我們摟摟抱抱了一小會兒，但我得回宿舍去收東西。

我回到宿舍，一邊收東西一邊大哭。要離開這裡令我好難過好難過。

有幾個年長女人用推車推來一座豪華的巧克力雕塑，是巧克力、太妃糖和花生醬做的一顆巨型的蛋。我用一把鏟子為自己舀了一大口。

我走到外面熱鬧的草地上，背後撞上一個抱著孫子的老婆婆。她的孫子飛出去，我扶起她站穩，再去檢查那個寶寶——好險她沒受傷。我扶著那位老婆婆坐下，把寶寶抱到她膝上。她說她不知道剛剛發生了什麼。我沒有勇氣告訴她是我橫衝直撞害她摔了小孩。她們都沒事，但老婆婆想跟我要手機號碼。我找了個藉口沒給她。

我想再找到那個清秀的男人，後來找到他了。我很想和他交換聯絡方式，但決定如果他不問我，我就不問他。我們嘗試接吻，感覺到彼此的嘴唇都很乾，他說抱歉他滿嘴菸味，我說抱歉我也滿嘴花生味。

這個夢乍見顯得散漫，很難套入典型戲劇結構。但如果將各景分開來看，我們就能看出某種有助於解鎖意義的反覆模式。分析這類夢結構時，不妨寫下每一景和模式代號。

A——第一景：收拾宿舍。
B——第二景：遇上清秀男人，摟抱。
A——第三景：回宿舍繼續收拾。
B——第四景：花生太妃糖巧克力做的巨型雕塑。
C——第五景：撞到抱著孫子的老婆婆。
B——第六景：又遇上清秀男人，接吻。

第一景和第三景（A）發生在宿舍裡，主要情緒是結束和悲傷。第二景和第四景（B）描繪美好的感官體驗——和氣味好聞的清秀男人摟抱、大口享用豪華的巨型甜點。第五景（C）不太一樣，夢自我撞到了一對祖孫，試圖逃避責任。第六景（B）又回到清秀男人，但這次的交流沒有先前那麼美好——兩個人的嘴唇都很乾，而且口氣不太好。

這個夢有ABABCB的結構，我們能從中看出可能的反覆主題：每當她不想面對曲終人散的悲傷，就逃進感官享受和幻想裡。夢主正在談離婚，如釋重負的同時也感到傷心和愧疚。夢的前半段，夢自我每次進入難過的處境一小段時間（A），就會轉向怡人的消遣（B）。然而，撞上那對祖孫使負罪的感覺變得清晰（C）——夢主知道她的選擇會對年幼的小孩帶來某些痛苦。她不想面對她造成的痛苦，希望回到她內在的甜蜜邂逅（B），但這次不再那麼有效，愈來愈清晰的意識使幻想逐漸失去力量了。

下面這個夢的模式又不太一樣，夢主是位二十六歲的男子：

繩圈

我在爸媽家，正要走去門口信箱拿信。我看見有串鑰匙掉在石子路上，不是我們家的東西。我把它放在信箱上，希望失主如果回來會看到。對面人家傳來廣播節目的談話聲，我聽了忽然有點不安。我們家後院有座池塘，我回想著池裡養的最大的是什麼魚——然後想起我們養了一隻短吻鱷。那隻鱷魚和我們很好，這會兒正穿過前院草坪。突然之間，有隻深色鬃毛的獅子跳出來撲向牠，我屏息注視牠們廝殺，最後鱷魚咬死了獅子，讓我呼地鬆了口氣。現在我變成在火車上，只帶著我的吉他。我覺得帶著我的吉他好像帶著一個行李箱。我找不到位子坐，從一節車廂晃到另一節，其他旅客都是彼此認識的老朋友，不是高中同學就是大學同學。場景又變了，我在一個林間派對上，在某個遠離人煙的山區，心想著該回家了。我旁邊躺著一個年輕女人，我和她擁抱，看著太陽從樹梢升起，心裡感到一種狂喜，眼淚開始不住地流。她的母親也和我們在一起。我被這一刻的美麗深深打動，但狂喜中摻雜了一絲遺憾，我覺得和身旁所有人都毫無連結，即使我們緊緊相依。現在我們變成坐在滑雪纜車上，穿過林間往上升。雖然剛才日出了，四周卻一片漆黑。我意識到這座山裡只有我們，全然與世隔絕。然後纜車突然煞住了，停在一根樹枝前。我看見樹枝上掛了一排繩子，全都綁成可以吊人的繩圈。

這個夢多次跳轉，場景之間沒有明顯的關聯或主線。但若觀察各景主題上的相似性，也許就能開始看出意義：

A——第一景：發現有人掉了鑰匙，感到不安。

B——第二景：鱷魚咬死獅子，感到鬆了口氣。
A——第三景：在火車上一個人沒位子坐。
A——第四景：在林間派對上感到孤絕。
B——第五景：驚見黑暗山林中的繩圈，感到驚駭。

第一、三、四景（A）呈現一種缺乏連結的狀態：不知是誰的鑰匙、沒位子坐、沒有相連感的擁抱。第二景和第五景（B）似乎指向危險。夢自我相信後院的鱷魚和他們很好，但牠才吃了一頭獅子，誰知道牠還會做什麼？最後一景的不祥繩圈似乎終於將夢自我從安逸的昏睡中搖醒，以極度強烈的意象暗示某種心理危機迫在眉睫。我們能用這種方式看出此夢具有一種ABAAB的結構，也許夢主可以思考對他而言缺乏連結（A）和潛在危險（B）兩個主題有何關聯。也許織夢人是想告訴他：「當你對自己的其他部分感到疏遠，問題就嚴重了。」這類例子裡，找到織夢人使用的結構後，夢才逐漸透露它的祕密。

夢的結構像樂曲嗎？有主歌、副歌、橋段？

- 如果你的夢包括許多場景，可以注意不同場景的共同點，觀察能否找到如主歌副歌的反覆模式。你的織夢人也許在利用樂曲式的結構傳達意義。
- 哪幾個場景可能有共同主題？不同主題的場景如何串在一起？
- 這種連接方式是否透露某種因果關係？
- 這些主題和你現在的生活有何相關？

連鎖反應夢

有些夢混亂得難以找到情節主線，甚至也找不到結構模式。它們可能呈現出一系列愈演愈烈的糟糕事件。夢自我在這些夢裡無法維持平常的清明主動，像彈珠台裡的一顆彈珠般一下被打到西、一下被打到東。榮格稱這類夢境為「反應夢」（reaction dreams），丹麥心理學家歐利・維德菲特（Ole Vedfelt）稱其為「連鎖反應夢」（chain-reaction dreams）。維德菲特認為，這些夢也可能「反映著夢主清醒時沒意識到的一條自毀式思路。」[9]也有時候，它們是過度放大了某個創傷導致的混亂狀態。

以下是一位三十九歲女人的連鎖反應夢：

瘋狂飛車

我和喬許在遊樂園玩，我們在排隊搭雲霄飛車，我想上廁所，所以一個人離開隊伍去找洗手間，但找了好多地方都找不到。我終於找到一間，卻發現門關不起來，還坐在馬桶上，就有另一個女人闖進來，我一直叫她出去，她卻不肯走，說她願意等，就站在那裡看我。然後我在某個家族聚會上，所有親戚都在，瑞克叔叔也在。他一直叫我吃他做的馬鈴薯沙拉，問我好不好吃，我不知道怎麼回他，因為馬鈴薯沙拉放在桌子另一端，我不停請其他人幫我傳過來，但怎樣都拿不到。然後我急著出門，要去卡蘿的婚禮，我知道強尼在等我，而且我已經遲到了，非常緊張。我們坐在一輛計程車上，車子開得瘋狂快，一路左彎右拐，我在後座被甩來甩去，但還是不斷請司機加速，因為感覺就要來不及了。

這個夢的整體感覺是沮喪、挫敗、混亂的，夢自我在斷裂的處境中瘋狂但徒勞地掙扎，這些處境好像沒有邏輯或因果，發生了就是發生了。雖然利用「一……就……」結構可能帶來一些啟發，但凌亂跳躍的場景使我們很難找到主題。調性混亂和敘事跳躍是連鎖反應夢的特徵，這類夢並不容易解讀，最重要的可能是感受其情緒色調，觀察它是否和你近期經歷的某些混亂有關。此外，注意每一景中重複的無解模式也是個辦法。這類型的夢時常揭示界線動搖、情緒超載、自我不穩的狀態。榮格認為這些夢會複製帶有強烈情緒的負面經驗，就像唱片跳針一樣。但如果能持續與之工作，這些情緒的力道通常會漸漸減弱，無法連結到意義的混亂也會漸漸被象徵意義取代——我們可以在回顧中重新組合、收集、檢視，用記憶、想像與意義把混沌的感受轉化成一個故事。

遇上連鎖反應夢時，試著感受夢的情緒色調

- 你的夢中充滿跳來跳去的混亂意象嗎？
- 遇上這樣的夢，試著感受夢的情緒色調。你在清醒時有經歷過類似情緒嗎？

織夢人是多產的藝術家，每晚都為我們呈現不只一檔新作品，用精心編排的場景和人物扮演我們的內在狀態，與我們分享它的犀利剖析。夢將概念與意象連在一起，用令意識驚訝的方式移動它們來表現意義。如能踏出平常熟悉的框架，認識夢劇場裡不一樣的說故事方法，我們就能開始看懂這些奇妙作品背後的訊息。

第七章

時間與終端：過去、現在、未來

夢經常早在某個處境實際發生前就準備、宣布、警告著其到來。這未必是奇蹟或預言——大部分危機或危險處境早已在悄悄孵化，只是有意識心靈沒發現而已；夢可能洩漏它們的祕密。

——榮格

夢對我們的內在世界狀態提供著無比精確的情報。大部分夜裡，它們以一幅快照方式呈現出我們目前的心理處境，就像每晚給我們一份關於日常狀況的報告。一個女人夢見一鍋煮義大利麵的水冒出來，弄得爐子都是水又沒法擦。她和青春期的女兒吵架，夢描繪出這個不太嚴重，但正滾燙而難收拾的情況。然而，夢有時也能打開一扇探進過去及未來的小窗，以幾個意象點出一場衝突或一個難關裡的重要因果，總括目前局面並指出可能走向。

我們能觀察到的是，織夢人對時間的感覺和意識不太一樣。榮格寫道：

我們不能將我們的時間觀套到無意識上。意識僅能在一條行進的時間軸上想像事件，所有事不是

> 已經發生、正在發生，就是還沒發生。在無意識中不是這樣。可以說，無意識中一切都是連成一片的。某個程度上，無意識裡的我們還活在過去；某個程度上我們還是小小孩，而很多時候一點小事就會使那「孩子」浮到表面來。同時，我們也被未來投下的影子籠罩，那未來我們還一無所知，卻已被無意識以某種方式料到。[1]

在夢裡，過去、現在、未來都同時存在。時間是流動的，來自過去的意象可以輕易融進現在或未來。

未竟之業——未完成的過去

夢自由混合著過去與現在：我們三不五時夢見成年的自己在童年家中，活在某個曾經的時空，或穿著過去的衣物。時間以醒時無法理解的方式兜著圈子是夢中的常態。

有些夢將我們導向今日難題的隱藏源頭。夢可能用你過去生活的元素向你展現一種曾經習慣、但已經不再適用的態度。如果你的夢包含這種元素，想想看你近來面對的挑戰和夢指涉的時期有何相關。夢見以前的自己或他人也頗為尋常：當年輕或年幼的你在夢中出現，這可能是織夢人在邀請你回頭看。設置在兒時家中的夢可能反映了從小的態度或源自早年家庭的情結。注意你在夢裡的情緒反應，包括模糊的似曾相識感，想想看夢是否在描繪你過去熟悉的互動模式；織夢人也許在向你指出今天的問題能借鑑昨日之處。

一位步入四十的女士夢見：

肺裡的塵埃

我剛大學畢業，住在一棟新公寓裡。我發現樓上在做某種裝潢或加蓋。他們沒事先通知我們，也沒採取適當的防塵措施，導致我們家裡都是粉塵。我擔心那是矽塵，已經被我們吸進肺裡了。也許幾年之內還看不出傷害，但到了人生最關鍵的時候問題就會爆發，說不定到時候連呼吸都有困難。

夢指涉了她剛找到第一份工作，薪水不錯，無憂無慮的一個時期。她不再像高中或大學時代半工半讀，有更多時間能照顧自己和享受有趣的活動。但同樣在那幾年中，她發現父母經濟上有困難，已經欠了一些債。她開始補貼他們，但他們很快變得依賴她，使她無法自由轉換工作或據點，或探索其他興趣。

作這個夢前後，當時慷慨造成遠憂的一面漸漸浮現。她如今不只要照顧年事漸高的雙親，還要撫養兩個小孩和解決自己遇到的財務問題。夢指出目前處境的源頭，揭開先前藏在她無意識裡的事：過去吸進的細小塵害使她愈來愈難呼吸。邁入中年，夢主逐漸意識到那麼早便開始支援雙親的代價。夢以那個時期的意象點出她現在面對的問題——不只是對經濟狀況的擔心，還有一種憤憤不平感（「他們沒事先通知我們，也沒採取適當的防塵措施」）。

回到學校的夢

我們經常夢回學生時代，最典型的是高中或大學。任何原型都是雙面的，學生也屬於一個雙面的原型，它的另一面是老師。學生在「母校」裡探索興趣和結交朋友，彷彿被母親呵護著。身為學生也意味著生活於某種階級中，必須聽從教師的權威或回應父母（很可能是繳學費的人）的期待。學生狀態承諾了成長的機會，但交換代價是順從一套外在價值和權威。

如果你夢見回到學校裡，這個夢描繪了你學習順利、適應良好嗎？或者——這種情形更常見一點——達不到標準、苦苦掙扎著？夢或許在表現對於未實現的潛力或成長的惋惜，因此可以思索夢中課題對你而言是否仍在進行。對人生狀況的焦慮也會使我們跑回夢中學校，想「補修」一些當年錯過的重要知識。這些夢也可能是暫時退回更早、更簡單的時代來為前進作準備的策略。

榮格發現，只考慮根源不足以解釋心理現象，他也會考慮一個人的生命在走向何方。過去和未來像尋找合題的正反命題。無論時間上相隔多遠，夢見的過去總是對現在有意義，也對未來有影響。重返校園的夢邀請我們回顧昨日、邁向明日——時間是心對個體化歷程的隱喻。

另一個夢以過去照亮今日處境的例子中，榮格的夢主是一位白手起家的男人。他為焦慮問題和原因不明的暈眩、噁心、呼吸困難等症狀尋求治療，並帶來一個榮格覺得指出問題源頭的夢：

> 我回到了我出生的小村子。一些以前和我同班的年輕農夫站在街上。我走過去，假裝不認識他們。我聽見其中一人說：「你看他，他很少回來村子裡。」[2]

出身寒微的夢主現在已經發跡。榮格評道：「這個夢相當直白地說：『你忘了你是從多麼卑微的地方爬上來。』」[3]否認他的過去，而造成現在的問題。不僅如此，接納他的農家根源對於他的成長也很必要，其中有他世故的人格面具所缺乏的簡單清澄。

心靈就像個心思細膩的管帳人，管理著我們未完成的工作，提醒我們別忘了沒還的債，甚至拖欠出一大堆心理症狀利息。一位汽車剛報廢的三十二歲女子作了個提醒她「情緒舊債」的夢，將新發生的車禍連結到曾經對她很重要的一個時期：

汽車報廢

我在一個童年朋友家裡看錄影帶，是雙胞胎童星歐森姊妹演的戲。另一景中，我的室友邀我去他家。他開車出門了。我沒告訴他就開著他媽媽的車兜風去，結果出車禍，車子報廢了。我好愧疚，擔心他們會對我非常生氣，但據實以告之後，他們原諒我了。我說我願意賠錢，但室友媽媽知道我沒有錢，叫我不要在意。

夢主的媽媽在她十六歲那年過世，之後幾個月，她也報廢了一輛車。汽車的意象經常象徵我們在世上移動的方式。也許在夢主心裡，報廢的車代表一種因為遭遇巨大傷痛而失去動力無法移動的狀態。夢主很多感恩節是和室友家人一起過的。這個夢以一幅鄉愁意象展開：錄影帶和歐森姊妹（Mary-Kate and Ashley Olsen）。歐森姊妹曾在一齣情境喜劇裡扮演母親過世、和爸爸一起生活的兩個小女孩，那部劇中，喪母的遺憾被關愛她們的三個男人和逗趣的胡鬧冒險沖淡——夢主是否想以孩子氣的行為和快樂幻想來掩蓋今日的挑戰？

看起來不無可能，因為觀賞舊片的夢自我後來擅自開了室友媽媽的車出去。開走車子的衝動——借助來自母親的動力在人生路上前進——是健康的，但織夢人以車子報廢告訴她，如果她不面對關於喪母的未完工作，她還是會困在原地。她清醒生活中的那場車禍或許也是她的心在給她提醒。夢結尾的原諒和赦免可能代表再次用幻想掩蓋問題，也可能代表又一個十六年後的轉捩點。織夢人將她帶回過去，讓她能藉此檢視現在，從新的意識中找到未來需要的動力。

夢裡的孩子

象徵意義上，「小孩」指向兩個方向——開始的時刻和未來的可能性。夢中的小孩或嬰兒有時是織夢人對我們內在某個發展的「近況報告」。注意夢中孩子的年紀，想想看那個年紀的你在做什麼，或者同樣多年前你的人生中有什麼事在發生？若你夢見新生兒，不妨回想大約十個月前你在做什麼。很多時候，你會發現有些重要發展恰好是那時開始的。讓我們以這個夢為例，夢主是位沒有懷孕過的五十二歲女士：

還不到時候

我懷孕足月了，顯然應該去醫院待產，奇怪的是，我一點陣痛或小孩應該出生的感覺都沒有。我告訴太太、媽媽和周圍的人都說還不到時候。我知道此時應該剖腹才對，但我決定等到有感覺再說。我不想提早開刀把小孩拿出來。要做這麼離經叛道的事讓我很害怕，但我已經決定了，於是走出了醫院。

夢主的婚姻狀況不佳已有一段時間，作這個夢之後幾週，關係突然決裂。十個月前正好是她開始意識到這段感情對她造成的傷害的時候——儘管她當時還不清楚自己想怎麼做。她覺得妻子有時太愛批判和掌控一切，她好像總是被迫配合。夢似乎展示這個意識與行動力的胚胎在她心裡逐漸發育，即將出生。

探索夢中的舊日意象

如果你夢見來自過去的元素，可以思考：

- 那個時期的你生命中遭遇了什麼？
- 你目前有遇過類似的主題嗎？
- 你現在的行為模式是否屬於某個較早的時期？
- 那個時期有留下某些你未完成的課題嗎？
- 如果你夢見新生兒，十個月前的你生活中發生了什麼？
- 如果夢裡有個孩子，你在那個年紀或大致同樣多年前有沒有發生什麼重要的事？

夢日記練習方向

描述你夢見的那個時期。當時的你是什麼樣子？過著什麼樣的生活？和現在哪裡不同、哪裡相同？

此時此刻——現在處境

大部分的夢都包含來自今日的意象。這些夢運用我們每天看見的風景和身影，提供對我們目前處境的點評。一位婚姻面臨難關的四十八歲女士發現自己很喜歡一個同事，她並未和此人有超越朋友的關係，但已經在考慮結束現在的婚姻，此時她夢見：

摸黑開車

我在夜裡開車穿越一座很長的橋，橋下是漆黑遼闊的水面。橋上沒有任何路燈，我的車不知怎地也沒車燈。我知道這座蜿蜒的橋有多長和哪裡轉彎，憑直覺開車。但我什麼也看不見，開始意識到這樣太危險了。我不能再往前，卻又無法回頭。我想我最好把車停下來，等到亮一點再開。

夢沒有使用任何過去元素，精簡有力地呈現出她當前的處境：她正在朝看不見、而且可能很危險的前方疾行。夢自我本來打算照計畫前進，但後來察覺風險太高——她的車也許會掉下蜿蜒的橋。夢似乎在強烈勸告她：「你在摸黑開車！先停下來！」

此時此刻的夢有時極富戲劇性，就像前述這個例子，但也有時候它們實在太家常了，我們很容易錯過其中的重要含義：

巨大的ＩＫＥＡ

我在一間很偏僻的知名商場，像四、五倍大的ＩＫＥＡ。有一小區是給人逛的，其他空間沒開燈，只有透進來的陽光打在特定幾樣東西上。那些東西看不出是什麼。我迷路了，找不到標示，只好一直走，完全沒有方向或策略。我只能專注在眼前的東西。我想重點不是要出去，而是好好享受這裡，於是不再擔心了。

夢主的人生正遇上一些並非她自己創造或選擇的關卡。她所在的地方雖然知名，但很偏僻，也就是遠在意識熟悉的範圍外。IKEA是她（可能還有我們所有人）覺得會迷路的一個地方。夢中只有一小區是給人「逛」的——一種自我主導的活動。零星的陽光提供了幾處清晰，但沒有任何標示，自我平時藉以找路的東西完全缺乏。但夢自我接著意識到「重點不是要出去，而是好好享受這裡」——體會她所處的這一刻。這使她放下擔憂，或者說未來相關的考慮。這個夢像在傳達一個此刻迷茫的她很需要的建議：專心感覺當下。

注意描繪現在處境的意象

大部分的夢就像一幅快照，捕捉你目前的心理真實。

- 夢像在強調當前處境嗎？它可能想要你注意什麼？
- 你目前有沒有遇到什麼與夢中處境類似的狀況？
- 織夢人對處境的看法是什麼？它邀請你作什麼調整？

未來——等在前方的東西

古人相信夢能預測未來。根據榮格的看法，夢的主要功能之一就是預示可能的發展。他將此稱為夢的「展望功能」（prospective function），認為夢之所以能協助我們找到活出完整自己的路，展望功能是一大關鍵。榮格相信無意識的某些動力是有目標的，彷彿內在的指北針，永遠指向個體化的北極星。他解釋，夢意象有時能「概略描繪出衝突將如何解決」，[4]也就是告訴我們繼續這樣下去會發生什麼事，讓我們判斷有無需要改變。這有點像天氣預報，只是根據你目前已有的態度與行為來推測之後比較可能發生的情況，就好像織夢人在跟你說：「如果條件是這樣的話，通常結果會是這樣。」

夢可能舉出特定的潛在結果，就像前述榮格那位出現身心症狀的患者的另一個夢，這個夢緊接在他回到童年村子的夢之後：

> 我趕著出發去旅行，急急忙忙打包，但一直找不到要帶的東西。時間一分一秒流逝，眼看火車就要開了。我終於收好行李衝出家門，走到半路才發現少帶一個裝重要證件的公事包。我喘著氣跑回去，好不容易找到公事包，又跑向車站，但已經幾乎跑不動了。我拚盡最後的力氣衝到月台，看見火車已經開了，正噴著蒸氣駛出車站。那台火車非常長，奇怪地蛇行，我突然想到如果駕駛員沒注意，一進入直線就開始加速，後面還在彎道上的車廂一定會被甩出軌道。果然！我看見駕駛員開始加速了。我想大叫，但後面幾節車廂被可怕地往前扯，轟然脫軌翻覆。事情演變成一場恐怖的災難。我嚇醒了。[5]

榮格認為此夢是個警告，但夢主不以為然，不久後就遭遇了一場個人的災難。他在人生軌道上往前衝，不顧身後的車廂。我們的自我意識就像蒸氣火車的駕駛員，把車頭控制在每天生活的軌道上，但還有許多無意識的情緒、回憶和動機跟在它後面。榮格發現，由於無意識能取得細微的情報，它能彙整重要資訊，將它整理出的可能結果透過夢意象告訴我們。

有些預報未來的夢有種理所當然的調性，彷彿只是隨口提起一件沒什麼大不了的事。麗莎曾在一場重要考試前作過這種夢，她已經完成兩天的分析心理學口試，第三天的口試會決定她能不能進入下一階段。巧的是，最終考試的主題也是夢研究。她在睡前規劃好隔天要幾點起床、讀書、運動、用餐、提前多久抵達考試地點。夜裡她夢見：

童鞋特賣會

我去某個大賣場參加童鞋特賣會。但那裡一片狼藉，幾乎沒有賣剩的鞋。我到得太晚了。

夢以一片凌亂和錯失機會的意象向她指出有些事不對勁。麗莎起初不懂這個夢，但結局引起她的注意，重新檢查考試時間表才發現她看錯了——開始時間比她以為的早得多。如果沒作那個夢，她會因為遲到而被刷掉。將考試比作童鞋特賣的織夢人似乎不覺得此事有多嚴重，但還是姑且提醒了她。夢好像也把這件事變得比較輕鬆，說著沒通過考試不過就像沒搶到特價而已。

雖然展望功能是夢的基本特性之一，但很重要的是，我們不能假定夢都不會出錯，一定會帶我們往對的方向前進。織夢人擁有**不同於**意識的知識，而不是**更厲害**的知識。就像有些人會低估夢的重要性，也有很多人會把無意識想得太神通廣大，彷彿它說的一切都是無庸置疑的天啟。[6]我們的工作應該是試著理解和整合自己無意識的觀點，以便作出更有意識的決定。

❖夢為生活鋪路，以你不懂的語言說著你會做的事情。——榮格

預知夢

榮格明確指出，夢的展望功能是非常普通的。預報可能走向的夢並不等於預知夢（precognitive dreams），後者更為神祕，以驚人的精確度呈現出一件當時看不出會發生的事。一九六六年十月二十一日早晨，南威爾斯的採煤小鎮艾伯凡（Aberfan）發生了一件可怕的崩塌意外。小鎮上方的數千噸煤礦廢土突然滑落，造成包括當地小學被掩埋、逾百名學童罹難。精神醫學家約翰・貝克（John Barker）於當日稍晚抵達現場，記錄了十歲的艾洛梅・瓊斯（Eryl Mai Jones）前一晚作的夢：「我走去學校，但學校不見了，有很多黑黑的東西把學校全部蓋住了！」[7]小艾洛梅也是那場可怕災難中不幸逝世的孩童之一。榮格也作過預知夢，在他接獲母親死訊的前夜，他夢見「一頭齜牙咧嘴的巨大狼犬」，並且在夢中明白「牠是奉狂獵人的命令來帶走某個靈魂」。[8]

雖然很多人都作過感覺真的就像預言的夢，但榮格認為不宜過分強調夢的這種潛力。預知夢需要後續事件證實，因此我們無法一作某個夢就判斷或確定它有預言意義。榮格寫道，「而且，這種夢相對稀少，所以不太值得去探討夢未來才會有的意義，因為我們通常都會搞錯。」[9]

記得夢是有展望功能的

就像天氣預報一樣，夢能告訴我們目前條件下的可能發展。如果你作了好像在預報未來的夢，可以思考：

- 夢認為接下來會發生什麼？

- 它在警告你嗎？或者在預示一種正向發展？
- 這個夢的展望帶有什麼樣的情緒色調？
- 這個夢感覺像在艱難時期給你安慰或樂觀的肯定嗎？

人生全景

夢也可能提供一幅從現在視點看見的人生全景，彷彿在幫我們回顧人生，從中萃取出重大主題。這些夢經常會以某個題材串起過去、現在和未來。一位五十六歲的男士夢見：

飄向地球的嬰兒床

我飄浮在大氣層邊緣。有個看不見的精靈或鬼魂和我一起，感覺是男的，但我始終不知道那是誰。我望向太空深處——也許數百光年外——看見一兩歲的我自己坐在一個形似嬰兒床的太空艙裡，緩緩往地球飄來。我對那個精靈說：「他受損了，他有某種問題，修不好了。」我非常為他傷心，雖然他本身好像很安詳平靜。我知道他還要過好久、好久才能夠抵達地球。

夢自我飄浮在地球的大氣邊緣，稀薄地與生命和關係相連。一個嬰兒床大小的太空艙出現；我們得知艙裡的小男孩「受損」，一直以來都獨自在宇宙中漂流。這幅感傷的畫面濃縮了夢主的目前狀態和早期關係傷痕導致的情緒流放。他親近的人很少。混亂嚴苛的成長環境使他必須隱藏他敏感的特質——尤其是對自己隱藏。同時，夢也指出了潛在的未來解答：儘管還需要時間，但他正緩緩飄向「人間」的感覺與連結。夢清楚指涉夢主的過去、現在與未來，優美地講述男孩如今是什麼樣子，他來自哪裡以及去向何方。

人生全景式的夢能協助你回顧生命主題

同時指涉過去、現在與未來的夢可能是在提供一幅人生全景，展示重要的心理主題。

- 夢是否指出了你現在的狀態、你是如何來到這裡以及你將去向何方？
- 它對你的過去和未來說了什麼？
- 這個夢是否展示了某些貫穿你人生的主題？

終極目標

在一個重要且出乎意料的洞見中，榮格發覺夢照見前方的能力其實也印證了心靈具有某種有目標的更大趨向。這種心靈發展有趨向的概念被稱為「終極目標」（telos），即希臘文的「目的」或「終點」。榮格派心理學家詹姆斯・希爾曼（James Hillman）將終極目標比作一顆橡實中的橡樹藍圖。若橡實落在對的環境中，就能根據它的內在藍圖，長成它能夠成為的那棵橡樹。同樣地，每個人都帶著一幅內在藍圖來到世間，活出我們自己的那幅圖案即是個體化的任務。有意識的我們通常並不知道那圖案是什麼，但心靈的真正核心——榮格稱為自性的東西——理解並引領著我們開花結果的過程。每當我們回顧過去，常有一種感覺，好像某種神祕睿智的力量在看顧我們的命運，讓我們在某個交叉路口遇上了注定改變我們的人，或者因為道路不通才找到那條真正適合我們的小徑。如同每顆橡實都有長成橡樹的自然驅力，我們心中也有某種東西驅使我們成為完整的自己。

❖夢在我們看來時常顯得莫名其妙，但它們源自天性，關乎未來。——榮格

雖然終極目標與夢的展望功能相關，但比起明確預告某事，它們更常挑戰我們擁抱自己的未知面向。派翠西亞．貝瑞認為，夢中的終極目標是與自我意識相差最遠之物。[10]這種夢意象指出一個令我們驚奇甚至震撼的方向，搖醒我們、使我們急剎車或打翻意識的算盤。它們往往指向正在萌發的發展或態度，帶有一種放眼未來、有點神祕、屬於無意識本質、不同於預言的意圖感。這些夢散發異樣的力量，勾起我們的好奇心，有時也勾起防衛心。讓我們以一個例子來說明這種元素如何幫助我們解夢：

廚房裡的魚

我在一間廚房裡，看起來有點像我小時候的家。我正在找某個碗或碟子，扇一扇開著櫥櫃門。櫃裡都是空的，好像我們才剛搬進來，然後我又打開另一扇，發現裡面有一碗腐爛的肉。臭氣熏痛我的眼睛，我嚇得往後退，我看見那碗噁心的肉裡有蛆在蠕動，但裡面還有一條五光十色小小的魚。它大口大口呼吸，用閃閃的眼睛望著我，看起來是絢麗的寶石和琺瑯做的，但又是活的。我心想我得馬上把它放進水裡才行。

面對這種較難理解的夢或任何其他夢，我們可以嘗試尋找代表終極目標的元素在哪裡。夢中什麼最出人意料？在這個夢裡，是那條魚。終極目標經常是夢中最充滿能量的元素，即使可能顯得恐怖或危險。理

解終極目標需要檢視織夢人指出的新方向——腐肉中的寶石魚要告訴夢主什麼？夢主正在迎接新的職業跑道和生活方式，夢顯示她回到一種過去的態度（小時候的家），但在那裡找到令她吃驚的東西。即使不曉得這意味著什麼，它也會激起我們的猜想和好奇。也許過去有價值的某樣東西被她扔在那裡壞去，如今卻發展出了令人驚豔的第二生命。終極目標——就像好奇心一樣——帶領我們向前探去。

夢中的終極目標不一定出現在結尾。它們很多時候是夢裡最奇異、最能喚起情緒或想像的意象。譬如這位六十二歲女士的夢：

奇怪動物

我和一群人在某個地方。我們往窗外看，發現外面有一對奇怪的動物，好像介於山羊和猿猴之間。公的用兩隻腳站，前腳垂在身體兩側；母的用四隻腳在走，更像山羊一點。我在窗前看得入迷，同行的人告訴我牠們很溫和。我很想靠近或請牠們吃東西。這時又有更多隻來了，感覺是一整群，有十來隻。其中幾隻身上有帽子、領結等等單件的衣飾。我看見牠們在樹上穿梭，興高采烈想出去看。但我丈夫很擔心，說牠們可能很危險，或像松鼠那樣很討厭，覺得不能隨便給牠們東西吃。可是我也很堅持。最後，大家決定聽我的，我們全都移動到外面去，加入那些動物。草地上有種節慶的氛圍，同伴中有個人的女兒要結婚了，帶了一堆豐盛的美食來，繽紛的甜點堆滿漂亮的小花車。他允許我們拿幾盤去給那些動物吃。不過我好像還是沒辦法真的很靠近牠們。

此夢中的奇怪動物對夢自我帶來刺激和挑戰，是具有終極目標意義的元素。夢主表面上很能接受自己無意識的部分，顯示在夢自我想靠近那些動物的態度中。但她心裡也有矛盾的一面。夢中丈夫展現了他的防衛態度和警覺心，擔心那些動物「可能很危險，或像松鼠那樣很討厭」。那些怪動物就像她心裡的某種潛力，而織夢人肯定了夢自我喜歡牠們、願意跨出習慣範圍來認識牠們的態度。結局的節慶氛圍、結婚意象、美麗食物似乎在告訴她：「繼續這樣沒有錯，這條路能獲得很棒的收穫。」

尋找代表終極目標的意象有助於移動焦點、打開好奇，讓我們從新的角度看見原本顯得怪異或負面的夢中事物。終極目標能幫助我們重新定向，提醒我們夢有目的，其目的就是帶領我們前進。我們不知道上例中的奇怪動物究竟指什麼，但能認出其中有一種使人驚奇的成分，來自於夢自我或清醒自我所不是的「他者」。

尋找代表終極目標的意象，尤其是當解夢遇到瓶頸的時候

夢中最陌生驚奇的元素往往承載著夢的主要訊息。

- 夢中哪裡有令人詫異的意象？
- 夢自我對它的反應是什麼？有擺出防衛姿態嗎？
- 你能否嘗試不帶預設地認識這個謎樣的部分？
- 這個元素可能關係到你目前生活的哪方面？

在夢中，過去、現在與未來可以並存重疊。織夢人自由遊走在醒時相隔的時空之間，以獨特的奇想並置我們的不同時期，將眼前的挑戰連到未來可能和過去經驗。榮格認為，「無意識裡沒有時間，因此無所

謂關於時間的問題。心靈有部分不屬於任何時間或空間。時間和空間說到底是一種幻覺，因此對心靈的某部分而言，世界上並沒有什麼時間。」[11] 無意識暗示了外於時間的存在，像一座橋樑連接日常和永恆，協助你設定通往完整的路線。

第八章

陰影：內在放逐

陰影是人格活躍的一部分，渴望以某種形式與人格並存。它不能被說服不要存在或理性化成無害的東西。

——榮格

一八八六年——榮格十一歲那年——英國作家史蒂文森（Robert Louis Stevenson）從一個夢中醒來，用夢裡的靈感寫下了探討善惡矛盾的名作《化身博士》（*Strange Case of Dr. Jekyll and Mr. Hyde*）。這部如今成為文化詞彙一部分的小說鮮活地描述了我們普遍具有的一種傾向，會壓抑或切斷自己不認同的性格部分，即後來榮格所稱的「陰影」。故事裡文雅的傑寇博士（Dr. Jekyll）示範了我們向世界展現的、符合傳統價值與社會規範的人格面具。任何威脅此形象的特質都必須被否認，只能出現於代表陰影部分的海德先生（Mr. Hyde）身上。書中，傑寇博士喝下變身藥水就會變成海德先生，可以做所有傑寇博士永遠不可能做的事。一時之間，這讓他能一面演好他在社會上的體面角色，一面滿足他見不得人的渴望。

化身博士般的雙面矛盾令人著迷，新聞上也能找到許多例子。「家事大師」瑪莎．史都華（Martha Stewart）涉及內線交易而入獄服刑。「國民爸爸」比爾．寇司比（Bill Cosby）被多名女性指控性侵。「華爾街查弊英雄」艾略特．史必哲（Eliot Spitzer）為召妓醜聞淡出政壇。以驗血技術神話吸引了無數投資人的「天才創業家」伊莉莎白．霍姆斯（Elizabeth Holmes）被踢爆捏造了矽谷史上最大的騙局。

個人陰影

這些真人版《化身博士》是較極端的例子，呈現出我們大部分人都面對著的內在衝突。每個人都有在成長過程中、由自己家庭和文化無法接受的那些特質所形成的陰影。我們被告知大人講話不能回嘴、東西不能亂丟，不能動手打激怒我們的弟弟妹妹。如果我們被教育父母或宗教的權威不可質疑，自我主張有時會被放逐到陰影裡；如果原生家庭講求凡事靠自己，我們可能會把自己需要幫助的部分藏到陰影中。除此之外，威脅社會融洽的不光彩本能，如偷竊、說謊、暴力，必然需要貶入陰影。陰影是我們被他人——和自己——視為好人所必須付出的代價。

這些被鎖起來的特質並未被馴化，就像野貓或野狗，陰影在無意識的荒原中變得愈來愈凶猛——而且想要進入意識光亮整潔的殿堂。「忽略陰影就像宣布自己的一部分人格不存在，」榮格寫道，「於是它們進入不存在之國，使那個國度膨脹得愈來愈大；不承認那些特質只是拱手把它們讓給妖魔。」「否認陰影沒有用，它們只會潛到表面下，以令我們羞恥、後悔或痛苦的方式發揮影響。一個受人尊敬的心理學家可能有筆現金收入沒報稅，拿去用在家族旅遊上；一個腳踏實地的小生意人可能知道同事在看，所以捐了一筆過度高額的慈善捐款；一個平時重視友誼的女人可能在某種條件下，脫口說出好友的壞話。所幸，陰影特質會尋求整合，透過夢從它們的流放地對我們喊話。

雖然陰影包含許多真正負面的特質，但它不是必須打敗的敵人，而是唯有透過清醒承認才會變得比較溫和的內在真實。「每個人都有陰影；它愈不被體現在意識生活中，就愈黑暗濃烈，」[2]榮格觀察。意識到我們的黑暗面會減少它們不知不覺出現的機會，而面對陰影也是重要性無法低估的心理成長關鍵。夢允許陰影部分對我們發聲，因此夢工作提供了遇見自己不曾認識、已經忘記或長久壓抑的部分的契機。面對陰影是個體化的重要環節，帶領我們活出自己獨一無二的個性。榮格相信，最終只有個人陰影工作才能修補世界——想像我們都是透過夢工作和承認陰影一點一點彌合分裂的細小織線。

夢中的陰影

織夢人在夜裡向我們展示我們寧可不看的黑暗事實。陰影經常是包裹在羞恥和恐懼中的自身面向，醒時的我們能用各種方法縮小它，將之理性化，或者推到討厭的鄰居、同事或親戚身上；但那些被放逐到無意識荒原裡的意象依舊會出現在我們夢中。與陰影意象工作能幫助我們收復脫韁的部分——它們顯得負面，卻也承載著珍貴的生命力。

榮格歸納，夢中的陰影經常出現為與夢主相同性別的人物。不過它們也能以其他模樣現身。織夢人有時會用夢自我的行動讓我們看見自己不自覺的陰影作為，或者用一些意象展現我們覺得可恥但已是我們一部分或深刻影響我們的層面。一如往常，織夢人會告訴我們真相，哪怕是我們並不想承認的真相。

投射與化身

我們都有各自將陰影擋在遠方的策略，這些策略時常被夢反映出來。其中一種是投射，也就是在朋友、同事、鄰居，或某個不認識的網友身上認出自己深處具有卻討厭的特質，並為此貶低或攻擊他們。我們（多少有點自滿地）相信自己已經超越這些陰影，但事實上，批評他們只是找替罪羊的辦法。辨識投射的一個跡象是過度激烈的反應，例如為了某種政治觀點或價值氣得當眾跳腳大罵。不成比例的輕蔑或鄙視是一種徵兆——當發現自己絕對不想承認的特質時。如果你對一個同事工作很混感到義憤填膺，你想到的會不會是開會老在放空或一直懶得修浴室壞掉的那塊地磚的自己？當外在有件「不對」的事惹惱我們，通常都能找到內在對應。

想理解夢自我和陰影角色的關係，往往要從承認自己最無法欣賞的特質開始。讓我們以下面這個夢為例，夢主是有兩個成年小孩的媽媽：

蓬頭垢面的女人

我和大衛在一艘遊輪上。一個金髮碧眼的小嬰兒掉進我懷裡，他本來站在我們上方的一根管子上。我愛憐地哄他，他笑了，發出唧唧咕咕的聲音。我們很喜歡他，想繼續帶著他，突然他的媽媽出現了。她蓬頭垢面，一身破爛的衣服，感覺像喝醉了，很明顯不是能照顧小孩的狀態。我問她孩子能不能先留在我們這裡，但她說不行，將他一把抱走了。

夢主對夢中的女人感到困惑且嫌惡，說她搶走了小孩。夢主在艱難的環境下長大，學會配合周圍和咬牙忍耐。那個蓬頭垢面的女人像她早已切斷的陰影，如今在她夢裡出現。雖然夢自我批評她，但她才是夢中漂亮嬰兒的母親，即她心裡某種新生命的泉源。夢邀請夢主整合這個部分的狂野生命力，彷彿在說：「今日的你已經茁壯到能容納這個部分了，可以讓它回到意識裡。」

❖處理夢沒有天真的餘地。創造夢的比起人性，更像一種自然的氣息——來自那美麗慷慨卻也無比殘酷的女神。——榮格

一位從事社區醫療工作的二十八歲女子在面臨感情問題的時期夢見：

藏起來的女孩

我伴侶跟我說家裡有密道。他碰巧發現其中一條，告訴我那裡面多麼恐怖。他說通道上塞了一套婚紗，而且有個女孩或生物被鎖在裡面。我在那條密道上走，一直被東西絆到，感覺很臭或不通風。我被婚紗的紗網纏住，這才意識到我伴侶說的是什麼。我看見那個女孩，她似乎想跟過來。我開始恐慌，轉身跑回入口，把所有我移開的東西都搬回去擋路。她真的跟來了，透過那堆東西的隙縫朝我看。我把這件事告訴我爸爸，說她太笨了，只要窄道上有路障就出不來。我爸爸有鑰匙，能暫時把密道鎖住。我很慌，因為我們的房東要來，我怕他們會知道我們已發現那個被藏起來或囚禁的女孩。我們等著，由我爸爸去和房東交涉。他們說他們要去密道看看女孩，了解一下現在的狀況。我很驚訝，因為我以為這件事是絕不能讓人知道的祕密。家裡有個出勤紀錄表，我需要在回家或出門時登錄，算我照顧女孩的工作時數。

夢主小時候爸媽離婚，因此對進入婚姻關係有些卻步。某部分的她——連同使人纏住的婚紗——被鎖在一條不通風的密道裡。夢自我被她遭放逐的陰影驚嚇，試圖將之擋在意識外，並判定女孩「笨」，但夢中女孩是想接觸夢自我的。令人意外的是，夢自我最後發現照顧女孩是她的職責。陰影女孩似乎連結到她在父母關係破裂期間受的傷、後來她自己的感情問題，以及她對承諾的恐懼。夢裡大家都知道女孩的事，顯示這部分的心靈內容已經離意識不遠了。

有時候，織夢人會運用一個我們平時習慣投射陰影的對象來呈現陰影，例如以下這位三十一歲平面設計師的夢：

> **開除**
>
> 一個很像瑞秋的人被開除了。我們都為她難過，努力想安慰她。但我可能也有一點點覺得她是自找的。

夢主在一家平面設計公司上班，瑞秋是她不喜歡的一個同事。「她很煩，經常想到什麼就做什麼，好像根本沒考慮別人，把氣氛搞得很糟。」當陰影化身成我們認識而且不欣賞的人，要在自己身上認出相同特質是個很大的挑戰。夢主意識到她的確壓抑了自己衝動魯莽、做想做的事的一個部分。夢自我想開除心裡的瑞秋，但織夢人邀請她試著承認與認識這個和瑞秋一樣勇於主張自己的部分。

夢中的同性人物可能代表你不想承認的內在面向

- 當夢中出現與你相同性別的人物，想想看它們有沒有可能象徵了你嘗試壓抑或否認的陰影特質。
- 夢對這些特質怎麼說？它們在夢裡順利成功了嗎？
- 如果夢中出現一個你清醒生活中不喜歡或令你生氣的人，你是否在此人身上看見了被你放逐的討厭特質？什麼特質可能是你需要從內在深處收回的？
- 夢是否透露了你抗拒自己這些部分的慣用方式？
- 你近來在什麼事情上有遇到這些陰影元素？

朋友與家人

陰影不一定會化成我們討厭的人。在我們心裡，朋友和手足經常承載我們的陰影。織夢人常借用他們的形象來扮演我們和陰影的關係。根據曾與榮格共事的馮・法蘭茲所說，朋友之所以常具象化我們未被察覺的特質，是因為我們常會與那些實踐我們「陰影面」的人交朋友。如果我們從不試著認識自己的陰影，對陰影或自己的朋友就始終會有種又愛又恨的感情。

當同性的手足或朋友在夢裡出現，試著自問他們使你欣羨或討厭的特質是什麼。你是不是把這樣的特質放逐在你的人生之外？你能開始意識到你和它的關係嗎？譬如藉由觀察夢自我對它的態度——很多時候你會發現此態度是偏頗或需要調整的。

有時候我們需要一顆謙虛的心，才能接受夢中的陰影角色代表我們否認或切斷了的特質，包括朋友或家人令我們無意識嫉妒的特質。就像漫畫人物波哥（Pogo）說的：「我們遇到敵人了，敵人就是我們自己。」這種內在矛盾於以下例子中明顯可見。這是一位二十六歲的快遞員作的夢：

殺鼠

我在一間教室裡，看見我朋友坐在課桌前玩一隻白老鼠和一條蛇。鼠和蛇在廝殺，最後老鼠贏了。老鼠一擊敗蛇，我朋友就把老鼠的脖子扭斷了。我非常震驚和震怒。我朋友看起來也很傷心，但我太氣了，叫他跟我單挑。他說好。我看看四周，看見另一個人在笑我，好像我那麼氣是小題大作似的。我和朋友開打之前，一切忽然暗了下來，一種感覺向我襲來，像是同情與原諒的可能。

夢主不久前剛結束一段已經很久的感情，因為「有一種就是不對的感覺」。但他覺得關係結束得很痛苦，有時也會懷疑自己是否做錯了。夢中那位朋友是他眼裡一個能在必要時做出狠心事的人，似乎代表他自己的一個陰影部分，能駕馭像痛下殺手那樣較黑暗的特質，來達到他直覺必須做的事。夢自我能和陰影面對面，顯示夢主已經準備好正視和整合這些特質，因此我們可能不會太意外的是，夢的結局暗示了救贖的可能。對夢朋友的反應詳細呈現出我們和陰影的關係，例如上例中是震驚和無法諒解，但願意嘗試面對。

承載陰影的夢朋友時常是我們嫉妒的對象。如馮．法蘭茲所述，他們活出了我們還無法聲稱自己擁有的特質。一位二十九歲的健康工作者夢見：

被莎莉追

我和莎莉在一個池邊玩，好像年紀還很小。我用水潑她，她開始追著我跑。我們都在笑，但我開始認真不想被她抓到。我們跑到岸上，旁邊人很多，我於是躲到一個她看不見的地方，從那裡偷偷看她。她看起來一頭霧水，好像很受打擊，不懂我怎麼突然不見了。我變成在她的婚禮上，在一個很大的室內空間裡。每張桌上都有桌巾和一大瓶粉紅花束，我正在吃一片非常可口的蛋糕。大家都出去之後，我想溜回去再拿一片，但發現食物都被清走了。我變成在俯瞰大廳的一座樓梯上，從一塊厚厚的紅布簾後面探出頭。我看見莎莉就在下方，好像還是很驚訝我不見了。我知道從她那裡看不到我，所以決定爬到頂樓，這樣她就絕對找不到我了──我想完全逃走，不想冒任何被她抓到的風險。

莎莉是夢主嫉妒的一個新婚友人。夢主覺得自己渴望婚姻，但無意識中似乎有些與此衝突的聲音。她母親在婚姻中感到不快樂和受挫折，忠告女兒最好永遠不要結婚。夢自我起初採取小孩般的姿態，用水潑莎莉──只是好玩嗎？──然後開始躲她。她享受美味的婚禮蛋糕，但好像只敢偷偷摸摸回去拿。她逃跑著，想甩開莎莉代表的那個尋求連結的陰影面向。

前述馮．法蘭茲的話也很適用於我們與手足或自己子女的關係。手足就像朋友一樣，經常是承載陰影的對象。但手足並不是我們自己選擇的，而且原生家庭對我們有長久而強大的影響，因此我們與他們的關係往往比朋友更複雜。家庭成員時常被分派不同的角色，尤其是同性別的兄弟姊妹：妹妹比較活潑，姊姊比較嚴肅；哥哥擅長運動，弟弟很會搞笑……等等。這些角色可能形塑我們看待自己的方式，決定哪些特質是我們可以擁有的，哪些不屬於我們。兄弟姊妹頻繁出現在我們夢中，反映那些被我們放棄但也許需要整合的特質。

以下是一位婚姻不快樂、換過不少工作、目前賦閒在家的四十八歲女性的夢：

搭姊姊的車

我夜裡搭著我姊姊的車。她開著一台跑車，敞篷大開。雖然很刺激，但她開太快了，令我很不安。我心想她每次都這樣，總是開太快。

白天世界中，夢主瞧不起一心追求事業的姊姊。夢主自己曾在許多領域服務過，但沒有找到真正喜歡的職業，不太確定人生該何去何從。她否認自己渴望事業成就，將之投射在姊姊身上。但這份被壓抑的渴望在她的感情生活中表現出來——她容易和事業成功的男人展開戀曲。織夢人呈現她身在無意識的黑夜中，搭著姊姊開的車，覺得刺激但很不安。夢像在警告她：被放逐到無意識中的事業追求正載著她駛向危險甚至毀滅性的結局。

夢中的朋友和手足經常代表我們不允許自己擁有的特質

當你夢見同性的朋友或手足，想想看他們是否承載了你的某個陰影部分。

- 此人的什麼特質容易讓你百感交集？是你不允許自己擁有的一種態度或價值嗎？
- 你在清醒生活中會嫉妒此人嗎？嫉妒什麼？這可能指出你不曾允許自己開發的一種潛力。

- 你有什麼欠缺發展的面向可能是這個人代表的？
- 這些主題和你最近生活的哪部分有關？

影中之光

許多時候，被我們放逐到陰影中的其實是生機勃勃的正向潛力。榮格曾經形容陰影「百分之九十是真金。」[3] 陰影帶有活力與潛力，因此收回陰影有利於成長和更新。

陰影角色時常帶來新態度或解答，因為無意識能提供與理性迥異的看法。儘管這些角色有時面目駭人，它們根本上是我們的朋友。如果放棄淤泥，就沒機會得到蓮花了。

我們已在前面一些例子中看到，陰影角色可能指向被意識壓抑的有用潛力。讓我們再來檢視幾個彰顯此點的夢例，第一個是麗莎二十八歲陷入憂鬱時所作：

潛水

我在海裡游泳，有一點點害怕。我在的水域不深，但浪大得嚇人。我身邊還有另一些人，其中有個美麗的女生泳技高超，看我很怕，就來幫忙我。她教我如何不要恐慌，穩穩地游，確定海底就在腳下不遠的地方。我站在海水裡，看見一波巨浪朝我們撲來。雖然害怕，但我知道只要潛進水中就沒事了。要是不躲，反而會被浪沖走。我站在那裡等浪來，準備好隨時潛下去，這時便醒了。

麗莎作這個夢不久前開始讀榮格，但這對於本來想進法學院的她其實是個意外的轉折。她從小就是旱鴨子，所以很驚訝內在還有個識水性的女生。她的一個陰影部分能在站穩腳步的同時運用海的力量——海是無意識的經典象徵。這個藏在她心裡的美麗泳者或許是她的新盟友，能教她如何面對心的波浪。

一位苦於憤怒和攻擊傾向的三十二歲女子作了一個夢，其中能看出她與她陰影的關係演進：

蛇女

有個女人生下來就有蛇的毒腺和毒牙，被她咬到就像被銅頭蝮（copperhead）之類的致命毒蛇咬到一樣。我因為怕她，所以對她惡言相向。她變成一條真蛇，被我抓在手上。我用兩手緊緊扣住她頭後方，避免她咬我，但她用力掙扎，我快抓不住了。我知道如果被她咬傷，必須立刻使用解藥解毒，否則就會死。我把她使勁往另一頭拋，拋進另一個房裡，成功把門關上。那裡面有很多人，我聽見他們都在辱罵她。蛇似乎一時搞不清楚狀況，但我知道她被我激怒了，很可能馬上就會攻擊房裡的人。場景轉換，蛇又變回女人，對我說了一句好話，我忽然意識到我錯了——她有能力殺我，但並沒有這種意圖，是我擅自往最糟的方向想。我走向她，對她說：「抱歉以前對你很壞，我是因為怕你才這樣。我錯了。」從那刻起，我們成了死黨。我真的很喜歡她、很重視我們的友誼，開始會阻止別人攻擊她或說她壞話。我想到她是多麼棒的朋友呀！如果我陷入危險，她只要一咬就能殺死攻擊我的人。我有時候還是有點崇拜和怕她，不過她從來沒有給我任何擔心的理由。

被夢主否定的一種「會咬人」的潛力展現於夢中的蛇女意象裡。夢似乎顯示，當夢主將壓抑的攻擊性轉向自己（對蛇女惡言相向），陰影會變成一條激烈扭動且難以掌握的蛇。但當她看出蛇女的價值、與之成為朋友，這種潛力便成了她可靠的內在武器。

下面這個夢的夢主是位正在讀碩士的白人男性：

拳擊對打

我和我們學程的助教或新進教授起了衝突。他是個黑人，留著雷鬼頭，是個高大精實的美男子。我們開始唇槍舌劍，我告訴他田野調查是狗屁，他說我才是狗屁。我們來來回回吵著碩士學程的一些規定，愈吵愈凶，最後決定上擂台決勝負。我揍了他肚子一拳，感覺都是結實的肌肉。他比我高，健壯到不可思議，但我進攻的時候他還是節節退後。我不太懂他怎麼沒一拳把我ＫＯ。我們繼續打，兩個人都沒有想傷害對方，只是要認真分出高下。

夢自我先是以言語、然後以身體挑戰膚色和體型與他相反的黑人美男子。夢中的美男子象徵被他放逐到陰影中的一種正向特質——不需要壓迫人的強大。夢的情緒色調從敵對轉向相互尊重的較量。這個夢呼應了一個蘇美神話，講述眾神創造了野人恩奇都（Enkidu）來阻止國王吉伽美什（Gilgamesh）仗勢欺壓百姓。他們決鬥，最後恩奇都認輸，但兩人從此成為好友。恩奇都的挑戰使吉伽美什不再自我中心，開始尋找方式為他人貢獻力量。此夢中，與陰影角色的相遇也以類似的方式啟發夢自我發展出更強大的陽性自信。

尋找陰影中的正向潛力

陰影中充滿了我們一旦意識到，就能用於正向目標的潛力。

- 夢中的陰影角色展現了什麼你可以有意識發展的特質、態度或潛力？
- 夢自我是否在抗拒陰影？以什麼方式？
- 這個陰影角色能在什麼方面成為你的盟友或嚮導？
- 織夢人可能在邀請你重新思考什麼事？

夢日記練習方向

即使陰影角色看起來令人不敢靠近或不敢恭維，它一定有些能教你的東西。想想看那是什麼，也試著探討這個角色指向你心裡的什麼潛力。

原型陰影

榮格認為，人類心靈中也有普遍的陰影原型。當我們將構成自己陰影的一種元素承認進意識中，就能與之建立關係，減少不知不覺被它影響的機會。個人陰影與意識較接近，來自我們個人的心理或情緒經驗，在夢中經常化身為我們認識的人。另一方面，原型陰影則浸滿非個人的神話色彩，源自所有人類共享的集體潛意識，在夢中可能以攻擊生之原則的邪惡形象登場，對我們展現怪獸或巫術的力量。**原型陰影可能是夢中任何與生命力本身對立的東西**。

不令人意外的是，個人陰影和原型陰影會有所重疊。在夢中停車場現身的黑衣男子喚起冥界神明的意象。榮格相信：「個人無意識的內容（即陰影）與集體無意識的原型內容無法分辨地混在一起，並在它們進入意識時將後者一起帶進來。」[4] 個人陰影的源頭經常深入心靈底層，連結到所有人類共享的神話陰影；使我們否定生命的傾向有時會汲取這個領域中的原型，在夢中化為黑暗邪門的形象。

榮格曾與一位有嚴重強迫症的少年患者工作，他認為以下這個夢刻畫了困住少年的矛盾：

> 他走在一條陌生的街上，四周很黑。他聽見有腳步聲跟著他，緊張地加快步伐。然而腳步聲更近了，他的恐懼也更深了。他跑起來，卻聽見尾隨者逐漸追上他。他再也跑不動了，轉過身，結果看見魔鬼就站在他眼前。他走投無路，拚命往上一跳，竟然就這麼停在空中。[5]

諷刺的是，夢顯示真正造成問題的不是魔鬼，而是夢自我過度提防魔鬼，甚至為此拒絕生命的姿態。

榮格觀察，這位夢主試圖：

> 將自己維持在「不落腳」或「不染塵」的純粹中。為此，他拒絕碰觸世界或任何使他想起這浮生的事物。他用瘋狂的執著、清潔的儀式和無數複雜到難以想像的焦慮規則來斬斷與這一切的接觸。他還絲毫沒預見這種存在將使他多痛苦，夢便向他展示了若他未來還想回到地表，就須得與惡打交道。[6]

一位三十出頭的男人經過多年深造，已經取得許多高階文憑，但總覺得自己被某種內在阻力困住，遲遲無法踏入職場。他夢見：

血盆大口

我走向常去的教堂，注意到周圍靜得很奇怪，沒有鳥鳴也沒有車聲。一種極度不祥的感覺襲向我。我迅速爬上台階，透過彩色玻璃往裡看，看見祭壇上方懸著一隻張開的血盆大口。我意識到那是個永遠不會滿足的無底洞。

夢主醒時感到驚慌和困惑，但開始理解到他不斷攻讀新學位並非在實現他的目標，而是一種妨礙他真正展開生活的強迫性追求。這種黑暗的原型力量在夢裡取代了與宇宙精神的健康連結，化成一個永遠滿足不了的邪神的血盆大口。彷彿希臘神話中在自己小孩出生時吃掉他們的克洛諾斯（Cronus），夢主孕育出一段又一段的學業結晶，卻又不許它們與世界相見。

注意夢中否定生命的意象

原型陰影在夢中會展現為與生命力對立的東西，造成恐怖的夢或甚至噩夢。作這種夢時，可以思考：

- 這個夢可能在描繪你內在何種妨礙生命的動力？

- 這種動力在影響你生活的什麼方面？
- 夢提示了任何應付它的方法嗎？

夢自我的陰影行為

夢有時就像織夢人舉起的一面鏡子，照出我們可能並沒有意識到的陰影作為。多數人都很難面對自己最自私、自負、自戀、自我中心的一面——更別說無知、無情、無恥等面向了。我們傾向對自己隱藏這些特質，因此它們經常出現在夢中，透過夢自我的糟糕行為被我們看見。記得：織夢人是站在你這邊的。它是你忠實的夥伴，有勇氣直接指出對你無益的態度與行為。

一位女心理治療師夢見：

欺騙案主

我在和一位女案主進行電話療程，一邊和她講話一邊躺在床上手淫。電話斷了，我沒有試著打回去。後來我意識到這樣她會生氣，所以寫了一封電子郵件給她，騙她說我剛剛一直試著再打給她。

夢主不喜歡那位案主，但她無法對自己坦承這件事，被壓抑的不喜歡於是無意識地流露出來：她開始不嚴格遵守她的職業原則，作出一些蒙混的事。織夢人誇大了她的「惡行」（手淫、電話斷了不打回去、撒謊）要求她誠實面對她在清醒生活裡否認的感覺。承認無法同理那位案主的陰影部分後，夢主覺得彷彿卸下了肩頭重擔，也意識到她的真實感受中藏著可以善加利用的智慧。

一位有成癮困擾的六十四歲女士夢見：

煙斗塞住

我和一個年輕女人在一起，是那種一事無成的傢伙。我們回到比較年輕的時候。她正在抽大麻，分我一起抽，但我一直沒感覺——煙斗好像積太多灰，塞住了。她爸媽就在外面客廳，但她竟然毫不擔心，令我很驚訝。另一幕中，我們並排躺在床上，我只有頭暈腦脹的感覺，煙斗還是抽不到。我心想這真是太浪費時間了，她爸媽怎麼不進來管一下？我根本不想待在這裡，不想跟她一樣整天茫茫然。

夢自我起初認同一種較年輕的態度和行為，然後逐漸感到不足，最後判定那是浪費時間。夢展示了一個陰影人物，即另一個年輕女人，但也展示了夢自我的陰影行為——她和年輕女人一起浪費時間。然而，煙斗堵住了，夢自我感覺不到享受。也許意識到負面後果減少了這項活動給她的愉悅。夢自我最後領悟自己不想再跟年輕女人一樣「整天茫茫然」，顯示她開始區分自己與陰影，也開始看清陰影行為對她的真正效果。織夢人似乎在要求她正視她的癮的嚴重性。後來夢主把大麻戒掉了。

❖夢是洩漏出來的，它們不受控；無論一個人看起來多天真單純，夢總會露出幾條小辮子。——榮格

以下這個例子也像織夢人舉起的鏡子，照出夢主無意識的陰影行為：

三明治站

我在一間超市裡，裡面有個現點現做三明治捲的小站。顧攤的只有一個年輕女人，顯然忙不過來，所以我一直跟她說我可以幫她。她說不用，但我自己走到原料區開始動手。結果要把薄薄的起司和冷肉一片片撕開比我想像中難多了，感覺需要練過。我笨手笨腳，做出很醜的三明治捲，而且發現我動作太慢了，什麼忙也沒幫上，只是在給那個女人添亂。年輕女人對我很生氣的樣子。

夢主很小就扮演家中的照顧者，長大後選擇了教育工作。夢中的她好心插手卻幫了倒忙——包裝在她親切外衣下的是對別人專業的不尊重和一種上對下的眼光。夢主想到，她助人的衝動也許有時對別人來說是無禮、多餘且笨拙的行動。這也使她開始思考一種新可能：與其老想幫忙別人，不如優先思考自己能創造什麼。

這些夢說明了儘管面對陰影令人難堪，但終究對成長和增加意識有幫助。撥開自欺的層層淤泥——從物質依賴到強迫性的助人行為——我們會在那底下找到能指引我們活得更清醒、更真誠、更活躍的真金。陰影工作的重要性也就在這裡。

想想看夢是否照出了你不自覺的陰影作為

- 夢自我有做出糟糕、討厭或不像你的舉動嗎？
- 你有沒有可能在某件事情上無意識表現出了類似行為？
- 夢是否照出了你想對自己隱藏的某個部分？

原始陰影

夢中令人反感的意象也可能代表一種陰影，它們是我們深感羞恥、認定無法接受的內在部分。翻出這些層面的夢可能充滿丟臉或噁心的感覺，以蟲、鼠或排泄相關的意象為主要元素。這些夢邀請我們接受和整合某個被我們自己鄙棄的部分。

廁所的夢

廁所和大小便是充滿焦慮的常見夢主題——找不到廁所、馬桶堵塞、洗手間沒門……諸如此類。大小便是不受自我控制的身體產物，夢自我經常煩惱著想上廁所卻不敢說。陰影集中於身體並被身體象徵，廁所的夢刻畫了那些我們擔心憋不住、要是爆發出來將使我們無地自容的心理產物。

屎尿時常代表氣急敗壞的表達。我們會用「放屁」、「狗屎」等詞彙丟出憤怒和輕蔑。榮格認為：「我們對無意識創作的第一聯想是種不復記憶的嬰兒期產物……最沒價值和有價值的其實是同盟。」[1]惡臭粗劣和無瑕超越之間的關聯清楚展現於現代廁所的意象中：潔白的馬桶座昇華了茅坑，沖水予人淨化的聯想。

很多兒童將排泄物視為自己的作品，也有不少大人會坐在「王座」上作白日夢、讀書、尊重這種有原型意義的身體活動。[2]我們在廁所裡做的事反映了心理需求，因此，如果你像多數人一樣作過廁所的夢，不妨思索夢在陰影層次的意義——身體釋放的愉悅、無人打擾的空間……或宣洩自己不堪的特質並將它們乾乾淨淨沖走的機會。

一位有志成為小說家的四十五歲高中老師夢見：

廁所場景

我在佛羅倫斯街角的一家咖啡店，正用筆電寫作，不時啜飲一口我的咖啡。我進展順利，感到自信且雀躍，忽然我想上廁所，只好放下筆電去洗手間。洗手間是歐洲常見的那種蹲式廁所，我拉了驚人的一條巨糞，可不知怎麼掉到外邊去了。我得想辦法把它弄進馬桶裡，但我越弄，地上的污物好像越多。我開始擔心沒辦法一次把它們全塞進去，要是馬桶堵住怎麼辦？弄了老半天，我總算成功了。我拿起廁所芳香劑狂噴，設法蓋掉臭味，洗好我的手，走出洗手間。然而一打開門，我驚覺那家咖啡店小之又小，店裡所有人都盯著我瞧。他們剛才都聞到味道了。我羞得快昏倒了。

夢主大學時去過佛羅倫斯，那是個讓她聯想到深厚文化和精緻藝術的地方。她步入中年後開始嘗試發揮她的寫作天賦，對繼續前進感到樂觀。然而與此夢工作使她發現，她心裡也有很深的自卑感——她會不會根本沒有寫小說的才能？那樣的話，她只會造出一些臭不堪聞的東西，而且被全天下發現。夢要求她承認自己也可能有糞土般的一面，確定她的夢想不會被這些面向動搖。

下面這個夢也示範了令人反感的個人陰影意象如何衝擊我們的自我認知，最終帶來更清明的意識。夢主是位正在讀碩士的二十五歲女子，幼兒時期被從中國領養到美國。

射殺蠕蟲

我開車要去大學上課，穿過一個像唐人街的社區。我找不到路，下來用走的。我來到一條小巷，巷子裡有種噁心的褐綠色調，像陰天裡的髒青苔。人行道上有很多通往商店地下室的入口，蓋著四方形的鐵片（你會小心別踩到以免掉下去的那種）。我打開其中一扇，頓時有許多肥大的白蠕蟲冒出來。它們瘋狂扭動著，長長的身體伸到地下室裡。我心想到底要多髒、多久沒人清掃的環境才會這樣被噁心的青苔和屎尿覆蓋，養出這些恐怖的蟲。不知道為什麼，我想到唯一能除掉這些蟲的方法就是朝它們頭部開槍，然後把地下室徹底洗乾淨，刷掉那些黏黏的汁液，再也不要放任一個地方髒成這樣。

夢主那陣子有幾次氣得對未婚夫口出惡言，但令她更氣的是未婚夫退縮避開她的態度。她納悶這個夢是不是指向她因為被領養而對依附產生的痛苦傷口。她說，「也許，唐人街是暗示很早以前在我心裡腐爛的東西。」因為儘管美國的爸媽很愛她，生命早期的經驗還是對她留下了創傷。她心中有個位在唐人街的地下室，裡面裝滿原始的感覺——從腐爛過去中長出的惡毒蠕蟲。她覺得需要愛是羞恥和噁心的，並且將脆弱貶到了陰影裡。對未婚夫的依賴喚起她放逐到陰影裡的依附需求，而他的退縮似乎就像遺棄她的親生父母所做：好像她就是不夠好，所以選擇不要她。

發現可能代表原始陰影的夢意象時，試著發揮好奇心

- 夢中有關於腐爛、排泄或其他令夢自我感覺噁心、害怕或羞恥的意象嗎？它們可能代表你不被自己理解和接受的陰影部分。
- 夢怎麼呈現你對待這個部分的方式？
- 它有暗示你能怎麼和這個部分作朋友嗎？

陰影工作不舒服也不容易，需要我們檢視那些令我們痛苦、所以最初才被放逐到陰影裡去的部分。壓抑陰影會耗費能量，有時——就像榮格那位強迫症患者的例子——是巨大如魔鬼的能量。陰影是心靈中的既存事實；我們能轉被動為主動的唯一方法就是有意識地承認它。

面對陰影對心理成長不可或缺。與其將心裡的黑暗投射在他人身上，我們更能做的是承擔它。夢工作是最遇見自己陰影最有效和有力的方法之一。透過夢了解陰影能治癒一個人，也在周圍掀起漣漪。榮格相信完成這項工作的個人「成功扛起了今日巨大難解的社會問題的至少千萬分之一」。[8]

第九章

阿尼瑪與阿尼姆斯：尚未實現的我們

人性本是一，是完整的一體，所謂的愛便是對那完整的渴望與追尋。

——柏拉圖《會飲篇》（*Symposium*）中阿里斯托芬（Aristophanes）的話

在榮格與佛洛依德決裂後的生命低潮時期，他開始透過一種他稱為「積極想像」（active imagination）的方式來探索自己的無意識，即與內在人物進行想像對話。他驚訝地發現他心裡有個迷人的內在女性，好像具有獨立的身分，能與他談各種話題。他將他的這個部分稱為「阿尼瑪」（anima）——拉丁文的「靈魂」——並提出一種看法，認為每個人都有這樣一個內在異性。

陰性的阿尼瑪或陽性的阿尼姆斯（animus）是內在世界極度重要的構成分子。每個人都帶著一幅獨特的內在藍圖出世，上頭注定了各人的個體化旅程。你的織夢人知道你還有哪些未活出的潛力，在你心裡為它們創造出一個魅力無邊的形象，模樣通常是一個異性。榮格分析師莫瑞．史坦解釋：「有意識的適應過程揀剩的一切……都會被丟進無意識裡，聚集在榮格稱為阿尼瑪／姆斯的結構周圍。」[1]「阿尼瑪／阿尼姆斯是你所有未實現的潛力，想要與之融合的強烈渴望儼如最偉大的愛情。

阿尼瑪／阿尼姆斯在夢中可能喬裝成愛人、名人、惡人又或者嚮導。夢自我與它們的互動從鮮活的雲雨之歡、美好的心靈相通，到加害受害式的可怕邂逅。你迷人的內在他者連結著你與你心底的一切可能。它的出現以千種形式喚起愛與痛苦，因為愛會令你願意嘗試成長，而成長勢必伴隨某些痛苦變化。

與夢工作時可以記得：**陰影具有推力，阿尼瑪／阿尼姆斯則具有強勁魅力**。陰影使我們瑟縮皺眉，因此我們常抗拒陰影；如榮格所說，陰影是所有我們不想成為的東西。另一方面，阿尼瑪／阿尼姆斯迷住我們；它們是飽含集體潛意識力量的心靈原型成分，從中生出無數與個人追求或神話規律產生共鳴的意象，不是啟發和激勵我們，就是消耗和腐蝕我們。我們能在影星與偶像的魅力之中感覺到它們，在愛情裡——或者夢裡——體驗到它們神祕醉人的吸引力。

內在的相反意象

陰影工作是邁向整合的第一個召喚，邀請我們拾回曾經為了適應世界而捨棄的特質、價值與情感。然後我們才能觸及內在的一個界閾，即阿尼瑪／阿尼姆斯的所在。榮格認為，促使意識成長的是一股兩極拉扯造成的創造性力量。就像冷暖氣團碰撞產生天氣，內在衝突——包括意識和無意識部分的衝突——也會產生心靈動力。內在世界裡彷彿存在著「有意識自我」和「無意識靈魂」的兩極，而我們尚未整合、尚未開發的潛力是來自後者的意象。

無意識是古老的，織夢人會利用一些古老基本的隱喻來反映你的成長現況或改變你的內在動力。像男女雌雄這一類的對立，是原始、普遍、深深鑲嵌於我們演化史中的特質區別方法——最早的有性繁殖生物在十二億年前便出現了。這些是源自原始繁衍需求的原型意象，雖然有時和現代人的感受性未必完全相容，但它們是心靈常借助的老道具，用來把內在動力導往意識沒看見的方向。

無論你的性別是什麼、具有什麼樣的性向，你心裡都有一個和自己相反的意象，代表你還沒有實現的所有心靈潛力。如果你擁有跨性別、流性別（gender fluid）或非二元的性別認同，你也會有些部分是已經綻放和有意識的，另一些是未實現的可能。無論你在外在世界的模樣、傾向、個性如何，藏在你內在的另一極都會想透過你被活出來，使你更平衡完滿。假如你發展較多的是傳統上被認為屬於男人的特質，你的內在他者可能就會以女人的形貌出現，反之亦然。所以說內在他者和性別性向並沒有一定關係，但很常見的情形是，這個未發展潛力的意象會以與自我相反性別的形象出現。

榮格心理學中，陰陽兩極代表的是對立的心靈原則，諸如分化與合併，局部與整體，固定與流動，競爭與合作，守舊與創新等等。每一個人都能汲取從最陰性到最陽性的所有人類潛質。今日，如果我們將陰性陽性當成對應到過時刻板印象的「規則」，它們會顯得和我們的感受不相容，甚至令人窒息——例如女人一定要溫柔婉約，男人一定要勇敢堅強云云。比較有用的是將它們視為協助我們整理內在經驗的旗幟，就像古希臘哲學中的愛洛斯（eros）與邏各斯（logos），或煉金術中的太陽（sol）與月亮（luna）。

榮格鼓勵一種整合的態度：每一個人心理上都同時是女人也是男人。對煉金術意象的鑽研使他萌生了一個想法，即隨著個人的成長，內在的對立部分會逐漸融合，並造就神祕的第三個部分；他發現夢也會呈現出這種演進。接納與實現自己不同兩面的特質是我們個體化的關鍵任務，也因此，聆聽夢中的阿尼瑪／阿尼姆斯有無法估量的心靈發展意義。

當夢中出現了異性人物，實驗看看將之理解為阿尼瑪或阿尼姆斯能否幫助你解開和豐富夢的訊息。就像心靈中的任何現象都沒有絕對的鐵律，夢裡的異性人物也可以有其他意義，或者其他夢中意象呈現出我們心靈未實現的另一半。如同我們先前提過的，夢的元素很難裝進整整齊齊的分類中。將阿尼瑪／阿尼姆斯理解為夢中異性人物是一個出發點，不是束縛我們的觀念。

想想看夢中的異性人物有無可能代表阿尼瑪／阿尼姆斯

阿尼瑪／阿尼姆斯是我們未實現的潛能化身，是一個承載強勁魅力的意象，很多時候以一個異性人物的樣子在我們夢裡登場。

阿尼姆斯

阿尼姆斯是一個從集體潛意識的廣袤心土中冒出的原型人物，經常出現在女性夢裡，化為各種身分。它可能化身為一個強大的人，例如飛行員、教授、政治家，也可能激發創造力或智性、體現自信，或者現身為一位機智老人或心靈嚮導。正面的阿尼姆斯將夢主連結到潛於她心中的有用陽性原則：能動、果決、秩序，以及表達自己與運用權威的能力；較黑暗的阿尼姆斯則展現支配、僵固、誘惑或暴力等等面向。負面阿尼姆斯的夢可能很濃烈及痛苦，但總是具有重要意義，能帶領夢主發現自己內在深處的事實。正面或負面的阿尼姆斯都能以無數姿態現身，本節整理了一些可能的類型，但當然無法窮盡。

❖還有什麼比夢更源源不絕，更迷倒眾生？——辛奈西斯

正面的阿尼姆斯

以正面型態出現時，阿尼姆斯能幫助女人踏上更大的舞台，表達自己，實現自己想做的事。馮・法蘭茲指出阿尼姆斯連結了女性和「自性」，同時肩負女性的創造力、靈性與勇氣的潛能。與阿尼姆斯交流創造出一道與內在世界的直接聯繫，讓夢主能動用她另一極的潛力，完整綻放自己的心靈。

帶領方向的阿尼姆斯

正面的阿尼姆斯有時會以嚮導形象出現。以下是位中年女士的夢，其中阿尼姆斯扮演活躍、很有運動神經的角色。夢主正開始嘗試克服她對開車和旅行的恐懼，她覺得這些恐懼束縛了她。

輕推一把

我和女朋友正在過一座橋。她告訴我前面更難走，有瀑布、很窄的隧道，還要經過滑溜溜的水管。我們來到一條水管前，我決定像我前面的女生一樣慢慢用走的，但我後面的男人推了我一下，我失控跑出去，結果一下就過了。接下來，我們要過一條非常窄的隧道，只能坐下用鑽的。我覺得過不去，所以又爬起來，但前面有另一個男人招手鼓勵我過去。我相信他，開始嘗試鑽過隧道。不知是誰在後面推我，幫忙我到了另一頭。

勇敢拿出自己的力量和權威是夢主的生命主題之一。當夢自我面對難以通過的水管，一個阿尼姆斯般的人物推了她一把，迫使夢自我放掉控制展開行動。這個主題在夢中重複了兩次，第二次的阿尼姆斯在前方招手，信任他的夢自我於是決定前進。以活躍、擅長運動的形象出現的阿尼姆斯可能是在鼓勵大膽、為自己行動等特質。

幾年後，同一位夢主作了另一個夢。此夢中，阿尼姆斯以另一種嚮導的姿態登場，這次像在指引她往內心走。

拜訪農夫

我和爸爸及哥哥開車來到一座穀倉。我們要來拜訪這裡的農夫，跟隨他一日的行程。他說我們必須先去洗澡和上廁所。我花了一段時間摸索怎麼用穀倉的浴廁，總算學會了。我不懂為何要先把自己洗乾淨，待會不是又要弄髒了嗎？因為我知道我們等一下要騎馬。無論如何，我洗好了澡，本來想洗更快，但不習慣的地方和流程讓我快不起來。上樓出去後，我跨上馬背，要騎去負責帶領我們的農夫辦公室。我坐在馬上，意識到馬緩慢的每一步。我不會騎馬，但我們都順利到了第一站。我很期待農夫要帶我們做什麼，想像應該會弄得滿身大汗和髒兮兮的吧。

夢自我在爸爸及哥哥的陪伴下出發，他們是她熟悉的陽性特質意象。農夫象徵的陽性特質就不一樣了，要認識那部分必須先洗滌和釋放她過去生活中累積的穢物，就像一種淨身儀式。前往辦公室的路上，她發現自己騎著馬，她的本能力量現在在韁繩下緩慢行走，一方面讓她感到可以信賴，一方面似乎也象徵耐心。她開始理解這趟旅行需要毅力和接近土壤，不怕辛苦也不怕髒。夢自我已經準備好捲起袖子幫助這座農場上的生命成長，彷彿說明有些性靈方面的新潛力正在甦醒。

啟發靈感的阿尼姆斯

正面阿尼姆斯的主要功能之一，是協助女人發掘創造或自我表達的力量。從事創作活動的女性經常夢見鼓勵或啟發自己的男性角色。一位四十五歲的已婚女人剛完成博士論文，覺得這件事給了她意義非凡的成就感，此時她夢見：

湯姆的擁抱

我和一大群人在某個地方，好像在開派對。氣氛很歡樂，我真高興我有來。我遠遠看見湯姆。他發現我來了，興奮地和我打招呼，跑過來抱我，把我抱起來。我坐在他大腿上，覺得好開心。

湯姆是夢主的朋友，是她心中一個小精靈般自由自在的人。織夢人借用他的形象來表現正面的阿尼姆斯，向她證實她對自己創作成果的喜悅和重視沒有錯。

一位已出社會的夢主夢見阿尼姆斯化身為她敬愛的高中美術老師：

因為有你在

我在高中的美術教室裡，但已經是大人了。我和一些人圍著幾張長桌坐著，其中有我的美術老師K先生，我很想去找他聊天。有人在用一只大紅鑄鐵鍋煮東西。我看見一隻手拿著木匙在炒肉。還有金黃椒。看起來很好吃，而且很香。鍋中的肉慢慢碎成許多小球，食材好像不會融合，反而愈燉愈分離。我等不及想吃了，暗自希望K先生也會留到用餐。然後我看到他起身要走了，我趕快追上去，他轉身對我說：「什麼都是會變的。但你要知道，我能辦到這一切是因為有你在。」我抱住他大哭。我哭著醒過來。

夢主的阿尼姆斯連結現在與過去。她覺得K先生是在她不被看見的高中時期鼓勵她發展天賦的恩師。我們在女性的夢中經常能看到，阿尼姆斯能幫助夢主發掘自己心中的創意或靈性。夢最後的擁抱證實這段多年來的夥伴情誼——她的阿尼姆斯一直以來都祕密幫著她在藝術路上精進，終於走到了今天這裡。K先生的那句「我能辦到這一切是因為有你在」，或許是夢主的靈魂在訴說對她願意相信這段過程的感激。

支持成長的阿尼姆斯

阿尼姆斯時常支持夢主走向個人成長。一位四十二歲的女人已為不快樂的婚姻煩惱多年，就在她決心展開自我探索後，她作了這個夢：

泰伊．迪哥斯與祖母綠戒指

我站在一家蒂芬妮之類的高級珠寶店外，看著櫥窗裡的戒指。我看見一枚美極了的雞尾酒戒指（cocktail ring）*，金指環上鑲著一大顆祖母綠寶石。泰伊．迪哥斯（Taye Diggs）也在我旁邊，他看看我手上的婚戒，說：「好像還是有差。」我決定我想買那個祖母綠戒指。我想做件衝動的事，雖然我沒錢。

阿尼姆斯在這個夢裡化成演員泰伊．迪哥斯的模樣。夢主認為他是個很帥的人，記得他在一部影集裡演過醫生——一個治療者。他謎樣的發言也許代表婚姻在夢主心中還是很難取代的，也可能是在說美麗碩大的雞尾酒戒指和婚姻給她的狹窄束縛感落差很大。戒指可以象徵圓滿、永恆、鄭重的約定，而夢中那顆戒指特別美麗及有價值。陪夢自我挑戒指的阿尼姆斯似乎在肯定她邁向成長的新決心，但也提醒她前方會有一些崎嶇。

正面的阿尼姆斯能讓夢主從無力變得有力，給她必要的一推、尊重她的創造力，或者鼓勵她的心靈成長。阿尼姆斯可能現身為導師、智者、匠人，或者一個吟遊詩人，最主要的是，它是靈魂的指路人，讓我們知道自己被看見、被陪伴、被愛著。

自我與阿尼姆斯的關係

為了觸及在心底帶領我們的神祕自性，我們需要和阿尼姆斯建立暢通的關係，這在一定程度上需要自我謙卑聆聽。阿尼姆斯也許會要求奇異的供品或帶來古怪的禮物。如果有意識的我們不夠開放、聽不進無意識的另一半說的話，人生中的難關有時會更難克服。一位三十八歲的女人與心理分析師分享了她的夢：

門把

一個土裡土氣、像保守鄉村來從事體力活的白人給了我一個老式的玻璃門把。我只覺得生氣和厭惡。

＊　譯注：具有大主石且色彩鮮艷的戒指。

夢主幾天後談起這個夢還在生氣。「那種男人根本是垃圾！」她說。當她的男性分析師提出，也許夢中的男人是在提供她有價值的東西——畢竟門把是開門用的——她勃然大怒，開始用對待夢中男人的方式對待分析師。兩個男人都提供某些她憤怒拒絕的東西。憤怒和反抗是她在人生許多方面面對的主題，也讓她很難收到夢的禮物。雖然她天資聰穎，考上了一個碩士學程，但對於「被控制」的憤怒使她難以遵守學校的規定，作了這個夢的幾個月後就遭遇了一場甚為不幸的個人悲劇。

觀察正面阿尼姆斯在夢中擔任什麼角色

如果讀者是女性，夢見一個比較正面的男性人物，可以思考：

- 它在這個夢裡擔任什麼角色？例如幫助者、陪伴者、指導者？
- 它為你帶來什麼解藥？
- 它可能代表什麼內在特質？邀請你擁抱自己的什麼部分？
- 夢的主題與你目前的生活有何相關？阿尼姆斯是來幫忙你面對外在挑戰的嗎？鼓勵你大膽創作的嗎？引領你探索內心的嗎？
- 夢自我怎麼回應阿尼姆斯？態度是開放的嗎？

負面的阿尼姆斯

負面的阿尼姆斯有時就像住在女人心裡的迫害者。馮．法蘭茲認為，這種阿尼姆斯就像寄生蟲一樣，會阻礙女性的成長。

負面阿尼姆斯的夢可能令人不想認識，令夢自我感覺備受威脅，令夢工感覺大受動搖。然而，夢自我恐懼或謾罵詆毀的那些角色總是有重要的話要對意識說——即便表達方式很糟。誰的心靈裡都存在著非個人的陰暗力量，你能自己決定你要怎麼面對它。在這件事情上，有意識的認識也一樣不可或缺，否則自我便無法找到立足點來面對內在暴君或內在惡霸。

批評的阿尼姆斯

負面的阿尼姆斯可能把夢自我罵得體無完膚。馮．法蘭茲就曾作過這樣一個夢，她夢見有一個強盜闖進她的臥室，在驚醒後感到恐懼。當她思考前一晚發生了什麼事情導致她夢到這個夢時，她想起當時她覺得自己寫的書一文不值，應該全部撕了才好。她意識到，那個強盜就是破壞性能量的具象化，而這股能量正是導致她產生負面想法的來源。反覆思考後，她其實並不認同那個想法。她把那個纏住她的負面想法解開了，並未接受它。

這種夢需要我們努力區分，判斷如何回應。馮．法蘭茲發現這個夢裡阿尼姆斯的批評攻擊並不是她清醒思考下的想法，決定不接受它。大部分時候，這些內容不好處理，可能需要不少心理工作才能慢慢轉化。

迫害的阿尼姆斯

負面的阿尼姆斯在有些夢裡，也會化成一個冷酷迫害夢自我的男性角色，例如：

凌虐

我在一間牢房裡，被綁在一張椅子上，一個男人俯身看著我。我意識到他已經凌虐我好些時候，而且終究會殺了我。我知道外面走廊上還有其他女人，也一樣被綁在椅子上。男人走出去，我看見我身後很高的地方有一扇窗。我有一種感覺，好像我能從那扇窗子逃出去（儘管被綁在椅子上），只是必須動作快。感覺是不可能的任務，但我相信我辦得到。走廊上的女人們驚訝地看我，好像很盼望我能成功。

夢中的折磨者可能代表我們用負面想法和自我批評折磨自己的傾向。「站到對方立場」的技巧這時就不適用了，因為這些角色在夢裡顯然真的有意傷害夢自我。夢主與父親的關係充滿衝突。清醒生活中，她對自己要求極高，有很重的自我批評傾向——夢裡的阿尼姆斯似乎象徵她這種迫害自己的習慣。走廊上的其他女人或許是指她家族裡的其他女性，她們都曾經困在同樣的互動關係中，至今仍未完全逃脫。

我們許多人心裡都有個內在批評。我們可能放任它在背景運作，彷彿完美是可以實現的，人不容許犯任何小錯。這種聲音可能造成情緒低落或傷害自尊。當我們對自己抱持惡意的一個部分出現在夢中，這會讓我們有機會看見它如何施展攻擊。負面阿尼姆斯的夢能幫助女人察覺這種自我破壞的模式。如此一來，我們便能區分負面阿尼姆斯的聲音和友善理性的聲音，判斷那些批評究竟公不公平。像馮．法蘭茲一樣，意識到負面的阿尼姆斯能讓我們找到自己的立場來與之對抗。

如何區分夢中強盜是被意識拒絕的正面阿尼姆斯，還是來搶走我們自信的負面阿尼姆斯？要考慮的層次很多，但關鍵是強盜是否帶來了新的觀點，或只是在扼殺我們的生命力。夢中有證據顯示強盜想傷害夢自我嗎？它用武器威脅夢自我了嗎？還是夢自我擅自假定廚房裡出現的黑衣陌生人一定是壞人？它帶來踰越但解放的新觀點嗎？或者在破壞生機？大部分時候，我們需要檢驗夢自我的態度有沒有錯，但也可能檢驗後發現夢自我是對的。

負面阿尼姆斯是與自我相信的價值背道而馳的一股力量。夢自我與清醒自我經常情急之下作出過於武斷的解讀。但可能很重要的是：區分夢真正呈現的意象和我們自己——在夢中或清醒生活中——所作的假設。如果夢將負面阿尼姆斯呈現為真正惡意及有害的，我們就需要回應此迫切的召喚，嘗試理解及轉化自己的這個面向。

負面阿尼姆斯的轉化

轉化負面的阿尼姆斯不是一項輕鬆的任務。馮．法蘭茲指出，這個過程需要伴隨巨大的痛苦、需要有極大的勇氣面對，但最終是值得的。

讓我們以一位有童年創傷史的女士的夢為例：

肚子上的鉤子

我躺在一間小房間的單人床上睡覺，被腦袋裡的某種奇怪雜音吵醒。一個機械零件從我耳朵掉出來，我驚愕地意識到我之前被植入了什麼東西。我聽見背後有鬼鬼祟祟的聲音，迅速轉頭，看見一個詭異男子出現在我旁邊的窗戶外，穿著鮮亮的工人裝，倒吊在一條繩子上從上面降下來。他靈巧地調整姿勢，弓起背，從工具腰帶解下一個鉤子，故意把那個鉤子刺進他自己的肚子。我嚇得僵住了。然後我意識到我必須行動。我往前撲，把手疊在他手上，將鉤子戳得更深，希望他會因此而死。

植入的機械令夢主想到來自童年、被她內化的負面聲音。與馮．法蘭茲類似，夢主也開始意識到有些自我迫害的心靈部分並不屬於真正的她。

夢主一察覺內化的攻擊聲音可以分離，詭異男子就拿鈎子刺自己。詭異男子使她想起她內在那個彷彿有虐待傾向的批評。雖然顯得邪惡危險，但當她以正確態度面對之，這個部分便尋求犧牲和轉化。吊人的神話動機象徵一種價值上的浴火重生。北歐神話的奧丁（Odin）「為了自己而犧牲自己」，吊在一棵樹上九天九夜，以便獲得解讀神聖符文的知識。塔羅牌裡的吊人（the Hanged Man）代表認清、判斷與智慧。被吊在十字架上的耶穌也以相似方式自我犧牲。

以下是個特別令人印象深刻的夢，展現出自我為了轉化阿尼姆斯必須付出多少努力，夢主是位六十三歲的女性：

殺死吸血鬼

有個像《歌劇魅影》（*The Phantom of the Opera*）裡魅影的男人，不過他是個吸血鬼。他的獠牙平時藏在咽喉裡，只有很少人知道，但每個月會冒出來一次，就像狼人一樣。他變身後會變得血性大發，所以我得殺死他，可是這也代表殺死那個優雅纖細、充滿藝術才華的男人。我知道他的真實身分，所以他請我殺了他，他知道他必須在自己還是人類時除掉自己。我又怕又傷心，不確定我能否辦到。要殺死吸血鬼必須用一種特別的方法，破壞他們咽喉深處的獠牙。他給我一把特殊的強力小剪子，跪下來，垂著頭，要我把剪子朝他後頸深深刺進去，接著用力剪。我照做了，但沒效果，剪子被頸椎擋住。血流出來，他看起來非常痛，我急得不得了。他說只能從前面剪了，張開嘴讓我把手伸進去。他的嘴巴構造和人類不一樣，我整隻手都能伸進去。我必須劃開他嘴巴後方柔軟的皮肉，毫不留情地把剪子插進咽喉深處。我快承受不住了，但不能不做。我刺下去，用力剪。血像噴泉一樣湧出來，實在太可怕了。我開始哭，一面抽泣一面瘋狂亂剪，只希望一切快點結束，好讓他能夠解脫。血噴得到處都是。我醒過來，發現我是喘醒的。

這個令人目不轉睛的夢揭露幾個關於阿尼姆斯的重要事實。夢中的男人被比作魅影、吸血鬼、狼人，這都是負面阿尼姆斯彷彿掠食者、要求夢主獻出她的獨立意識以交換他耀眼成就的意象。由於夢自我已經意識到這個部分在她心裡扮演的角色，她必須擔起大任，深入問題核心，才能除去阿尼姆斯的獠牙。

根據馮・法蘭茲的說法，將阿尼姆斯帶進意識裡需要花很長時間。然而，當女性成功地完成這一轉化，負面的阿尼姆斯便會成為一位珍貴的內在同伴，賦予她清晰、勇氣與主動的力量。

此夢有力地說明：以負面阿尼姆斯為意象的那些深層、非個人心靈內容是可以改變的。改變負面的阿尼姆斯並沒有固定方法，除了認真關心自己的內在世界。夢讓我們有機會與無意識對話；積極想像使這種經驗更深化；深層心理工作則可能有助於處理外在難題以及理解內在關係。夢工作至為關鍵，因為它會反映心靈的重要主題。如果你已記錄夢一段時間，可以回去翻翻看從以前到現在有阿尼瑪／阿尼姆斯類的人物出現的夢。你能觀察到什麼變化？

無論以溫良或凶惡的模樣出現，阿尼姆斯的功用都是在自我和自性之間搭起橋樑。負面的阿尼姆斯總是有點弔詭，我們可能需要區分自己的想法與來自這個部分的腐蝕性批評想法，站穩立場來對抗它的無情攻擊。但我們也能認識到，即使最駭人的阿尼姆斯也帶來有用的召喚，邀請我們跨出自我的疆界，關注無意識深處的智慧。無論正面或負面，阿尼姆斯總是將我們連向一股超越個人的心靈動力。不管是擁有不同知識的農夫、相信夢主才能的美術老師，或吊在索上的詭異男子，阿尼姆斯根本上是一種「他者」的存在，因此令人害怕或著迷。它們總是指向自我的狹窄視野之外的某些對心靈重要的東西。

觀察負面阿尼姆斯的模樣及與你的關係

夢中黑暗、危險、恐怖的異性人物可能象徵阿尼姆斯，此時可以注意：

- 這個人物是全然負面的嗎？夢真的呈現它會傷害夢自我，或只是夢自我擅自這樣想？
- 如果它在攻擊夢自我，這是否呼應了你攻擊自己的某種傾向？譬如某種批評自己的習慣方式？
- 夢自我怎麼回應它？
- 這個內在人物有弔詭的成分嗎？它是否一面打壓你一面要求你成長？
- 它來到意識面前，是不是為了要意識轉化它？

阿尼姆斯與陰影

阿尼姆斯與陰影可以同時出現在夢中。這兩個部分有時有很深的交情。阿尼姆斯可能邀請我們親近陰影，如同以下這位三十歲單身女子的夢：

不被邀請

我和一個男人在一起，他手攬著我。我們坐在很高的地方眺望一片壯麗的美景，可能是科羅拉多那帶。他很溫柔可愛，結婚但分居了，他太太是個熱愛戶外冒險的運動型女人。他正告訴我他多喜歡洛基山脈，打算把事業賣掉，這樣才有更多時間陪他太太上山下海。我問他到時候他們要去哪裡，但他猶猶豫豫不肯說。我說說嘛！怎麼不告訴我？「因為我沒有要邀你，」他說。我被激起防衛心，馬上撇清道：「我又沒有想怎麼，只是問問而已。」但事實上，我本來確實對他有意思，想勾引他，間接體驗他和他太太的那種生活。

清醒生活中，夢主渴望連結和陪伴。夢中男人的妻子似乎象徵被她放逐到陰影裡、一直得不到發展的冒險精神、自信、體能等特質。迷人專情的阿尼姆斯對夢自我的計畫沒有興趣。它向夢自我展示更遼闊的風景，告訴她它多看重那些被她排到後面去的特質。

看見阿尼姆斯遞出的與陰影連結的邀請

- 如果夢中同時出現了可能象徵阿尼姆斯的異性人物和可能象徵陰影的同性人物，它們之間的關係是什麼？
- 夢自我和它們的關係各是什麼？
- 阿尼姆斯像在鼓勵夢自我承認這種陰影特質嗎？
- 阿尼姆斯和陰影的關係如何反映在你目前的生活中？

夢日記練習方向

注意陰影角色的特質是什麼——它最惹你生氣或討厭的地方是什麼？你的阿尼姆斯是不是在邀請你重新感受或收回這些特質？

阿尼瑪

阿尼瑪是男人心中與自己徹底相反的意象，與阿尼姆斯發揮著類似的功能。這股神祕、極度迷人、被榮格喚作「靈魂」的力量主要將男人連向自己內在深處的世界。

馮．法蘭茲指出，阿尼瑪中介著男性的自我與自性，並幫他與生命的本源建立關聯。如果夢主能了解阿尼瑪的目的，就能歡迎和接受它的影響；但如果只想支配或妖魔化阿尼瑪，它會起而反抗。如同阿尼姆斯，阿尼瑪在夢裡能以千百種模樣出現，以下整理了其中一些。

正面的阿尼瑪

正面的阿尼瑪協助男人接納自己的感覺和轉向內在世界。它可以化為一個風情萬種的豔婦或超凡脫俗的才女，但無論以什麼樣貌出現，阿尼瑪的任務總是在意識和無意識之間創造連結。

連結感覺的阿尼瑪

許多文化中，男人不被鼓勵表現情感——也許哭被視為軟弱、笑被視為幼稚、流露畏懼被視為能力不足。適應社會「常態」讓許多男人變得與自己心中情感豐沛的一面疏遠。阿尼瑪承載著這些未發展的能力，透過夢要求我們看見自己的這些部分。

下面分別是兩位五旬男士的夢。這兩位夢主都有獨重職業成就，犧牲自己其他部分發展的傾向。來到中年，他們似乎被召喚向內看。

海中的妻子

我站在海裡的一條沙洲上，離岸邊大約十五公尺吧。海面看起來很不平靜，而且在快速漲潮。我看見妻子在離岸很遠的地方游泳，開始非常擔憂。我大喊要她回來，但她只是一派輕鬆朝我揮揮手，又繼續游。她在水中鑽進鑽出的樣子好像一隻海豹。

這個夢可能同時在評點內在和外在世界。從主觀／內在的層次看，男性夢主時常將自己的陰性靈魂投射在婚姻伴侶身上，因此妻子象徵的內在部分很可能就是阿尼瑪。「沙洲」是一條露出海面、漲潮時通常會沒入水下的細長沙灘。夢主彷彿來到一個被情緒和無意識的汪洋包圍的地方，只有隨時會消失的一條沙洲連接他和意識的穩固土壤。這場邂逅使他意識到海的強大力量，開始憂心忡忡——對應到夢主意識人格的夢自我沒有學過怎麼面對漲潮時分的這片水域。然而，他的阿尼瑪看起來悠然自在，向他示範想要探索他的內在之海需要的態度和能力。海豹使人聯想到凱爾特神話中的「海豹精」（Selkie）——一種通常是女性，擁有海豹外型，但也能變化成人的生物。她們能上岸和人類結婚生子，但最後還是必須回到海裡。海是她們最自然的家。

就客觀／外在層次來說，這個夢也提供夢主一種看待他妻子的新態度。夢向他訴說，他對情緒的恐懼是他自己的問題。也許他擔心自己的情緒會危害她，但他的無意識認為她在這個世界裡就像海裡的海豹，根本沒有擔心的必要。如果他接受這個新洞見，也許妻子能成為他與情緒波浪互動的有力盟友。

如果已經壓抑數十年，我們可能幾乎感覺不到心裡還有意識之外的其他部分自行活著。我們可以藉由強大的自我為本能力量套上韁繩，強迫它們奔向意識設定好的目標。儘管最初可能很順利，但長年下來，這很可能讓我們的生命因為連結不到直覺和感覺而變得貧瘠。第二位中年男士的夢似乎就描繪了這種情形：

科莫多龍

我在一場壽司品嚐會上。有一種特殊壽司，是用科莫多龍的眼皮內側挖下來的肉做的。那頭科莫多龍還是活的，只是被打了麻藥。我吃了，相當美味。然後那頭科莫多龍醒了，開始追我。我拚命跑，科莫多龍搖身一變，變成一個火辣辣的女郎，但我還是繼續跑。

科莫多龍是約三百八十萬年前就出現的物種，一如許多爬蟲類親戚，今天也還基本上維持當時的模樣。爬蟲類經常象徵無意識的原始部分：不經修飾、本能反射、令自我感到陌生。我們能用很多方法麻醉那些不該冒出來的本能，諸如借酒澆愁、吃東西壓下憤怒、讓自己很忙來忘記悲傷。這個夢裡，自我成功麻醉了感覺的科莫多龍，用一種可以解讀為殘酷或剝削的方式吃牠的肉。但控制的幻覺破滅了，自我凌駕科莫多龍的計畫一百八十度翻轉。當他開始逃跑，科莫多龍露出真面目——它是他的阿尼瑪。夢自我陷入恐懼與渴望的交戰：覺醒的阿尼瑪會以魅力而非暴力卸下我們的一切武裝，只要求我們正確對待自己的靈魂。我們無法選擇渴望，只能發現它們；渴望是從我們內在深處升起的感覺型價值。對許多男人而言，遇見真正渴望的事物是可怕的，會把一個人精心制定好的計畫都打亂掉。阿尼瑪是生命之水，少了它，一切都枯燥無聊。

阿尼瑪要求男人發掘活在他心底的情感，譬如這位五十六歲已婚男士的夢：

你會算命嗎？

我坐在我朋友保羅在新英格蘭的別墅客廳裡。另外幾個老友也在，還有一個女人。我們在聚會，談著某個話題，但我沒怎麼聽。我問那個女人：「你會算命嗎？」她沒回答，竟然直接走過來，飄到我頭上。她下來之後，我急問：「怎麼樣？」她說：「不太好，你命裡有很多風霜和苦難。」我心情一下沉了，無法接受這種結果。我好像出去透了透氣，然後又回來找她，可憐兮兮地問道：「沒辦法改變了嗎？」她笑了，有點苦惱但很感性的樣子。她說：「有是有，但你必須去感覺。」然後她拿起東西要走了。我結結巴巴，笨拙問她：「我可以再約你嗎？我是說，也許再過幾個月。」她沒回答，但走的時候似乎在點頭。我覺得自己好像在追她——好久沒有這種感覺了，不過倒也不壞。

夢主覺得他內在和外在生活都劫難重重。在夢中，他直覺他必須去認識那個阿尼瑪般的女人。女人向他遞出織夢人要給他的解藥：去和他的情緒和感受重新建立關聯。看起來夢自我很可能聽進她的建議，而且嘗試與她保持聯繫。

療癒撫慰的阿尼瑪

阿尼瑪也可能以療慰者的形象出現，這是許多宗教及神話系統中由陰性扮演的一個原型角色。一位走到人生低谷的猶太男人夢見：

瑪利亞的賜福

我在一座天主教堂裡，站在一尊瑪利亞懷抱耶穌的白色大理石雕像前。拱頂很高，排著深棕長條椅，有典型教堂的外觀和氛圍。雕像放在右側一座棕木台上，大約是真人尺寸的兩倍大。站在雕像前，我感覺到來自瑪利亞的恩典。堂中很安靜，雕像的白彷彿透過我的眼睛將什麼傳進心裡。我走到聖水缽前取水飲用，覺得自己重新被校準了，被一些在我的記憶之前的記憶。這就夠了吧？是嗎？或許還沒有。我停住腳步，重新站好，深呼吸，隱隱升起不安——恩典在溶解什麼，而我已準備好讓它溶解，我心懷感激。溶解像深深吐出的氣，乳白溶解了某種透明結晶的殼。乳白進入我的眼睛、我的胸膛。我呼吸著，殼在溶解，愈來愈薄，像溫乳水中的一片冰。我繼續呼吸，轉動我的肩。殼愈來愈薄，終於消失了。瑪利亞退回祂的雕像中：大功告成。我恭敬地向她低頭一禮，後退，右轉，走回教堂門口。

夢主與母親的關係很複雜。此夢中的阿尼瑪借用了聖母瑪利亞的形象，用無條件的愛溶去了他武裝自己的厚殼。夢主覺得這個夢帶來很大的療癒效果，讓他能開始更柔軟地對待世界和自己。

通往靈性的阿尼瑪

阿尼瑪能將我們連結到超個人的層次：阿尼瑪和阿尼姆斯都猶如一座內在橋樑，讓我們得以接近原型世界和榮格稱為自性的聖祕力量。

鳳凰戰士

我和從前高中班上的一個女孩重逢，兩人相約單獨出去。夢裡，我妻子不久前死了，我還沒走出悲傷。我和那女孩到一個公園約會。公園裡人來人往，突然間大家都舉頭看天，只見空中出現了一座雲上的大教堂。教堂是白色的，發著光，被夾在兩座高聳得不輸教堂的天使雕像中間。那是我此生見過最壯觀的景象之一。接著從教堂飛出一隻金光閃閃的巨鳥，至少有人的兩倍大，我想那一定是鳳凰。牠低空經過我們上方，消失在視野外，然後又飛回來，朝地面衝撞，變成了一個人，我只能形容像阿茲特克的鵰戰士（eagle warrior）。他從他蛻下的羽翼拾起一根羽毛，羽毛變成一把帶刃的武器。他開始到處走，感覺在尋找攻擊對象，但附近似乎只有女人和小孩，他好像不會攻擊他們。他看見和我一起的女孩，然後看見我，我知道他要來攻擊我了。他兩次朝我揮動武器，都被我用右手架住。我感覺被打中，但並不痛。我好似通過了某種測試或入門的考驗，因為他現在眼露敬意看著我，然後便走了。

夢主是位二十九歲的男子，人生正處於很混亂的轉變期。他剛放棄一個碩士學程，很為失去的夢想和職業身分傷心；他妻子嘗試懷孕幾年都不順利，七個月前成功懷了他們的第一胎；才幾個月前，他父親過世了。夢訴說這些轉變必然伴隨的哀痛，卻也指出與更奧祕寬廣的動力連結的可能。夢中的高中女孩彷彿他心中的潛質，讓他能夠看見雲上教堂、遇見鳳凰與阿茲特克戰士。阿茲特克戰士看見女孩後向夢自我發動攻勢，邀請他英勇迎戰來獲得啟蒙。夢中妻子的死可能象徵某些面對陰性特質的舊方式在終結，而新萌芽的態度也許能協助他更深刻親近自己的阿尼瑪以及內在戰士。

❖隨著我們在文明如今變成的物質主義沙漠上晃蕩得愈來愈遠，夢是我們唯一剩下的心靈生命力綠洲。夢代表了我們最初的棲地和最後的荒野，我們必須奮力守護它們，如同守護雨林、臭氧層、象和鯨。——安東尼．史蒂文斯（Anthony Stevens）

另一個例子裡，阿尼瑪將二十六歲的夢主連向一個有精神意義的意象：

紙老鷹

我在一片周圍有樹的草原上。我不認識這地方，但能感覺到附近應該都是原野，因為完全看不到建築。我蹲在地上，望向那片半高的草原。夜闌人靜，也許快破曉，星點稀疏的清澈夜空已幾乎變成灰白色。我身後有一群人，輕柔移動和說著話，感覺裡面有很多是我的朋友甚至家人，但我不覺得有必要回頭確認。我們大家顯然都在等待某事發生。我前方只有另一個人，是個我不認識的女人，就蹲在我左手邊。她的年紀大概和我差不多或稍大幾歲，有頭深色秀髮和一張迷人的臉龐。她凝望草原的模樣散發一種權威，我靠過去悄聲問：「我們在等什麼？」我指的是我和所有我身後的人。她理所當然地說：「紙翅膀的老鷹就要起飛了。」我記得她就是這樣說的，一字不差。然後，從草原中央飛起一隻不大不小的鳥，升到天上盤旋。

夢自我一聆聽內在女人，紙老鷹就起飛了。用開放的心聆聽阿尼瑪的話使翅膀看似不牢靠的老鷹得以升空翱翔。老鷹在世界各地都被連結到天界神祇，象徵一種朝向蒼穹的心靈原則。夢主在決心深刻投入一段感情之後作了這個夢，覺得夢帶給他驚奇、著迷和寧靜的感覺，彷彿對他新的內在立場表示肯定。

自我與阿尼瑪的關係

探索阿尼瑪讓我們發現，自我必須先找到面對這股強勁的內在力量的正確態度，才能接收到它的禮物。下例的夢主是位近期取消了婚約的男人，他形容前未婚妻是個太棘手的人。他的夢自我好像能感覺到阿尼瑪的禮物，但難以收下它們。

護身符

我夢見一個美麗的女人朝我走來，俯身在我額頭上第三隻眼的位置點了幾下。我眼前出現一道明亮的光。然後她取出一個護身符，是個藍色小石子，串在一條皮繩上。她伸手過來要替我戴在脖子上，說：「這能治療你的心，帶你找到回家的路。」我低下頭，準備接受這份禮物，但想想又覺得自己拿來戴比較好。結果我扣不上項鍊的扣環，把護身符摔到地上了。

阿尼瑪以療慰者的形象出現在哀悼逝去關係的夢主面前，但要低頭讓她戴項鍊使夢自我起了防備。他一自己拿起項鍊戴，護身符就摔到地上了。這個夢還伴隨一樁有共時性（synchronicity）的事：夢中石頭墜地的聲音太真實了，夢主被吵醒，還找了一下護身符掉在哪裡，隔天才發現是臥室下方的房間有盒瓷磚樣品從架子上掉下來了——他前未婚妻為了翻新廚房挑的。

觀察正面阿尼瑪在夢中的模樣

如果讀者是男性，夢中較正面的女性人物也許代表正面的阿尼瑪，此時可以觀察：

- 它在夢裡擔任什麼角色？例如指點者、滋養者、性伴侶？
- 它為你帶來什麼解藥？
- 它邀請你擁抱自己的什麼特質？
- 夢自我與它的關係如何？拒絕認識嗎？抱持敵意嗎？為它著迷嗎？
- 夢的主題與你目前面對的哪件事可能有關？
- 阿尼瑪像在邀請你拓展內在世界嗎？例如發掘你的更多感性、靈性或生命力？
- 夢自我看起來能開放接納阿尼瑪提供的事物嗎？

負面的阿尼瑪

阿尼瑪也和阿尼姆斯一樣，可能以負面型態出現。長期懷疑、忽視或敵視無意識的態度可能使阿尼瑪在男人心海裡聚集成批評、否定或與自我作對的形象。早年與母親的關係尤其會影響阿尼瑪的發展。假如與母親的連結充滿問題，內在女人有時會化成拒絕給予或苛刻對待自我的一個人物。

一位三十四歲的水電師傅夢見：

下車！

我和前女友在車上，她開始罵我，用以前那種方式把我批評得一文不值。我一開始默默任由她罵，但突然意識到是我在開車，根本沒必要受這種氣。我停在路邊，自信而堅決地叫她下車。

就像夢見強盜的馮．法蘭茲，這位夢主找到自己的立場來對抗內在辱罵他的聲音，從而削弱了負面阿尼瑪對他的影響。區分和判斷在此很關鍵。這個例子裡，夢自我決定不接受自我迫害的內在部分，但也有很多時候，負面的阿尼瑪更像用攻擊的方式刺激我們成長的矛盾力量。

一位二十多歲的男人覺得自己在感情關係中太過優柔，他想結束和女友的關係，但始終無法開口，此時他夢見：

持長槍的女人

我夜裡走在一條小徑上，穿過一座濃密的大森林。我發覺自己並不清楚方向，開始愈來愈擔心會迷路。忽然有個女人出現在我前面的步道上，拿著一把長槍對準我的心臟。我動不了也發不出聲音。她一刺就能要我的命，但不知怎地，我知道她無意這樣做。她說，「你需要的，就只是對我說話，這樣我就會幫你了。」我想回答，但還是發不出聲音，然後我就醒了。

夢主在他認為很強勢的女友面前陷入了喪失行動力的心理狀態。夢中阿尼瑪的威嚇姿態是為了刺激他自我表達：有話就說出來！如果夢主能找到他的聲音，他很可能更容易改善（或結束）與女友的關係，也更感覺到他內在的另一極是股支持與幫助的力量。負面阿尼瑪的祕密意圖通常藏得不深，就是要我們聽見個體化的內在召喚。

注意負面阿尼瑪於夢中的角色

- 阿尼瑪怎麼對待夢自我？這是否呼應了你對待自己的一種方式？
- 它代表一個你不必接受的內在批評嗎？
- 它希望夢自我怎麼樣？
- 它要求夢自我作出什麼行動、改變或犧牲？這可能對應到清醒生活的什麼事？比方說，它是在要求你捨棄某種已經不適合的態度嗎？

阿尼瑪與陰影

如同阿尼姆斯，阿尼瑪也經常和陰影有某種關聯。以下例子展示了阿尼瑪可能怎麼鼓勵夢主承認自己的陰影特質：

樓板下的屍體

我走進我的房間，看見朋友坐在沙發上。她包著頭巾，在我房裡燒某種香。她說她發現我房間有一種很不好的能量。我說可能是因為有個小閣樓，或者照明不夠亮。然後我想起樓板下藏了一具屍體，意識到這才是真正的原因。我開始想起那具屍體怎麼來的——是一場謀殺，而且我也有參與。我的工作是把那個男人騙上樓，讓埋伏的另一個人敲他腦袋。我無法理解我怎麼能忘記做過這麼可怕的事。湧出罪惡感的同時，我的手機上不斷有人傳來暗示那場謀殺的匿名簡訊。我開始覺得如果不坦白，就會活不下去。

夢主接受心理分析已經三年，渴望邁向改變。他父親於他十四歲那年自殺，他在夢裡有種感覺，好像那具屍體可能是他父親。這具屍體代表了他自身陰暗的一面——也許是與父親有關的那部分——多年來一直被藏在地板下。夢自我愈來愈強烈的罪惡感反映出愈來愈清楚的意識。他的阿尼瑪開始將他的注意力導向被藏起的東西，協助他重建他所需要的一段內在關係。

留意阿尼瑪是否在鼓勵你與陰影連結

當夢中同時出現了可能代表阿尼瑪以及代表陰影的元素，可以思考：

- 它們在夢裡的關係是什麼？
- 夢自我和它們的關係各是什麼？
- 阿尼瑪可能是在邀請你與陰影互動嗎？
- 這個夢和你目前的處境有何關聯？

夢日記練習方向

夢裡代表陰影的元素有何關鍵特質？它什麼地方令你生氣或討厭？阿尼瑪如何邀請你和它連結？

內在婚禮

阿尼瑪／阿尼姆斯代表那些我們想變得完整就必須整合的潛力；它鍥而不捨地要求我們成長。最初這個心靈部分可能蘊藏巨大的力量，因為我們大部分的潛力都儲存在那裡——年輕人總是有許多自己尚未發現的面向。它可能以送禮人、指路人、教導人、愛人、詩人及許多其他姿態現身，但目的始終是點醒或刺激自我走上注定要走的個體化路程。隨著時間，自我與阿尼瑪／阿尼姆斯會愈靠愈近。這樣的進展時常在夢中化為聖婚（sacred marriage）的意象，讓我們意識到自己離完滿的終點又更接近了一點。通往聖婚的旅程可能耗時數年，其間自我和阿尼瑪／阿尼姆斯的關係會不斷在愛與痛苦之間來回。我們的內在伴侶可能一下像魔鬼、一下像天使，一下和我們作對、一下又支持我們。但如果我們明白它的使命，就能接納它的所有樣子。

婚禮的夢

婚禮的意象帶我們進入神話般的領域，訴説著神聖的結合，這是人類與生具來渴望完滿的一種天性。你可能也是當年曾關注威廉和凱特——或者哈利和梅根——王室婚禮的全球觀眾之一。電影工業早就懂得用婚禮製造吸引力，《真善美》（*The Sound of Music*）、《我的希臘婚禮》（*My Big Fat Greek Wedding*）、《公主新娘》（*The Princess Bride*）不過是其中幾例。

一個生活在紐約的年輕人在感情中反覆受傷。他夢見自己要和一個女人結婚了，地點在紐約中央車站的詢問台。那是大廳正中央的一個圓形小站，被白色大理石和透明玻璃包圍，頭上是車站有名的星空壁畫，畫著十二星座和其他星子。或許他的心在慶祝著內在夥伴走向彼此的重要階段。

一位中年太太夢見自己快要趕不上自己的結婚儀式。她是夢中跑向教堂的新娘，但不斷有障礙冒出來，讓她因為遲到而結不成婚。婚禮的夢講的經常不是外在，而是內在結合。

外在世界的婚姻經常象徵內在世界邁向兩極融合的旅程。不完美的婚姻伴侶們在關係框架中透過愛、衝突、努力、痛苦的循環持續精進自身。同一時間，每個人的自我和內在的另一極也在通往聖婚的旅途上，那是我們一生個體化工作的最大目標與終生功課。

以下是位健康開始衰退的九十歲女士的夢。她覺得自己一輩子過得很充實，有子女和孫子女陪伴、曾經擁有精彩的職涯和許多生活中的桂冠。儘管身體在老化，她的內在世界卻比從前都更精采。

橙園

我在一個果園裡，園中瀰漫著盛開的橙花香。我在果樹間跳舞，心情非常舒暢。我抬起頭，看見玻利維亞有名的基督像（Cristo de la Concordia）矗立眼前。我樂不可支，感覺到雕像和我之間有一股濃烈的愛，濃烈得幾乎令我暈眩。下一刻，我坐在耶穌掌上。他和那座雕像同樣巨大，把我捧近他的臉，我知道他要吻我了，我看見他的眼睛——然後我醒了。

阿尼姆斯以有精神意義的宗教形象出現，呼喚自我扮演承載神聖力量的容器。橙花使人想到孕育力，它們的花粉能帶來圓滾滾的金黃橙子——一個喚起自性的意象。夢主在花樹間起舞，彷彿她自己也在綻放，願意接納任何將她領向完整的東西。如同巴洛克雕刻家吉安．洛倫佐．貝尼尼（Gian Lorenzo Bernini）的《聖特蕾莎的狂喜》（*Ecstasy of Saint Teresa*），她夢中的耶穌以愛人姿態降臨，將她帶近自己。在人生尾聲，她感到自己成為永恆的伴侶。

結合的意象反映了內在世界的關鍵發展

當你夢見相反兩半的結合，這可能反映了某種深刻的內在整合。

- 你的夢中有婚禮或夢自我與愛人的結合嗎？
- 如果夢呈現出夢自我與阿尼瑪／阿尼姆斯的結合，想想看這是否象徵某種內在關係的重要進展。
- 夢中的交媾可能象徵心靈上的融合或整合。

聖婚是一個奧祕。我們無法預知完滿的自己會是什麼樣子，但如果我們追求自己的另一半靈魂，它或許會以溫暖的擁抱和珍貴的禮物回報我們。阿尼瑪／阿尼姆斯本質上就是自我所不是的他者，因此即使以負面型態出現，也總是刺激我們看見自己深處的靈魂。阿尼瑪／阿尼姆斯中介著自我與超越自我的神祕自性；一旦我們找到正確方式面對它，它能成為我們的好嚮導，帶領我們窺見自性和找到個體化的路。

第十章
自性：引領之心

說到底，夢是自性作的，也是它送來和解讀的，我們不過是旁觀一切的小丑。

——馮・法蘭茲

一九二七年，榮格作了一個重要的夢——本章後段將會詳述——對他而言證實了心理成長的目標是「走向中心、走向個體化。」[1]他開始將他描述的心靈之中心稱為「自性」（the Self）；後來他在英文中以大寫使用此字，以強調其超個人本質。自性在榮格學說中居於樞紐地位，它是指一重超越意識人格的真實，支撐我們，提供一種與無限相連的感覺。自性是完整的原型，也是心之統整原則的意象。榮格寫道，自性「也可以說是『內於我們的神』」。[2]

自性是那隻牽引我們綻放自己的神祕的手，是「產生方向與意義的原則和原型」。[3]自我於內在及外在世界奮力調節各種挑戰——任務、交期、關係、感覺、衝動、渴望等等——的同時，坐鎮心靈中心的自性將目光放在永恆。它看見我們真正完整的潛力，以從極微到極巨的方式改變自我的行進方向。當榮格評道心靈是自動調節的一個系統，他指的一部分就是這種活動：更深刻理解我們成長宿命的自性總是試圖將自我導向它終歸要走的路。

在神話、宗教和夢裡，與自性的相遇每每以敬畏感為特徵。這個陪伴我們的內在部分是榮格理論中的「自性」、十三世紀波斯詩人賈拉勒丁·穆罕默德·魯米（Jalal ad-Din Muhammad Rumi）口中的「朋友」、二十世紀北美蘇族先知黑麋鹿（Black Elk）所說的「其實無處不在的中心」[4]。對自性的象徵描述充滿在人類歷史中，在聖典、詩歌、文學、音樂、藝術與神話裡。它被比作價值連城的珍珠、隱藏的祕寶、泥中的蓮花、最初與最終，以及那小小靜靜的聲音。

自我的相對化

榮格寫道，「體驗到自性，對自我而言總是挫敗的。」[5]此話點出了我們清醒、有意識的部分與超個人部分之間關係的一個重要本質。當我們意識到自己清醒人格的基礎是一種遠遠大於我們個人的廣袤存在，榮格描述，這會帶來「自我的相對化」。呈現出這種關係的夢可以震撼我們，因為它們打破了自我君臨一切的美好幻覺。

製造夢的部分

馮·法蘭茲認為夢就是自性每晚寫給我們的信，建議我們可以如何更好地面對人生。本書時常談到織夢人——一個觀察我們和我們的目的地，為我們指出更好路徑的機智內在旅伴。夢與榮格稱為自性的引領之心有關；從這層意義來說，為我們編織夢的其實就是自性。夢背後的不凡智慧來自我們內在深處的這個構成自我又超越自我的心靈核心。

所以說，每個夢都承載著我們自性的意圖，也就是帶領我們朝個體化前進。然而有些夢會以較直接的方式揭示自性的存在，特色常為強烈的敬佩、畏懼、狂喜等感覺，最主要的是感受到有種遠超越自我的巨大存在。

夢中的自性意象

夢中的自性意象打開一扇門，通往超越我們個人史的意義。這些夢是聖祕的，使我們得以窺見一重獨立於自我意識之外的心靈真實，以及心靈之中與永恆相連的那片疆域。這些夢可能帶來一種緊張與恐懼的瞬間釋放、閃電照亮般的驟然看清，或蓋過一切的深刻安心。就算以負面或可怕的形式出現，這些意象也總是能催化療癒。榮格多次明述，遇見聖祕是最有療癒力的東西。他在一封信中寫道：「最有效的療法就是走近聖祕，只要一個人能觸及聖祕的體驗，就能從疾病的詛咒中解放出來。」[6]大部分現代人或許已經不會透過朝聖、齋戒或祈禱等等傳統途徑獲得這種體驗，但我們還有一條直接、個人、夜夜開放的渠道能接近自性的幽邃智慧。那條渠道就是我們的夢。

自性在夢中會以什麼模樣出現？可能性幾乎無窮無盡，不過榮格舉出了一些例子：

> 這類象徵產物都在呈現一種壓倒一切而且包容一切的完整或完美存在，被表現成一個不是凡人的人物、一隻有神奇特質的動物、一個承載魔法的容器，或其他某種「難以獲得的至寶」——好比首飾、戒指、王冠或幾何的曼陀羅。這個原型概念反映了一個人的完整姿態，即自性，以無意識的意象存在於那個人內在。[7]

自性時常以人形現身，也許是一個治療者、嚮導、英雄、孩童或甚至神明；各種宗教意象——從十字到王冠、石頭到星星——也可能代表更高的存在；動物與象徵意義上的寶物亦能代表自性；還有時候自性的存在是被暗示的，就像一抹微笑。最主要的是，自性的意象會掀起席捲夢自我的情緒，無論是愛、敬或恐懼。這些夢是一場相遇，要求醒後的我們聆聽和理解其意義。

自性經常對我們展現它溫和的那面，在危機或不確定的時刻來到夢中，像無言的陪伴或無條件的禮物。自性也可能以嚴厲恐怖的一面降臨夢裡。當自我執拗違反心的方向，自性有時會用令自我懼怕的方式插手。雖說這股超個人動力可能以無數模樣對我們說話，但也能觀察到一些反覆出現的模式，以下就讓我們來檢視其中幾種。

人物

有時候，自性會在我們夢裡化成一個人物。這可能是我們認識的人、有超能力的陌生人乃至於一個孩童。

治療者

我們前面提到，榮格特別指出了自性的療癒功能，因此讀者不會意外的是，它在夢裡可能化身為醫生、心理師或其他帶來復原和復甦的人。接受心理治療的人有時會把自性投射到心理師身上，夢見擁有後者外型的一個神聖治療者。榮格早期有位女患者愛上了他。儘管榮格試著提出他的解讀，她卻聽不進去。在她的一個夢中：

> 她父親（現實中是位小個子的人）和她並肩站在一座長滿麥子的山丘上。她在父親身旁顯得矮小，覺得父親像個巨人一樣。他把她從地上撈起來，像個小小孩似的捧在臂彎裡。風吹過麥田，麥子在風中彎腰的同時，他輕輕搖晃手裡的她。[8]

榮格將這個夢裡的父親連結到擔任夢主醫生的他自己，從這個夢發現夢主在他身上投射了某種「象徵上只能形容為神的形象」。[9]這個坐擁沃野並且呵護她的半神聖父親／愛人猶如傳說中的人物，帶有自性那種奧祕浩瀚的性質，能從內在為她的療癒帶來有力的正面影響。

有時候，真正能治療我們的方法出乎自我意料。一位正在經歷一段深刻療癒過程的中年男子夢見：

復健

我和一群人在雪山上健行。他們都比我年輕，走得比我快一點，在前方一顆石頭上休息。我努力想追上去，但雪坡很陡，我開始一直滑倒。那片坡下面有懸崖，底下是看不到邊界的荒涼冰原。我踩的雪突然崩塌——我滑下雪波——我掉下懸崖了。好長一段時間我只是在墜落，想著我是不是要死了。就算沒死，這裡這麼偏僻，又有誰會來救我？再睜開眼，我已躺在醫院裡。我發現自己四肢癱瘓，有個物理治療師在我旁邊。他是個年紀跟我差不多的男人，非常溫柔地抱起我，把我移動到一個水池邊，讓我坐進一張可以下水的椅子，這些都經過我同意。但他沒有搬著我的椅子下水，竟然直接往我椅背上一推，使我連人帶椅翻倒。同時臉朝下栽進水中，掙扎亂划、吐著泡泡，結果不知怎地回到了池邊。我簡直太高興了，因為我知道我還是能再學會走路的。

夢以畫面向他呈現一個大主題：在人生的艱難山路上努力不要脫隊。夢主總是在拚命追趕，想跟上他覺得自己也該要有的水準。雪地似乎呈現出他凍結的情感功能，接下來，他墜入冰冷的虛無中——一個對存在絕望的意象。然而，他奇蹟獲救了。物理治療師散發出自性神祕的療癒力量，為他進行一場洗禮，將他倒空，使他因此看見重生、完整與喜悅的跡象。物理治療師讓夢主聯想到他的心理分析師，但即使與外在人物有關，夢中的治療者也總是指向我們內在。每個人心裡都有一個治療者；治療者是個原型人物，形象可以千變萬化，不過經常帶有奇蹟色彩。

一位苦於身體右側慢性疼痛的中年女子夢見一個讓她意外的治療者：

未來的我

我在一家便利商店，買了很多東西，結完帳才意識到我必須自己把那堆大包小包提回好幾條街外布魯克林的家。我正在想該怎麼辦，一個年長女人向我搭話，說我背上一個一直沒好的痂應該去給醫生檢查一下。她有點好管閒事，而且話很多——我能想像一般人可能一下就被她嚇跑了——但我並不覺得煩，她好像有某種讓我喜歡的特質。突然她從後面抓住我，把手臂穿過我腋下，兩手握著我後腦勺，像在幫我整骨似的。我乖乖站著讓她處置，覺得她好像有神奇的魔力。她握住我後腦勺的同時，簡直像把我整個人抱在懷裡。我完全把自己交給她，被一種無法形容的情緒席捲，幾乎要哭了。我們之間有種奇妙的連結。我感到右腿麻麻的，很希望她是在治療我的身體右側。她結束治療，我們好像都掉了一點眼淚？她說我非常特別，很有天賦。我想她應該是個醫生，想問她在哪裡工作。醒來後，我覺得那可能是未來的我。

夢自我一開始覺得年長女人似乎是個好管閒事、會把人嚇跑的人，但她一決定採取友善接納的態度，就接收到了年長女人的禮物——一種能讓她好起來、為她指出樂觀未來的更大力量。這個夢就像許多童話和神話，描繪主角因為接納一隻動物或一個陌生人而獲得與神奇的存在相遇的機會。

自性在夢中可能化為治療者的形象

- 你的夢中出現了醫生、心理師或其他任何治療者嗎？也許這個人物象徵自性的療癒功能。
- 這個人物如何幫助你邁向療癒和成長？
- 你的生活什麼方面與這個自性的意象相關？

孩童

小孩是一個原型，象徵與自性相連的潛力。小孩很脆弱，可能生病、被攻擊或遭人拋棄，但無數神話、童話和宗教故事裡都有小孩的身影。小孩從無意識的黑暗和孕育萬物的大母神（the Great Mother）深處誕生，是超越意識範圍的生命力的化身。榮格認為小孩

> 代表了生命最強烈、最逃避不了的衝動，即實現自己的衝動。它就像不得不然的化身……實現自己的衝動和驅迫是自然規律，有著所向披靡之力，儘管其效果最初極其微弱，一點也不像能夠成功。[10]

孩童意象如同所有夢意象，可能象徵各種東西。並不是夢見小孩就一定代表自性，但有些例子可以這樣解讀，譬如這位三十多歲男人的夢：

鷹

我在後院發現一隻死掉的鷹。我撿起牠，牠忽然變成一個新生的小男嬰。我將他帶進房子裡照顧，陪他玩，抱他去給我妻子和孩子看。才幾分鐘，他就變成幾個月大了。然後我意識到附近有人在找失蹤的嬰兒，幾輛警車閃著頂燈穿過街巷。我很猶豫，但還是決定稍晚一點再把他還回去，只是想再和他相處一下。

夢主的人生正進入轉變期，近來開始反思和療癒自己。鷹也許象徵精神生活的潛力，牠死去後以嬰兒的姿態重生，帶來新開始的希望。就像許多神話中的嬰孩，夢裡的小男嬰以不可思議的速度成長，顯示他不是普通小孩。夢自我相當珍惜他，但知道自己無法永遠留住他。日本的《竹取物語》講述一對膝下無兒的老夫婦撿到了來自月亮的輝夜姬，但最後還是必須目送她回天上。神聖小孩（the Divine Child）無法留在我們身邊，終須返回原型的國度。夢自我可以和這股來自自性的超個人力量建立關係，但不能占有或控制它。若他想這麼做，便會遇上不好的事。

❖最終，我人生中值得一說的事都是……內在經驗，我也將夢和靈視算在裡面。它們是我科學工作的原始材料，是熾熱的熔岩，結晶成我研究的石子。——榮格

自性可能以孩童形象出現在夢裡

- 你的夢裡有小孩或嬰兒嗎？
- 這個意象是否帶給你強勁的情緒？它有沒有可能具有超越自我的意義？
- 夢裡的小孩是否象徵了朝向完整和成長的驅力？

陪伴的靈魂嚮導

自性的夢向我們展示一座比自我更廣大、豐富、深邃的內在泉源，讓我們知道它會永遠不變地引領和陪伴我們。這座智慧泉源可能化身一位機智老嫗或老翁，但也可能扮成一個流浪者、小丑或小偷。許多故事告訴我們別看不起城堡外的叫化子或不起眼的小矮人。夢中的政治人物、古代領袖或老師也可能是自性的象徵。

一位受訓中的榮格分析師夢見：

神奇的遷徙

我在南美西岸的某個地方。我迷路了，因此走出叢林到海灘上，想著這樣比較能弄清楚狀況，而且說不定會看見船。突然，有架水上飛機出現在空中，降落在離我不遠的海面上。我奮力游過去，爬上飛機，渾身濕透但終於鬆了口氣。我發現機長竟是我的心理分析老師之一！我們起飛，沿著海岸往北飛行，飛機飛得很低，所以我能從右邊清楚看見底下的一切，前方和左邊則是一望無際的地平線。我往下望，看見一群一群的動物順著海岸線遷徙——犀牛、大象、叫不出名字的野獸，甚至還有水下的鯨群。牠們都在朝北走，緩慢但確實地，我簡直無法形容那有多美。

夢主覺得心理分析訓練的壓力快把她壓垮了，就在這時候，她的內在嚮導借用了她欽佩的一位老師的外表現身。這個睿智的人物向她展示從更高處看見的寬廣景色——生命的流動本身——像遷徙的動物般走向必然要去的目的地。夢主覺得夢中的感覺無法形容；這也是自性的夢的特點之一。

夢鮮少明白指出某個現實難題該怎麼解決，但出現在夢中的自性可能鼓勵我們或提供更全觀的視野。也有些人夢見智者的原型化成榮格的模樣，為夢自我指點方向。一位正考慮攻讀碩士的二十多歲男子夢見：

沙灘上的榮格

我在海邊度假。我走向海水，坐在沙灘看海。海邊還有其他人和常見的活動，但我卻是獨自一人。然後榮格來了，坐在我旁邊。他穿著照片上常穿的西裝外套和長褲，伸出一隻手環住我肩膀，說：「我們要好好照顧你們這些年輕人吶。」

夢主醒來時深受觸動。他本來對自己沒信心，但這個夢讓他感覺他並不孤單，決定大膽嘗試追逐志向。

自性在夢裡有時會化成一個陪伴我們的靈魂嚮導

- 你的夢中有老師、智者或靈魂嚮導似的人物嗎？
- 夢中有機智的老者出現嗎？也許它會扮成你想不到的樣子。
- 這個夢可能是你內在的引領之心在聲援你嗎？

夢日記練習方向

在你夢中，夢自我的觀點是什麼？靈魂嚮導的觀點又是什麼？它們的見解哪裡不同、哪裡相同？

神奇動物

與動物的日常相遇可能令我們感動或驚奇。造訪餵鳥器的蜂鳥帶來奇妙的喜悅，木平台下鑽出的蛇嚇人一跳。強壯的大型動物喚起人們深深的敬意，像大象和鯨魚——或者深深的恐懼，像棕熊和鯊魚。我們不會訝異的是，古老宗教的萬神廟中充滿了動物模樣的神祇。

夢中動物通常象徵蘊藏在我們本能部分之中的力量，很多時候會以威嚴嚇人或激發敬畏的樣子出現。很重要的是，與自性相關的夢中動物通常會擁有神奇的特質，例如可以開口說話、施展魔法或某方面像人一樣。一位來自北歐、人生來到轉折點的女士夢見：

北極熊

時間是冬天，我在北方的家鄉。我和一個朋友坐在一輛白色小貨車前座，後面是露天的貨斗。我們駛過一條很寬的濱海道路，她開車，我指路，因為她對這裡不熟。她來自一個我生活了二十年的國家。外面在下雪，我赫然瞧見前方有隻北極熊，在離道路大約十公尺的地方。牠也看見我了，直直盯著我。我很害怕，叫朋友不要掉頭，趕快往前開，經過北極熊。我怕若在路上迴轉，北極熊會趁機抓住我們的車。我們開過去，我驚訝地看到那隻北極熊開始邁開四足狂奔，和我們並排，幾乎要超過我們。我們不斷加速，但北極熊甚至跑得更快。我看牠不見了，心想應該甩掉牠了，轉過頭才發現牠不知什麼時候已經坐上了我們的貨斗。我們之間沒有窗戶。我從側面看見北極熊龐大的臉，隨著呼吸一起一伏。牠沒在看我了，坐在後面休息。我意外地發現我其實也沒那麼怕牠。

夢描繪出一個曖昧的心理處境：這是夢自我的家鄉，但她的陰影朋友並不熟悉這裡。下著雪的嚴寒風景通常象徵一種結凍的情感狀態，然而這片雪中出現了熱烈的本能生命力——一隻北極熊。熊有鮮明的原型意義，而活在嚴峻環境中的雄偉北極熊又尤其引起聖祕感。她夢裡的北極熊甚至能跑得比車快。雖然夢自我最初感到恐懼和被毀滅的焦慮，她最終發現這個自性意象只是想陪她一程而已。

一位曾在南美經營學校的女士夢裡，一條蛇展現出自性的力量：

寶石蛇

我在我童年的臥房，發現地板上有一條小小的、但已經完全成熟的紅尾蚺（boa constrictor）*。我用一個玻璃罐罩住她，以便觀察她。她擁有令人驚豔的美麗花紋，我注意到她兩眼中間的額頭上有顆亮晶晶的石頭，是顆紅寶石。我跟著她離開她住的房間，房間外是一所學校後院。我繼續跟著她，她在我的前方，身形漸漸變大，前進得愈來愈快。她鑽進又鑽出一間間教室，最後停在音樂教室裡，窩在樂器中間。

夢裡和生活中的蛇經常引起我們的原始恐懼，但夢主感覺到這條小蛇很特別，主動想靠近它。蛇在第三隻眼的位置有顆寶石，顯然不是一般的蛇。當夢自我對它表現出欣賞和尊重，它開始成長，碰觸她心中校園的每個空間，直到在音樂教室停下。作曲家李奧納德．伯恩斯坦（Leonard Bernstein）曾說：「音樂……能說出語言無法說出的，傳達知識無法傳達的。」[11]就像這條神祕又神奇的寶石蛇所發揮的力量。

夢中的神奇動物也許是自性的象徵

帶來聖祕感的夢中動物可能是自性的意象。

- 你夢見的動物是否喚起敬畏感？

* 譯注：主要分布於中南美洲的巨蟒。

- 它是否表現出不尋常的行動或超自然的能力？
- 你的織夢人為何挑這個時刻送這個意象給你？

童年的夢

小孩的夢時常充滿與自性相關的神祕意象。我們可能至今還記得一兩個童年作過的夢。這些夢往往還歷歷在目，而且飽含情緒——無論是美妙或恐怖的情緒。榮格認為重要孩提之夢的神話動機來自集體潛意識；幼時的我們與此領域較接近。「我們從童年記到今天的夢並非隨便的夢，」他寫道，「若某事令孩提的我們印象如此之深，那表示其中有極重要的東西……對於我們往後的一生都會有意義的東西。」[1]

這些夢可能提出我們之後想了數十年的問題，或者讓我們看見一幅必須追尋的願景。就像亞瑟王的圓桌武士在出發尋找聖杯前看見聖杯的幻影降臨，童年的夢彷彿預告了我們一生的追尋之旅，也能用作旅途上的一顆試金石。

榮格曾經回憶一個他三、四歲時作的夢，他走進一個地下空間，撞見一個奇異的原始神明。榮格過了約莫五十年才開始理解這個夢。「那個兒時的夢把我帶進了一個祕密的地下世界，」他在人生盡頭寫下，「它引我走進了屬於黑暗的國度。我的求知探索從那時起便不知不覺展開了。」[2]

宗教意象

自性也經常以宗教意象出現在夢裡，或許是有宗教意義的人物或畫面。加拿大人佛瑞哲・博亞（Fraser Boa）三十九歲時經歷了一場中年危機，他求助的榮格派心理治療師在第一次會面時建議他關注自己的夢。博亞頗感懷疑，告訴治療師他這輩子從沒作過半個夢。令他驚訝的是，隔天他就想起了一個夢：

> 我走在喬治亞灣（Georgian Bay）的古岩上，石面崎嶇難行。我為了踩穩而看向腳邊，發覺自己正走在耶穌的臉上。[12]

博亞彷彿在一瞬間窺見了孕育我們和萬物的共同基質。一句玻里尼西亞諺語說，我們都「站在鯨魚上，忙著捕小魚。」大部分時候，我們只看見小魚。我們上班、煮晚餐、定期幫車換油、處理生活不斷拋出的新要求……忘了自己站在偌大的鯨魚上。在人生危機中，博亞夢見的自性意象向他展示了存在的另一個面向，支撐著他、比他本身更巨大。他後來成了一位榮格分析師、導演及作家。

即使你沒有特別信奉的宗教，自性也可能借用傳統信仰中的意象出現在你夢裡。一位同樣經歷中年危機的男士夢見：

神祕文字

我走在路上，經過街角的一座廢棄老教堂，感覺像賓州的某個小鎮。天空很灰，路旁長滿雜草及植物。我看見教堂後牆上刻了一段話，有標題，大約十行那麼長，興許是浮雕的。我看不懂那是什麼語言，但感覺到一種很深刻的東西，令我著迷且崇敬，儘管無法理解其意義。

夢主並非基督教徒，也沒住過賓州，但賓州讓他與一個大膽的開始聯想在一起：「為了結成更完美的聯盟」＊。夢中的教堂荒廢了，但依然有力傳達出來自引領之心的訊息。夢清楚說著——一如往常——心靈中陌生荒廢的角落裡可能藏有寶藏。夢主找到一座以陌生語言書寫的意義之泉，儘管目前他還沒有解讀的能力。

另一位夢主成長於天主教家庭，但已經有段時間不曾上教堂或參加宗教活動，她夢見：

北極鳥

我在北極的一個觀測站。一個研究員喚我過去，說她發現了不尋常的東西。她讓我看他們記錄一隻鳥的飛行軌跡，看起來確實很凌亂奇怪。那隻鳥以直線穿梭在幾個點之間，另外幾點間則是繞圈或曲線飛行。牠活動的那片地方是變動錯亂的水冰混合地形，我驚嘆於那隻鳥能在如此寒冷、如此險惡的一個世界裡找到正確的路。我同事指出地圖上的一點給我看，是那隻鳥最後停下的地方，十年來都沒有移動。我在想牠是不是死了，但我同事覺得不是。然後我意識到那個點就是我們的觀測站。我問她和旁邊的其他科學家怎麼沒去找那隻鳥，一定離我們站的地方只有幾公尺呀！我轉過身，看見就在我後方的椅子下有一球髒髒的凍雪。雪球忽然迸裂，原來那不是雪，是一隻不起眼的鳥，渾圓的身體長著斑雜的棕羽毛。牠輕輕振翅，在觀測站內飛動。一個研究員樂得又叫又跳，這是他第一次親眼見到這種無比稀有的鳥。我恍然大悟，牠一直停在這裡不是因為死了，而是因為牠在孵蛋。牠回到老位子上，收攏內側潔白的翅膀，變回偽裝的髒雪球。我轉過去和同事們交換了幾句興奮的話，再回頭時，鳥不見了，只見耶穌飄浮在空中。他平靜闔眼躺著，不知是睡著或死了，穿一件深藍袍子，飄在我們胸口的高度。我震撼得一個字也說不出來。

夢主在憂鬱的混亂時期作了此夢。雖然她比原先設想的更早實現職業目標，但只覺得天賦沒有得到發揮，而且空虛寂寞。就在她尋找意義的這個時期，夢以意象向她展現一種源自她內在、帶來震撼與平靜的超個人力量。這個意象最初是隻能在險惡的極地世界找到路的鳥，然後喬裝成椅子下的一球普通髒雪。它向狂喜的研究員們展現真面目，並且在孵一顆蛋——一個新的開始。最後化成耶穌模樣的自性意象其實一直都在她身邊。

自性可能以宗教意象出現在夢裡

- 你的織夢人是否在運用某個宗教意象表現自性的超個人力量？
- 這個夢是否喚起深深的敬畏或一種始終被支持的安心感？

自性之暗面

雖然自性在許多夢中帶來被治癒和引領的感覺，它的聖祕性質也能以黑暗面顯現。如果我們抗拒自己心底那崇高陌生的存在，便可能在夢裡遇見恐怖的自性。這種夢反映了自我與超越自我的心靈部分處於失衡的關係，迫使我們正視個體化的要求。所有宗教都講述神有這個面向。約拿為了逃避上帝派給他

＊　譯注：賓州為美國獨立宣言與憲法起草地。

的任務而搭船往反方向去，結果遇上狂風暴雨，被一頭鯨魚吞下肚裡。神話學家喬瑟夫·坎伯（Joseph Campbell）也曾描述佛陀的雙面性：

> 在佛教系統，尤其藏傳佛教的系統中，沉思的佛陀以兩面出現，一面平靜而一面憤怒。如果你執拗地攀住小我和它滄海一粟的塵世喜悲，死死不肯放手，佛便會以憤怒的一面出現。它會顯得可怕。然而一旦小我放手、放棄抵抗，你會感到同一個沉思的佛陀成了賜福者。[13]

當清醒人格與心靈的中心扞格，自性可能以黑暗、危險甚至毀滅性的樣態現身。我們發現計畫總不順利、生命的動力踉蹌難以前進，如果我們堅持要走一條自我主導、問題重重的道路，自性會嘗試以一次大失敗重新導正我們——心理學中將這種事件稱為「覺醒事件」（wake-up call）——此外，它也會送來警告我們的夢。

自性的這一面可能表現為一股嚴酷無情的力量，在夢裡化為戰爭、囚禁、核災、颶風、地震、海浪、猛獸、怪物、鬼魂及其他恐怖的意象。與自性建立關係有時意味著努力將個人分擔的原始黑暗帶進意識中，特別是對經歷過創傷的人來說。唯有當我們低頭承認內在的更大智慧，才能與自己和世界建立對的關係。夢為我們的完整服務，無論是透過調整我們的前進方向或驚醒我們、使我們自己修正它。

> ❖每個夢如果真正被理解——不只理智上理解，也包括情緒上理解——都能帶來一個「啊哈！」的頓悟瞬間。如果夢沒有產生這種效應，那表示它還沒被理解……每個被理解的夢都像讓我們更清醒的微小電擊。——馮·法蘭茲

一位將屆耳順之年、長期收入不足但還是盼望奇蹟成功的男士夢見：

無情的猛禽

我駝著重物在路上走。我好像不得不這樣做，彷彿被迫參加什麼行軍。我背上壓著東西，所以一直盯著腳下，只覺得周圍昏天暗地。我們走在一座森林裡，我只看得見黑漆漆的路面和兩旁黑漆漆的樹牆。忽然，我想到我也可以抬頭看。我仰頭一望，看見頭上是一片清澈的藍天，陽光照著樹頂青翠的葉。我太震驚了，沒有想到這個世界竟是如此活潑。天上有隻雄偉的巨鳥在盤旋，我在一種被壓倒的感覺中意識到牠的美，正在讚嘆牠的輝煌，牠猛地俯衝下來，用利爪攫住一隻唱歌的小鳥，羽毛飛散在空中。目睹牠的殘忍令我心都灰了。

夢開始時，背負重擔的夢自我沿著一條不見天日的路苦苦行進，缺乏更宏觀的視野。他得不到成功，開始覺得生活像場被迫的行軍，只能消極承受壓迫他的種種義務。當他抬頭看，他感覺到自性的輝煌，但還沒準備好接受它令唱歌小鳥死去的無情一面。夢主相信一種新世紀（new-age）的心靈哲學，彷彿只要正向思考、勇敢作夢就有權利贏得輕鬆的成功，但那或許只是他將自我的渴望偽裝成心靈的渴望來逃避心底真實的方法。當事情不順利，他只怪「宇宙」背叛他，並未意識到這或許有超越自我的認知與願望的其他意義。夢提醒他：他心底超個人的美好力量並非為了實現自我的狹隘目標而存在，那力量也能為了將他導向成長而展現冷酷的一面。

展現自性暗面的夢令人想到自然無情、無差別的毀滅力量。但就算它顯得可怕或好像會毀了一切，我們也必須將自己交托給它。自性可能推翻我們過去習慣的一切，為的是讓我們迎向新的生活。一位四十多歲的男士夢見：

白水牛

我在一個後院裡，看見一群人圍著一顆牛頭看。那是一隻白水牛的頭，牛眼緊閉，非常巨大，感覺像座雕塑。其中一個人為了搆到牛頭頂必須爬上去，他拿著一把大匕首（或小型的劍），開始將匕首插入牛頭。其他人發出歡呼，我卻感覺這樣做是錯的，但並沒說什麼。突然之間，牛頭活了過來，睜開眼睛發出一聲怒吼，霎時地面開始搖晃。我意識到那個人糟蹋的不只是牛頭，整隻白水牛被埋在地面下。牠怒吼著鑽出土壤，展現出無人能擋的憤怒和力量。我嚇得無法動彈，心想死期已至，然後我就醒了。

北美蘇族中的拉科塔族（Lakota）認為，白水牛是地球上最神聖的動物。傳說曾經有場大饑荒，兩個男人被指派去尋找能夠維繫族人性命的水牛群。路途中，他們看見一位絕世美人向他們走來。其中一人想娶她，但另一人警告他女子似乎是神明，萬萬不可這麼做，然而第一個人不聽勸，轉眼化成了一堆白骨。女子教導拉科塔族人如何祈禱才能帶回支撐他們生命的牛群，臨走前，她變身成一頭白水牛。所以說，白水牛象徵的不只是神聖力量，也是要求人們承認及尊重的神聖力量。如果自我執意要將它的力量挪為己用，可能導致自取滅亡。

前述這個夢的夢主遇上了創作瓶頸。他為一本小說累積了許多想法，但就是無法下筆。夢顯示無意識的巨大力量被貶抑和誤用了，因此夢自我遇上了負面的自性。陰影人物一用匕首糟蹋牛並引起不敬的歡呼，自性的致命力量就醒來了。夢主才剛開始意識到自己心底的真實和精神的追求——他能看到白水牛的頭，但水牛的其他部分都還埋在地下。夢似乎在告訴他，若想汲取他心中的創意或性靈潛力，就不能只靠自我主導。

自性也能以黑暗恐怖的一面出現

自性也能在夢中展現為嚴酷無情的毀滅力量，令我們不安或懼怕。

- 夢中的自性意象可能是在反對自我的何種態度？
- 它指出了你清醒生活中的某種問題態度、困境或死路嗎？
- 它在要求你承認或尊重自己心底的超個人力量嗎？
- 這個夢是不是在試圖糾正自我和自性的失衡關係？

暗示的自性——圓滿和中心的意象

自性有時會以一類意象出現，凸顯它位在中心指引與整理一切的功能。圓或四的意象經常讓我們瞥見自性的存在，這類意象描繪了以方為代表的意識產物與以圓為代表的無意識產物之間的和諧關係，可以強烈衝擊我們，揭露自性的活動和一種超越我們理解的聖祕完整感。

一九二七年，榮格作了個夢，啟發了他後來稱為自性的概念：

> 我在一座煤煙燻黑的骯髒城市裡，路上下著雨，是個濕冷黯淡的冬夜。那是利物浦，我和幾個瑞士人——大約六個吧——走過一條條陰暗的街。我有種感覺，好像我們是從港口來的，真正的城市還在更高的地方，在懸崖上。我們往上爬。那讓我想起巴塞爾：巴塞爾熱鬧的市集在河邊，你可以從那裡沿一條叫「死人巷」（Totengasschen）的小路爬到上面的台地，即聖彼得廣場（Petersplatz）和聖彼得教堂（Peterskirche）所在的地方。我們終於到了台地上，發現一個點著昏暗街燈的大廣場。許多路在那兒匯集，各個街區呈光束形從廣場放射出去。廣場中央是座圓形的水池，水池中央有座小小的島。周圍的一切都因雨、霧、煙和昏暗的夜而模糊不清，那小島卻閃耀著灼灼陽光。上面只有一棵樹，是株木蘭，滿樹盛開帶紅的花。樹彷彿立在陽光中，同時又是光的源頭。我的同伴們評論著可怕的天氣，顯然沒看見樹。他們說起另一個住在利物浦的瑞士人，對他定居這裡表示訝異。我被那美麗的花樹和陽光小島迷得如癡如醉，心道：「我倒是很能理解他為何選擇這裡。」[14]

榮格在《榮格自傳：回憶、夢、省思》中描述了此夢對他的意義：

> 這個夢象徵了我當時的處境。我還能看見那灰黃的雨衣，被雨打得濕答答地發亮。一切都非常不舒服、黑暗、不透明，就像我當時的感覺。但我看見了一種不屬於此世的美——我看見了我之所以能存在的原因。利物浦（Liverpool）是「生命之池」（pool of life）；「肝」（liver）被古人認為掌管生命力，是「使我們能生存的東西」（that which makes to live）。
>
> 這個夢伴隨一種決定性，我看見終點已然揭開。沒有人能走得比中心更遠。中心即是終點，一切都通向中心。這個夢使我理解到，自性是產生方向與意義的原則和原型。它的療癒功能便來自這裡。[15]

榮格在夢中看見了引領之心。一位中年女人也作了個暗示自性的夢：

圓房子

有個爸爸在為他女兒蓋一棟圓房子，感覺是個像避風港一樣安全的地方。房子未來會有四層樓，中間有棵老樹。它位在社區正中央，但被幾棵樹包住，藏在樹冠下。房子會慢慢旋轉，我不太確定我喜不喜歡這項功能。我站在房子裡，裡頭沒有家具，因為才剛蓋好。感覺這裡應該不是我家，但我很希望有天能以這裡為家。

就像榮格的夢，此夢中也有一棵位於中央的樹；樹根深入土壤，樹枝伸向天空。夢呈現出圓滿的潛力。會旋轉的圓房子帶來安全和三百六十度的視野——雖說夢自我起初不確定這是不是優點。夢主和父親關係很好，建造神奇房子的父親似乎在她心裡扮演中介角色，連接她的自我和自性溫和的一面。房子還沒完成，夢自我看待它的態度有點含糊，但從結局來看，她似乎期待能有朝一日能住進去。夢帶來一種驚奇與可能的感覺。

一位六十多歲的女士從年輕開始就會作一個夢，這個夢每次都給她深刻的喜悅：

螺旋通道

我總會作一個夢，夢見我爬上山丘，走向一棟覆滿爬藤的小石屋。我被深刻的幸福感包圍，好像終於回家了。我爬著坡，已經知道屋子會敞開木門等我，室內傾瀉著一地的金色陽光。我雀躍地加快步伐，到了石屋，果然和我想的一樣。進門後，右邊有座木樓梯，通往外面看不見的二樓；左邊是道

> 拱門，連向另一個木地板光亮的房間，再過去是另一道拱門，連向另一個房間。我穿過一個又一個房間，順著一條螺旋通道，彷彿走在貝殼中。愈深的房間看起來愈神聖，有時候我旁邊有其他人，有時候我獨個兒走著。我到達貝殼最中心，螺旋已經窄得我必須擠進去。那是個圓形的空間，一個最神聖的地方。牆壁變成了石頭，房裡很狹小，但光從四面八方照進來。我抵達另一扇門前，裡面有個黑石板的祭壇，祭壇上擺著一個鹿角化石、一塊奇異岩石和一些古怪銀色雕像，彷彿扭轉而成，沒有性別。我能感覺我身邊有某種存在，幾乎要看見它了，然後我就醒了。

織夢人以畫面向夢主展示了一種從未變過的內在結構：一個居所，她在其中繞著螺旋走向中心，在那裡遇見始終都存在的奧祕。夢肯定了生命的一個神聖維度，並給予了回家的允諾。

自性在夢中能展現為圓滿或中心的意象

夢中象徵完整或圓滿的意象可能暗示自性。

- 你的夢裡有圓、球、環、樹、蛋、金、城市或其他類似的意象嗎？這些都可能代表自性。
- 你的夢帶來了強勁的情緒衝擊嗎？夢中的自性意象經常引起敬畏感。
- 夢中有帶來鼓勵或慰藉的意象嗎？
- 你為何在這個時刻夢見這個意象？

我們與自性的關係比起在震撼靈魂的一瞬之間突然打通，更可能是長年逐漸建立起來的，透過每夜每夜的夢。自性可能於危機時刻或轉變時期來到夢中，安慰我們、療癒我們，給予我們無條件的恩典。這些意象需要的比較不是智性的解讀，而是用意識承認與接納。另一方面，強烈的黑暗夢境會需要我們為之找到意義。每個致力於理解夢與內在世界的人都是在進行一場成長冒險——即榮格心理學最關心的個體化之旅——因為自性能為我們指出完整綻放自己的路。

榮格在《榮格自傳：回憶、夢、省思》裡寫道：「對一個人而言，最關鍵的問題始終是自己是否與某種無限的東西相連。這個問題道盡一切。唯有當我們找到真正重要的無限，才能不再將目光釘在各種虛浮的努力和碌碌的追求上。」[16]發現自我的觀點有限固然會瓦解某些自由意志的幻覺，但感受到超越意識的自性也為我們卸下了一部分存在的重擔。自我並非隻身在宇宙裡漂游，一死便化為烏有；我們有歸宿；天地之間有個更大的整體，而我們也是其中的一員。

第十一章

積極想像：把夢作下去

當你觀察世界，你會看見人、房子、天空，看見摸得著的事物。但當你觀察自己內心，你看見移動的意象，看見一個意象的世界，慣稱為幻想；只不過這些幻想是真相。

——榮格

如果夢是來自自性的訊息，我們能怎麼繼續這場對話？榮格對積極想像的發現讓我們能夠藉由夢中的人物與處境，與無意識持續互動下去。榮格相信積極想像是任何追求心靈成長的人都能運用的最有效的技巧之一。「這個逐漸接受內在他者的過程相當值得投入，因為我們能透過這種方式認識自己的一些本質——一些我們絕對無法容忍他人告訴我們或主動承認的本質。」[1]

如果作夢像潛水，積極想像就像浮潛。我們不是潛入最深處，而是停在表面一帶，將臉探進水中，觀看水下世界被意識的光照亮的地方。這種技巧讓我們能夠清晰且有焦點地與夢中人物互動。作夢時，意識只能被動接收無意識的訊息；但積極想像中，意識可以主動探進內在世界，邀請無意識來場對話並與之互動。這種「醒著作夢」的體驗驚人地鮮活生動，讓我們能把夢化作經驗的一部分帶進清醒世界中。

榮格在給一位O先生的信中簡單說明了積極想像要怎麼做：

重點是，你可以從任何意象開始，例如你夢裡那一大團黃色的東西。靜靜端詳這個意象，注意它如何發展或變化——不要試圖改變它，只要觀察它自發的變化。若用這種方式觀察，任何心中畫面遲早都會因為自發聯想而出現細微轉變。但你要特別留意，別一下就沒耐性，從一個東西跳到另一個東西。選好一個意象，就守著這個意象，直到它自己開始變化。記下這些變化，最後，該你自己走進畫面中。若那個意象能開口，你就說出你想說的，聽聽看他或她怎麼回答……用這種辦法，你能漸漸創造出意識與無意識的一體；沒有這種一體，個體化也甭談了。[2]

這段驚人的文字讓黛比決定初次嘗試積極想像：

我坐下來，心裡浮現樹蔭下一個長著水芥的小池塘。池塘直徑大約兩、三公尺，邊緣生著厚厚的水芥，橫過上方的枝葉為池子遮蔭，看起來好像哪本故事書裡的插畫。我站在水邊，突然發覺兩顆發亮的紅眼珠在看我，來自池塘右上角，就在水芥前面一點。忽然，我看見了完形（gestalt）：池塘是張臉，長著水芥的鬈髮和兩隻眼睛。眼睛眨了眨，它們的主人是隻青蛙，現在潛到了池塘裡。我蹲下來，撥開水少女臉上的鬈髮，像個媽媽在幫睡著的小孩撥頭髮。接著我沒有多想就跳入了池塘，發現自己在水下游泳，前面就是那隻擁有寶石紅眼珠的翠綠青蛙。我眼前的畫面繼續發展，遇到了一個內在人物，感覺非常真實、非常生動，完全出乎我意料。我正要開口和那人物互動時，突然又回「真實世界」——就像脫離的時候一樣突然。這所發生的一切都令我震驚。

黛比在想像中遇見的水少女和青蛙展示了無意識獨立於意識的運作；我們對這個過程的控制並不比對夢的控制多。任何東西都能作為積極想像的起點——一本書或一幅畫裡的意象、易經中的六十四卦圖、一張塔羅牌、一種壞心情，或者身體的某種感覺。用一個夢中的意象來進行此過程，可以幫助我們放大和釐清夢的意義。喬瑟夫二十幾歲時對此有很深的體悟。

當時喬瑟夫努力想成為全職亞歷山大技巧教師，但他在行銷和報價上很沒自信，收入幾乎不夠生活。他一直反覆作一個可怕的夢，愈來愈頻繁，最後已是每晚必夢了：

射殺闖入者

我躺在床上，被入侵者的聲音吵醒。我伸手去摸床頭櫃，拿出抽屜裡的槍。我從房門看出去，看到一名如同凶神惡煞的男人走上樓梯。他一踏上二樓，我便朝他開槍，他隨即倒下。

不安的喬瑟夫對一位榮格分析師朋友提起了這個夢，朋友建議他嘗試積極想像。於是喬瑟夫在想像中回到這個夢，從頭開始「播放」它。這次，當闖入者抵達二樓，喬瑟夫問他：「你是不是想告訴我什麼？」

「你終於問了！」闖入者開心答道。他邀喬瑟夫一起去散個步，告訴他他經營事業的方式哪裡不對。「你要的生活不會從天上掉下來，你必須自己爭取，」變成嚮導的闖入者告訴他。積極想像解鎖了夢的意義，反覆的夢隨即停止了。喬瑟夫開始更認真記錄帳務和寄信給潛在客戶，不到一年，收入就變成原先的兩倍。積極想像中的邂逅就像來自內在深處的心理電池，能幫我們的清醒人格充飽生命力。這種方法幫助年輕的喬瑟夫突破了外在生活的瓶頸。

積極想像的效果不一定是如此劇烈的，有時候，它的功用是協助我們更深刻浸入夢的感覺裡。讓我們以一位五十四歲女士的夢為例：

海豚池

我在一間飯店裡，有個巨型的池子或魚缸，裡面有隻海豚。我在那裡和海豚互動，它很親人，很喜歡我的樣子。飯店人員說他們可以把海豚移到另一個水池，讓我下水和牠玩。我覺得聽起來太棒了，說當然好。他們開始移動海豚，但那並不是我想像的圓形、美麗、整間房間大的水池，而是一個比浴缸大不了多少的小池子。不過看起來也還行……大概吧。我坐在池邊，把腳泡進去，海豚將頭枕在我膝上。有一刻，我在為牠哺乳。我們就這樣相處了一會兒，我想到我真的好愛這些動物呀。然後飯店人員說要將牠移回去了。他們開給我一張帳單——和海豚玩要六百多美元。

夢主與此夢工作了一段時間，總覺得解讀方向都不對，因此決定試試看積極想像。她在想像中重回夢境，腳泡在浴缸大小的水池裡，抱著那隻海豚，感覺到深沉寬廣的一片情緒——憂傷、愛、憐憫、接受——好像比作夢當時更強烈了。積極想像給她的禮物不是洞見，而是一種強烈的情感連結，足以推動內在世界的轉變。

有些人對嘗試積極想像會有顧慮——要是和無意識互動開啟一場情緒海嘯怎麼辦？如果你覺得被積極想像召喚，但有前述擔心，可以想想看怎麼樣會讓你覺得比較安全或安心——例如請一個好友待在附近，在你需要時來幫忙，或時間到了來叫你。一般來說，無意識都是想幫助你成長的。即使所謂「負面」的意象和情緒亦有為意識所用的潛力，而且心靈通常不會給我們消化不了的東西。

也有些人會擔心自己「對這種事沒天分」、「一定學不會」、「一定會做錯」等等。要知道，你的無意識是你自己專屬的寶庫，只要你有意願、肯投入，你就能從中發現珍貴的寶物。積極想像不是考試或功課，而是在玩，玩是很認真的，但不用正經八百。就算你都在天馬行空或睡著了，你也和你的心有了更多互動。這些經驗都屬於獨一無二的你，能豐富你的生命；玩並沒有分對錯。

其實藉由閱讀這本書，你對積極想像已經有些體驗。記錄夢與思考夢也是一種形式的積極想像。注意夢中的訊息能讓織夢人知道你有在聽，幫助你和這個神祕的自己深化關係。當你將意識的目光轉向無意識，無意識也會作出回應。你是在和你心中編織意義的部分建立一段現在進行式的關係。

❖曾有人跟我說，重要的不是要自己理解夢，而是讓夢理解我。我對夢的態度會決定它們對我的態度。這是一場現在進行中的對話。每當你聽見夢在說什麼，你就會改變，而當夢知道它們被聽見，它們也會改變。——馮．法蘭茲

若讀者想透過積極想像深化與夢的連結，以下整理了一些技巧。如同榮格在前面寫給O先生的信中所說，你選擇的意象可以是任何東西，但最好是你真心好奇的東西。若你還不確定自己會怎麼看它，那也沒關係——我們遇見一個陌生人時也是這樣。不過記得保持基本善意和開放的心，因為通常你用什麼表情對無意識，它就會用什麼樣的表情對你。

積極想像能幫助我們在清醒生活中與夢互動

你可以利用下列步驟進行積極想像：

- 找到一個你不會被打攪的時間和空間。你可以關掉手機、鎖上門，或去一個確定不會有人突然衝進來的地方。你會需要至少半小時。
- 用某種小儀式來標示這是積極想像的專屬時間，也標示你現在進入了開放的狀態，例如點根蠟燭、拿一個特別的物件、坐到一個特殊的位子上，或聽一首能幫助你進入狀況的靜謐音樂。
- 聚焦——這可能需要閉上眼睛，深呼吸幾次。你可以眼睛朝著一幅圖畫但放鬆視線，或想像自己搭乘一台電梯下到很深的地方，同時慢慢呼吸，將焦點轉向內在。
- 回想你所選擇的夢意象或其他意象，在心中持續觀察這幅畫面，直到畫面自己開始動。如果你的注意力跑掉了，溫柔地將它帶回意象上。
- 對夢中人物提出你的問題或想說的話。「你是不是想告訴我什麼？」是個不錯的一般問題。
- 聆聽這個人物的回答，照原樣接受它的回答，現在不用追究邏輯、反駁或懷疑它——你之後會有很多時間做這些！先持續進行對話，直到對話有完成的感覺。
- 在夢日記裡記下你的體驗和省思。

其他積極想像技巧

積極想像能延伸出許多實踐技巧。這些技巧都能協助我們增加對夢意象和夢情緒的身體認識和清醒連結。和無意識「建立感情」的額外技巧包括：

繪畫、創造、動手玩

榮格曾在一段極度混亂的時期選擇讓自己「直線下墜」到無意識裡。他在想像中遇見了費萊蒙（Philemon），一個出現在他夢裡的希臘神話人物。他將這些經驗記錄於他的《紅書》（*The Red Book*）中。晚年，他在自傳裡如此回顧：

> 有片藍天……一個有翅膀的人從右邊出現……是個長著牛角的老人。他手裡握著四把鑰匙，其中一把緊抓在前，好像準備打開什麼。他有翠鳥的翅膀，我能認出那種特別的顏色。
>
> 我不懂這幅夢意象，於是把它畫了下來，想銘刻在記憶裡……
>
> 費萊蒙和我幻想中的其他人物讓我領悟了一項重要事實：我的心靈裡有些部分不是我創造的，它們自己就生成了，自己活在那裡。費萊蒙代表一股不是我的力量。我在我的幻想中與他對話，他告訴我一些我從未有意識想過的想法。我能明顯觀察到說那些話的不是我，而是他。[3]

榮格運用雙手和眼睛將這幅美麗的意象帶進清醒世界。有著翠鳥羽翼的費萊蒙不僅成為經典的榮格圖畫之一，也成了多次陪伴榮格在後院散步沉思的人物。但我們不用特別有藝術天賦才能畫夢！就算畫得很簡單粗獷，那又有什麼關係？試著挖掘你心中孩子般盡情創作的樂趣，也要相信陪伴你的無意識心靈。

畫出、雕出或捏出你的夢

- 用任何手邊的藝術媒材呈現出你的夢。
- 允許自己盡情玩耍，享受這段過程。
- 別為了作品有沒有藝術價值煩憂，你是在藉由這種方式更深刻與你的無意識互動。

讓身體來說！

身體是非語言、非理性的智慧泉源——就像夢一樣。用肢體演出夢中場景能夠動用大腦之外的知識，協助我們打開夢的意義。喬瑟夫曾經有個案主，是位事業成功的中年女性，她告訴喬瑟夫一個夢的片段：她在小時候的家裡，走在客廳上方的樓中樓平台上。這個夢聽起來沒什麼特別，但由於受過亞歷山大技巧訓練，喬瑟夫十分清楚身體能如何儲存知識和記憶。他請夢主示範一下她是怎麼走的。她在診療室裡來回走了幾圈，喬瑟夫注意到她的走路方式很特別，像芭蕾舞者一樣踮著腳，用腳尖著地，再輕輕踏到足底。當他觀察道，她看起來好像是在避免發出聲音，夢主頓時坐在地上哭了。她想起她十幾歲的時候，她爸爸有陣子非常討厭她走路的方式，罵她像馬一樣咚咚咚的，所以她發明了一種不會發出聲音的走法。探索與父親相關的受傷記憶的同時，她也開始能較自然地走路了，而且發現新的走路姿勢改善了長期困擾她的臀部疼痛。身體經常守著某些祕密，能將它們告訴你。

用身體演出你的夢

- 實際做一次你在夢裡的動作、姿勢或手勢，也許有些部分甚至可以誇大一點。
- 注意此過程中浮現的任何細微情緒或身體感覺。
- 完成後，記下你的體驗。

象徵之舉

有時候，我們會夢見燈塔般指引我們的意象——一個精闢捕捉了我們需要的解決之道或長久追尋的價值的意象。昭示它們的重要性是我們敬重和讚揚自己內在智者的方法。你可以畫下這個意象，買一個相似物件，或用某種象徵之舉向織夢人傳達你已經聽見而且重視它給你的訊息。舉例來說，一位四十二歲的女士夢見：

口紅

我回到了大學裡，正在寫一封字斟句酌的長信給校方，問他們能不能開放在校園裡擦口紅。

夢主是個很含蓄、從不化妝的人。把別人的注意力轉向自己會令她感到衝突。她一方面希望自己的才華被看見和肯定——她是個很有才華的人——另一方面又覺得出鋒頭好像是絕對不可以的，就算只是要她適度宣傳自己也會令她百般焦慮。她發現這個夢優雅地點出了她的一個主要衝突。為了對夢表示敬意，也允許它的影響繼續發酵，她走到附近的藥妝店，花時間挑了一支口紅。實際上，她是在給予自己她在夢裡向「校方」尋求的許可。需要注意的一點是，買口紅並不是在鎖死夢的意義，而是利用與織夢人所用的相同象徵來進行的一種儀式性動作。

❖不被理解的夢會一直只是件發生過的事，理解後，它就成了現在進行中的生活。——榮格

一位年輕人作了個異常迷人的夢，此夢總結了他生活的一個大主題，也讓他看出他態度上的問題。夢主先前從事表演工作，但在疫情期間失業了，面對那些叫他「該長大了」、「找份正經工作」的嚴厲批評，他夢見：

錦鯉

我在一個有錢的叔叔或伯伯家，感覺像一場末日浩劫後。我們沒有食物，一個阿姨要我去池塘裡抓一條錦鯉出來殺，否則大家就要餓死了。我必須違反自己的意願做這件事，滿心愧疚與不安。我伸手到冰涼的水裡，抓出一隻滑溜的魚，然後徒手將它弄死。那感覺非常真實，非常感官，我甚至能感覺到我的指甲戳進活生生的魚身裡。我把錦鯉帶回屋子裡。結果一進門，魚就變成了一隻血流不止的垂死小狗。

錦鯉以聰明、有感情，尤其是那一身珠寶般的花色聞名。牠們是中國及日本文化中富貴和福氣的重要象徵，並不被視為食物。人們飼養牠們是為了能欣賞牠們的美麗，不需要牠們提供任何其他東西。織夢

人警告夢主，如果只考慮「現實問題」，他會為了配合外在標準而犧牲自己敏感細膩、充滿才情的一個部分。夢主特別喜歡狗，所以夢中令人心碎的小狗使他意識到了這一切對他的意義。錦鯉變成他心中的一個重要意象，提醒他什麼是他最重視、必須優先考慮的東西。為了紀念此夢，這位夢主選擇在手臂上刺了一個美麗的錦鯉刺青——這是屬於他的一個標示自己珍惜織夢人訊息的象徵之舉。

創造一場儀式來紀念對你有重要意義的夢

- 夢是否在邀請你採取行動？你能用這個夢「做」什麼？
- 有沒有什麼方法能紀念這個夢對你的重要性？
- 你能否用某種象徵之舉標示你聽見了夢的訊息？

換個新觀點

我們夢中充斥著非自我的元素，這些元素會反對或挑戰夢自我的觀點——通常也就是我們醒時的觀點。資深榮格分析師羅伯特・博尼克（Robert Bosnak）作過一個清醒夢，凸顯了夢中角色的看法能和清醒自我相差多遠。博尼克在夢裡想叫輛計程車，但那個司機異常不合作，他終於沮喪地對司機大吼：「你是我夢裡的角色耶！」司機露出「你在說什麼笑話」的表情，二話不說就開走了——他才不接受夢自我自以為有的權威！這個夢令博尼克印象深刻，他再度體認到心靈中有許多獨立於意識的部分，包括我們夢裡的那些「異己」。[4]

我們夢世界的居民有它們自己的觀點。清醒生活中，我們可能誤會別人的意圖、想法或立場，同樣地，夢自我也可能誤會夢中人物。在夢的世界裡，這些人物就像我們自己一樣真實，因此不妨帶著好奇和尊重認識它們，一如認識任何初打照面的人。你也可以嘗試轉移觀點，從這些角色的立場看事情。前述喬瑟夫對夢中闖入者的重新認識就是個好例子，說明過度認同夢自我有時會遮掩夢的關鍵意義。喬瑟夫的夢自我和清醒的他一樣，認為闖入房子的人可能造成威脅，所以第一反應是自我防衛。然而當這是發生在夢世界裡，我們可以對內在闖入者的觀點感到好奇。

積極想像通常涉及意識與無意識的對話，但我們也可以藉由積極想像「拜訪」夢中居民的立場。如果你覺得夢裡的某個角色特別煩人、駭人或迷人，也許這是夢在邀請你站到它們的立場。想像你是個演員，被分派要演這個角色，然後在想像中重回你的夢，用這個角色的身分重新體驗一次整個故事。這個練習不太花時間，卻可能產生驚人的效果。舉例來說，一位三十四、五歲的女子夢見：

批評

我站在教室前面作口頭報告。凱絲坐在第一排，大聲批評我。

凱絲是夢主高中時期很欣賞的同學。清醒生活中，凱絲是位親切熱心的朋友，因此夢裡的批評起初讓夢主覺得被凱絲背叛，非常難過。但當她試著用凱絲的角色重演一次這個夢，她發現凱絲一直在刺激她誠實一點。「啊！」她恍然大悟，「她是為我好嘛！」她意識到這個夢和她現在面對的一件事有關：她害怕被批評，所以沒有真正說出她自己的意見。

有些夢不一定適合用這個方法來重新體驗——例如喚起強烈痛苦情緒的夢。如果你想探討的是這樣的夢，或許可以等到有心理師陪伴時再嘗試，或改用其他方法。

從非自我角色的觀點重新體驗一個夢

- 放鬆，閉上眼睛深呼吸幾次。回想近期令你在意的一個角色出現的夢。
- 在心裡開始從頭播放這個夢，像部電影一樣。但這次要想像你不是夢自我，而是令你在意的那個角色。試著用那個角色的身分重新體驗夢裡發生的一切，盡可能徹底融入它的立場。
- 站在此人（或動物）的角度，你看見什麼？你身上穿著什麼？有什麼情緒或想法？和夢自我的互動給你什麼感覺？
- 完成後，記下這個角色眼中的「另一版故事」及你的省思。

這個練習可以利用完形治療中的「兩張椅子」（two-chair）技巧來加強。一位碩士生夢見：

狼

我在鄉間的一座大房舍裡，和一些同學跟老師來作田野調查。我正在廚房裡幫大家煮飯，發現兩隻狼在廚房門外徘徊。其中一隻用後腳站立，前腳搭在門上。我打開門，一隻狼轉頭看我——牠的臉是一個年輕女人的臉。

夢主說看見毛皮亂糟糟的人面狼令她感到震驚與憐憫。她擺好兩張椅子，先坐在「我」的椅子上（她覺得很刻意和尷尬），問道：「你是誰？你想要什麼？」然後移動到「狼女」的椅子，說：「這是我生活的地方，我本來就能在這裡。」夢主的驚恐逐漸轉為佩服，後續對話中，她發現狼女自豪地以她原本的模樣生活在這片土地上，而她自己最初的憐憫其實是一種錯誤的上對下眼光。練習結束後，夢主意識到她之所以想幫大家煮飯，是因為她在夢中或碩士學程中都覺得自己格格不入。她經常以提供服務的方式來「換取」待在一個地方的資格。

利用「兩張椅子」技巧來幫忙

- 將兩張椅子面對面擺好。
- 坐在「我」的椅子上，說出你的一個疑問、感受或想法。可以用表情和手勢來輔助。
- 移動到「夢中角色」的椅子上，從它的立場回答。心中浮現什麼就說什麼，一樣可以自然運用肢體語言。
- 在兩張椅子之間來回，直到你的兩個部分想說的話都說了。實際移動有助於區分這兩個部分，肢體語言能強化它們各自的觀點——即你內在衝突的兩個觀點。這能協助你透過聲音、情緒和動作更充分體會你心裡的另一種見解。

前述兩種方式都需要允許想像力幫我們填補夢中未明說的部分。夢工作中，每當你發現少了某個資訊，可以問自己：「我的想像力對此怎麼說？」

你可能擔心這會不會將自我的觀點強加到夢上，然而當我們汲取想像力，這是在向與夢相同的源頭取水。當我們沉浸在夢的氛圍裡，嘗試從非自我角色的眼睛看事情，我們其實已經潛入了夢從中升出的那個想像世界，因此某種意義上，此時浮現的任何片段都是屬於那個夢的東西。

寫下來

夢日記就像心的儲蓄帳戶，你寫進去的「存款」會生出心靈、情緒和認知的利息。如同前述的「兩張椅子」技巧，你可以用筆進行一場夢自我與非自我角色的對話。試著以非慣用手書寫無意識的回答，或者盡可能迅速地寫，來蓋過自我的批判衝動。你的目標是讓無意識暢所欲言，可以自由實驗什麼作法對你而言最有效。

你在記錄夢的時候已經對此累積了一些經驗——你將夢寫下來，變成了夢文本。人們經常會問，用什麼樣的方式記夢最好？應該把聯想、回憶或模糊的細節包含進去嗎？開始寫夢後，我們經常會冒出令自己意外的想法，例如夢房子的牆好像是粉紅色的，或者夢松鼠看起來很壞。把這些都寫進去吧！你之後還有很多時間能回顧或客觀分析。

讓夢日記陪你探索想像之國

若你想透過書寫與無意識對話，可以試試這些作法：

- 先以慣用手寫下夢自我對夢的反應或疑問，再把筆換到非慣用手上，等待非自我角色的回答。

- 畫一條直線把紙分成左右兩半，一邊給自我用，另一邊給非自我角色用。
- 讀出你寫下的對話，讓它們成為有聲音和身體感受的經驗。
- 盡可能飛快地寫，不要讓手停下來，就算寫的是無意義的話或「我不知道要寫什麼」也沒關係。手眼並用很能刺激大腦，到最後心中一定會有些什麼浮出來。

前傳與續集

想像你的夢是部電影，如果它有前傳或續集，那會是什麼樣子？有些夢開始時，動作已在進行，彷彿你晚了幾分鐘進影廳，沒看到開頭。讓你的想像力告訴你「前面在演什麼」可能為夢增加更多層次的意義。

讓我們以一位五十三歲女士的夢為例：

救起的章魚

我救了一隻章魚，為了不讓牠乾死，把牠裝在一袋水裡。這隻絕頂聰明的動物只能暫時屈居這個狹小的袋子裡，無法動彈。我說話安撫牠，摸摸牠。有個時刻，牠伸出了一條觸手，看起來就像長長的象鼻。我決定幫牠做個室內小水池，或至少買個像樣的水族箱。雖說我可能救了牠，但我現在照顧牠的方式不對。

為了理解織夢人的訊息，夢主覺得她必須對先前發生的事有點概念——她怎麼救了章魚？章魚當時在哪裡？是什麼狀態？怎麼變成那樣的？她允許她的想像力說話，看見章魚攤在一片水泥地上，動也不動，非常虛弱，附近完全沒有可能是牠家鄉的海。雖然這不是來自夢本身的資訊，但這個想像前傳讓她能更深入與她心中的意象互動。

同樣地，我們也可以——套用一句榮格的話——「把夢作下去」。我們可以想像一個夢後續的各種結局或新章。以前述章魚的夢為例，也許夢主會想像她帶著章魚走下海灘，輕輕將牠放進浪花裡，或者送章魚到能妥善照顧牠的當地水族館去。很有可能，這些想像結局之一會讓我們切身領悟到為何夢並未呈現出這個行動。如果你作的夢就像常見的那樣沒有結局，你可以為它想像一個結局或後續。

想像夢的前傳或續集

如果夢由一個讓人摸不著腦袋的意象展開，或以一個吊人胃口的意象終結，你可以試著想像它的前傳或續集來探索其意義。

- 你是怎麼來到這個初始處境的？
- 你覺得夢的開頭之前可能發生了什麼？
- 如果夢的結尾充滿懸念，你想像接下來會發生什麼？

夢日記練習方向

為你的夢中角色寫一篇小小的角色自傳，描述它在夢的故事開始之前——或結束之後——的遭遇。

每個夜晚，織夢人都為我們遞出玩耍的邀請。它編織出令我們吃驚的奇異處境，將水火不容的意象擺在一起。它希望被我們理解和重視，希望我們認真與它互動。有時候，我們怎麼也解不開一個夢，但即使那樣，我們永遠能用積極想像來更深刻**體驗**它。

第十二章

實踐：如何用鑰匙解一個夢

不妨將每個夢視為完全陌生的物件：從各方面觀察它、把它拿在手上、帶著它出門、讓你的想像力在它周圍玩耍、對其他人說起它。

——榮格

前面章節中，我們收集了許多鑰匙，即解鎖夢之意義的技巧。在這最後一章裡，讓我們將所有鑰匙拿出來，試試怎麼用它們打開一個鎖住的夢。以下範例選的是個能同時用上本書多種技巧的夢，就讓我們一把一把應用手裡的鑰匙，看看各個方面的理解如何逐漸疊加成一幅立體的詮釋。這位夢主是位四十多歲的金工創作者，曾在遭遇親密伴侶暴力後走過一段療傷時期。她正在考慮轉換職業和換個城市生活，也開始嘗試發展新的感情。

戰狗

我在一個堆滿塵封古物的地下洞穴。一個男人和我一起，我不認識他，但並不介意他在旁邊。我們找到一個襁褓中的女嬰。我在黑暗中抱起她，將她摟在胸前。我們走向出口的隧道。男人舉起火把，照亮洞穴的天花板，指出一個燒過的痕跡給我看：「天花板有燒過痕跡的人一定不能信任。」我看見黑暗中有什麼在動，有東西跟著我們。他從黑暗中現身，像墨一般黑，彷佛是黑暗做的。他高大魁梧，全身彷佛被黑色塑膠或鎧甲包覆。他的頭髮像髒辮或觸手——也可能那不是頭髮，而是頭盔或頭飾。但他的眼睛是人類的眼睛，有著深藍色的瞳孔。他有張精緻的臉，叫人移不開視線，我在想他是不是遠古神明或外星人。他走向我：「把她交給我，我是來保護她的。」我倒抽一口氣，後退了幾步，把手上嬰兒抱得更緊。跟我一起的男人拉著我跑進隧道，逃離黑暗人。我們奔跑著，男人在隧道裡放火，把煤油澆在地上，一出洞穴便將火把朝洞裡扔，讓洞穴燒起來。我們走入黑夜，我回頭看，看見黑暗人的身影在火舌中移動。一轉眼，男人、小孩和我變成在古董店裡。店裡很擠，滿是灰塵，因為這間店好幾年不曾對外開放了。男人說：「這是我爸爸的店。」小孩長得比較大了，兩腿勾在我腰上，讓我抱在前面。男人問我：「你想黑暗人到哪去了？他會找到我們嗎？」他問的同時，我感覺到黑暗人胸膛結實的肌肉撞上我的背。一陣混亂。火冒出來，玻璃碎裂，一部分屋頂塌了，傾盆大雨打在我們身上，但黑暗人在替我們擋雨。忽然，我們置身古董店後方的巷弄裡，小孩又長大了，現在是少女模樣，牽著我的手。黑暗人站在幾步遠的前方，和夜色混在一起，另一個男人不知去哪了。女孩捏捏我的手，說：「你不用保護我，他不會傷害我。」我看著黑暗人走過來，朝她伸出手。女孩看著他，笑著接過那隻手，另一手仍然牽著我。「我們是一樣的，」她對我說，「我們是戰狗。」

跳入對夢豐富的聯想前，先注意這個夢給你的**感覺**。神話般的意象、強勁的敘事和情緒的衝擊使得此夢充滿原型意義。像這樣的夢往往發生在人生重要轉捩點或交叉口。

我們立刻發現，這個夢在評論**內在世界**——夢中人物皆非夢主清醒生活中認識的人，因此個人聯想可能不會太多。這麼一來，**主觀解夢層次**以及**功能解釋**和**原型放大**應該會對理解這個夢很關鍵。

讓我們一步一步來。

我在一個堆滿塵封古物的地下洞穴。

內在幕啟時，我們在地底下。夢的**時空背景**讓我們想到黑暗的冥界——一個無意識的典型**象徵**。這個地方堆滿了「塵封古物」，將我們的注意力轉向**過去**的心靈材料。**想像這發生在現實中**——如果我們在生活中真的找到這麼一個洞穴，會有什麼感覺或想法？也許會覺得這是個好多年都沒人來過的地方，可能有人在這裡藏了什麼祕密，但後來忘了它。

讓我們前進到**原型放大**。這幅地下場景令人想到神話和童話中裝滿寶藏的洞窟。中東故事《阿拉丁》（*Aladdin*）講述一位年輕人被指示到一個祕密洞穴去，裡面滿室的金銀財寶碰也不能碰，只能取回洞穴深處的一只舊油燈。安徒生童話《打火匣》（*The Tinder Box*）也有個類似的動機：有位士兵被巫婆說服到一個藏滿財寶的樹洞去，想拿走多少財寶都可以，唯一的條件是有個小打火匣必須帶回來交給她。兩個故事裡，最珍貴的都是外表最樸素的東西。如我們所知，油燈裡住著能實現人們願望的精靈，而打火匣只要一擦出火星就能喚來神奇的狗，能完成打火匣主人交代的任何任務。也許夢主的地下空間裡也藏著看似不像寶藏的寶藏。

一個男人和我一起，我不認識他，但並不介意他在旁邊。我們找到一個襁褓中的女嬰。

夢的**時空背景**和**初始處境**現在交代完成了：夢自我和一個不認識的男性角色一同在某個地下空間發現了一個女嬰。這個男性角色並非源自夢主個人生活的意象，我們可以假設他是正面的**阿尼姆斯**，尤其是因為夢自我「並不介意他在旁邊」。

一個嬰兒——「孩童」——是可以**放大**到許多神話、童話及宗教主題的原型**象徵**。榮格曾寫道：

> 孩童動機的一個本質特色是其將來性：小孩是潛在的未來。因此，個人心理學中的孩童動機一般總是代表展望未來——即使乍見之下像是回頭看。生命是流動的，它不會靜止、不會退後，只會不斷往前流。所以說，神話救世主經常有著孩童形象並不奇怪。這完全符合我們在個人心理學中的經驗，經驗告訴我們「孩童」總是預示著即將發生的人格轉變。個體化的過程中，孩童預告了一個尚未出現的內在角色，即人格的意識與無意識元素整合後產生的角色。是故，孩童是連起兩極的象徵。它是中介者，一個促成療癒和帶來完整的角色。[1]

夢中的小孩帶出**終極目標**——小孩代表**未來**的潛力與可能性，並可能是**自性**的化身。摩西的故事**放大**了這個主題。《出埃及記》中，法老下令殺死所有以色列人新生的嬰孩，摩西的母親於是將剛出世的摩西放在一個草籃子裡，讓他沿著尼羅河漂到法老的女兒總是會去洗澡的地方，結果法老的女兒真的收養了摩西，在宮廷裡將他養大。沒有母親的孩子**象徵**了注定會走向命運的神聖小孩。如同摩西，夢中嬰兒也並未被夢自我拒絕，反而成為她保護的對象。

功能解釋告訴我們，「嬰兒」（baby）是剛出生的無助人類幼兒，需要他人照顧與保護。我們也會用此字來形容「寶貝的」、「幼弱的」或「剛開始的」事物。同樣地，當心靈中誕生了新的態度，它的嬰兒期需要我們呵護。它從一片無意識的黑暗中浮現——我們常以子宮、洞穴或深海**象徵**這個生命出現的地方。

> 我在黑暗中抱起她，將她摟在胸前。我們走向出口的隧道。

夢自我立刻接收及接納了嬰兒，她選擇**上前**接近新的生命與潛力，絲毫沒有遲疑，似乎顯示一種正向發展。另一方面，**放大**讓我們知道，想占有及帶走無意識地底的聖祕潛力總是需要付出某些代價。愛神厄洛斯（Eros）與賽姬（Psyche）的神話裡，賽姬為了與愛人重逢，必須到冥界去取裝有冥后美貌的一個金盒子，然而打開盒子的踰越之舉使她一度陷入死亡般的昏睡中。

嬰兒與夢主同樣是女性，因此或許代表她較稚嫩、未發展的一個**陰影**面向。她的哪一部分被放逐到地底下？這個嬰兒是否指向她的**過去**，代表她多年以來都悄悄藏著的某部分靈魂？又或者代表她心靈裡不久前才開始發芽的某個潛力？這個有力的象徵能讓我們考慮許多可能性。

> 男人舉起火把，照亮洞穴的天花板，指出一個燒過的痕跡給我看：「天花板有燒過痕跡的人一定不能信任。」

此夢的**戲劇結構**很清楚，**動作**開始推進，出現了一些轉折。夢自我抱起女嬰，**阿尼姆斯**照亮洞穴，三人準備逃出去——**阿尼姆斯**扮演著經典的嚮導角色，用意識的光照亮黑暗的處境，讓夢自我看見前方的路。謎樣的**台詞**指出天花板燒過、暗示這個地下領域的主人不可信任，也是夢文本中第一次提到火和燃燒的重複動機。

從**解釋**來看，「天花板」（ceiling）也指「上限」，口語中會用「撞到天花板了」（hit the ceiling）來表示暴跳如雷，「被燒」（get burned）則有被騙或被利用的意思。**文字遊戲**和一語雙關有時能讓我們豁然明白夢在說什麼。

> 我看見黑暗中有什麼在動，有東西跟著我們。他從黑暗中現身，像墨一般黑，彷彿是黑暗做的。他高大魁梧，全身彷彿被黑色塑膠或鎧甲包覆。他的頭髮像髒辮或觸手——也可能那不是頭髮，而是頭盔或頭飾。但他的眼睛是人類的眼睛，有著深藍色的瞳孔。他有張精緻的臉，叫人移不開視線，我在想他是不是遠古神明或外星人。

持火把的男人一說起不能信任天花板燒過的人，黑暗人**就**現身了。阿尼姆斯將夢自我連向聖祕、黑暗的心靈內容。黑暗人的出現使局面**漸趨緊張**。我們透過**放大**發現，他的形象猶如神祕莫測的冥王黑帝斯（Hades）——一個相當古老、有力，與地下的駭人力量相連的神祇意象。人們能自由進入陸地、海洋、天空，卻無法自由進入冥界。占星術中，冥王星經常被與巨大力量的無預警爆發連在一起。

持火把的男人和黑暗人是不是分裂的**阿尼姆斯**意象，即內在陽性的兩個極端呢？又或者，也許黑暗人與**自性**——我們心底的超個人力量——之暗面有關？他引起的強烈敬畏和陌異感使後者顯得頗有可能。夢主描述這段夢境令她**感覺**到恐懼。在夢裡，**恐懼**時常指向被意識放逐的內容。

> 他走向我：「把她交給我，我是來保護她的。」我倒抽一口氣，後退了幾步，把手上嬰兒抱得更緊。

夢的舞台上現在有四個人物，兩男兩女。根據榮格的看法，**四象徵**了結構上的完整。我們注意到他們站在敵對的兩邊——一邊是夢自我、陰影和阿尼姆斯，另一邊是更黑暗深層的原型真實。夢呈現出幾組**兩極對立**的意象：儘管某個意義上都屬於地底世界，但高大魁梧的黑暗人與襁褓中的小嬰兒恰好相反；照亮洞穴的阿尼姆斯也與這個黑暗如墨的角色相反。

夢自我與她的**阿尼姆斯**夥伴開始**轉身**逃離黑暗人——黑暗人彷彿她心靈中被自我拒絕的一切的縮影。**夢自我的態度**是認為黑暗人可怕，因此不願把嬰兒交給他。但這種態度正確嗎？黑暗人果真是敵人嗎？很多時候，織夢人對此的看法表現在非自我角色的**台詞**中。黑暗人告訴夢自我，他是來保護嬰兒的，但持火把的阿尼姆斯和夢自我決定逃走。我們須得繼續看下去，才能判斷夢自我最初對黑暗人的**恐懼情緒**有沒有根據。

> 跟我一起的男人拉著我跑進隧道，逃離黑暗人。我們奔跑著，男人在隧道裡放火，把煤油澆在地上，一出洞穴便將火把朝洞裡扔，讓洞穴燒起來。我們走入黑夜，我回頭看，看見黑暗人的身影在火舌中移動。

戲劇張力持續升高。**阿尼姆斯**鼓勵夢自我和嬰兒逃跑，並點燃隧道。這**重複**並加劇了先前出現的火燒動機，也凸顯出阿尼姆斯與黑暗人的對立。夢自我現在對黑暗人**翻臉**，和持火把的男人一起企圖燒死他，然而黑暗人並未葬身火中。**放大**使我們想到聖經中「但以理三友」的故事，講述三個希伯來人拒拜巴比倫王的金像而被扔進火窯，卻能在火窯中行走——與一個被指認為「上帝之子」的人一起——而毫髮無傷。不怕火燒的黑暗人**象徵**心靈中一種無法被毀壞的永恆真相。

> 一轉眼，男人、小孩和我變成在古董店裡。店裡很擠，滿是灰塵，因為這間店好幾年不曾對外開放了。

古董店既是突然跳出來的新場景，也是對**初始地點的重複**：一個滿是塵埃與古物、被遺忘多年的地方。夢自我、男人、小孩**一**逃離洞穴，**就**來到一間塵封多年的古董店。夢似乎在說，當夢自我用逃避來處理衝突，她只會抵達一個和原本處境差不多的處境。雖說**翻臉**和**轉身**的動作都沒解決內在衝突，我們似乎還是看到了一點進展。「古董店」是販售珍稀古物的地方（**解釋**），就算目前還不「對外開放」，至少說明有些被壓抑的心靈內容已逐漸被重新認識價值，並搬回地面上。地點的轉換似乎對應到一段內在成長的過程，以愈來愈清晰的意識探討同一個主題。

> 男人說：「這是我爸爸的店。」小孩長得比較大了，兩腿勾在我腰上，讓我抱在前面。

阿尼姆斯形象說出他與**父親情結**有關。也許夢主可以想想看她的內在父親有何特性、與夢的主題如何相關。她把父親連結到某些從前的珍貴態度或價值嗎？現在嬰兒已經來到地上，並且快速長大。我們發現夢自我**一**收復內在小孩（**陰影？**）並將之帶到意識的天光下，她**就**開始飛速成長，更顯示出她是此夢中代表終極目標的意象。以不尋常速度成長的小孩意象有原型意義，我們可以將之放大到希臘神話中的信使神赫密士（Hermes）——故事描述他出生後幾小時就發明了世上第一把里拉琴（lyre），並能以之奏出優美的樂音。

男人問我：「你想黑暗人到哪去了？他會找到我們嗎？」他問的同時，我感覺到黑暗人胸膛結實的肌肉撞上我的背。一陣混亂。火冒出來，玻璃碎裂，一部分屋頂塌了，傾盆大雨打在我們身上，但黑暗人在替我們擋雨。

觀察夢中台詞及其與戲劇動作的關聯，我們發現其中有對稱和重複。黑暗人第一次現身前，男人說到不能信任「天花板有燒過痕跡的人」。現在他問起黑暗人，黑暗人又出現了。持火把的男人連結到黑暗人，比後者先來並喚出後者；黑暗人一被提到就會現身。

先前的夢境中，持火把的男人表現出他支持夢自我，現在黑暗人也藉由保護夢自我和小孩展現他是支持他們的。我們又一次感覺到，夢在反映一段內在成長過程。夢最初的衝突漸漸有要解決的樣子了。

夢發展到了危機，即戲劇結構中的高潮。第一景在倉皇逃跑和火燒隧道中結束，現在我們看見一片混亂、火、碎裂的玻璃。每次夢自我一與黑暗人有接觸，舊的結構就會被摧毀。夢中第二座指向過去的心理建物，即父親的古董店，也無法倖存。

忽然，我們置身古董店後方的巷弄裡，小孩又長大了，現在是少女模樣，牽著我的手。黑暗人站在幾步遠的前方，和夜色混在一起，另一個男人不知去哪了。

第三景以**新的地點**展開，夢自我走出室內，來到露天的巷弄間。**陰影／原型小孩**長成了少女，她已有自己的立場，但仍與夢自我相繫。

另一種看待夢中小孩神奇成長速度的方式，是將之視為一段長期發展歷程的象徵。有些夢會以一幅**人生全景式**的畫面同時回顧**過去**並展望**未來**，此夢可能也是一個例子。從這個角度看，或許夢在評論夢主過去這十四、五年（少女的年紀）的一段個人成長——十四、五年有什麼開始了嗎？又或者，夢主自己這個年紀時有什麼重要課題未完成嗎？

持火把的**阿尼姆斯**不在場景中，或許因為他的功能已被整合。他似乎在帶領夢自我逃出地底後就完成任務、不再需要指引她了。

> 女孩捏捏我的手，說：「你不用保護我，他不會傷害我。」我看著黑暗人走過來，朝她伸出手。女孩看著他，笑著接過那隻手，另一手仍然牽著我。她對我說，「我們是一樣的，我們是戰狗。」

保護的主題**重複**出現。觀察**台詞**，我們注意到另一個精巧的對稱。黑暗人最初說過他是來「保護」女嬰的，並在古董店崩塌時保護了女孩和夢自我不受波及，現在女孩則說出與之呼應的：「你不用保護我，他不會傷害我。」

夢中發生了一個**醒悟**時刻——夢自我明白了黑暗人的真實身分及他與女孩的關聯。**夢自我的態度**改變，對黑暗人的恐懼變成意識到自己與他及女孩的連結。夢有一個清楚的最終決定：夢自我不必再將黑暗聖祕的陽性力量和神聖小孩關在心底了。

織夢人總是在嘗試拓展我們的**觀點**，此處，它指出女孩和黑暗人矛盾的一體兩面——他們如此不同，卻又是一樣的。夢中有其他不少**兩極結合**的意象，這些意象的意義是**象徵**的。榮格認為：「象徵由於其性質，本來就能結合兩極，使它們從分歧或對撞變成互補，將牛命塑成有意義的形狀。」[2] 如同導電的銅線，女孩牽起的手連通了夢自我與黑暗人的原型世界，而這也是一個令人想到圓滿、與**自性**相連的意象。

夢的**最後一句話**是一句出人意料的謎樣關鍵**台詞**。「戰狗」或「戰爭之犬」是個文學上的比喻，用被放出來的狂怒狗群比喻開戰或混亂。莎劇《凱撒大帝》（*Julius Caesar*）中，馬克・安東尼（Mark Antony）呼籲人們暴動來為凱撒復仇：「讓天下大亂吧！放出戰爭之犬！」[3] 黑暗人的凶猛保護了女孩的性命，曾經脆弱的女孩現在主張她也有攻擊的能力。愛與彪悍形成了新的一體。

夢會提供**新鮮的觀點**。它們重新平衡我們的心靈天秤或重新整理我們的心靈房舍。它們可能反駁、補充或——較罕見地——證實一種有意識的態度。儘管最初持火把的男人和黑暗人是敵對的，但這個夢並未反駁夢自我的態度，而是**補充**了她沒看到的部分，即她與女孩及黑暗人代表的心靈內容的關係。她當時抱起的嬰兒長大了，而黑暗人變成一股與她相連的保護力量。連結的主題並未推翻夢主或夢自我原先的立場，但讓夢自我更願意**上前**接近無意識的內容。

> ❖我們知道確實會有未知、陌生的事物主動現身，就像我們知道夢和靈感並非我們所造，而是不知怎麼自己升起的。以這種方式來到的事物可以說是某種瑪那（mana）、代蒙（daimon）、神或無意識散發的。——榮格

詮釋

詮釋夢需要整理出一段文字，總結我們所獲得對織夢人訊息的最好理解。不是所有夢都能整理成這樣一段精簡的詮釋，但仔細探索夢的元素能幫助我們熟悉其中部分，並可能藉此建構出一個有條理的完整假設。只有夢主本人能判斷一個詮釋是否精準。

這個迷人的夢例追蹤了夢主與她內在深處幾個部分的關係發展，呈現出一段蛻變的過程。夢的開頭描述在遠離意識的地底有個襁褓中的嬰兒和一個黑暗的化身；飛快成長的嬰兒彷彿象徵夢主這些年來逐漸長出的保護自己和為己出擊的能力。因為夢自我願意拾起嬰兒，她內在的故事開始推進，夢中所有角色都終於來到意識的地面上。發展強大與彪悍需要她認識內在世界那股為保護也為壓制服務的原型力量，現在這股力量與自我有了連結，能夠出現於外在世界，顯示她心中有些部分獲得了整合及改變。也許她已經整合過去被切斷的某些部分，能夠清醒地活出她曾經壓抑的一部分自己。這也使她開始和榮格所謂的自性——那構成她又超越她的人格核心——建立起創造性的關係。

此夢強而有力地描繪出夢主如何重新定向，找到一種更好的態度來面對世界和面對自己。或許這個夢和她從親密暴力創傷中療癒的過程有關。她可能重新連結到了自己的某一面，不再害怕於感情中露出脆弱女孩的姿態，因為那個女孩也能凶悍保護自己。

該你上場了！

現在你已經擁有這些鑰匙，怎麼運用它們最好呢？首先，將記錄夢變成每天起床後的第一件任務！在你看手機或進浴室之前，先拿起你的夢日記和筆，把還記得的夢細節盡可能全部寫下來。如果時間很趕，可以寫下重點筆記，別忘了晚點有時間再回來把細節補完。即使你不特別鑽研你的夢，光是記下它們就能向你的織夢人表示你有在聽。幾週、幾個月、幾年後再回顧，你會意識到這些日記多有意義，記錄了你的內在之旅。

如果你偶爾才記得一個夢也沒關係，用你的夢日記為它們留下紀錄，並試著運用鑰匙打開它們的意義。人們經常忽略「小」夢——一些片段、乍看很平淡「無聊」，或意義好像顯而易見的夢。可別低估意識認為不重要的夢，很多這種小夢能帶來驚奇的洞見。珍惜織夢人送你的每一份禮物。

如果你經常作夢，你可能沒有那麼多時間心力深入探索每一個夢。這也無妨。你可以每週抽出一段時間來和近期的夢工作。選一個印象還很鮮明的夢，一個讓你覺得意象還栩栩如生、承載動力的夢。你可以選帶來最洶湧情緒的夢，或你發現自己最常想起的夢。翻出你的夢文本，從頭讀一遍，讓夢裡的意象和情緒重新活起來。

應用鑰匙

與夢工作的時候，善用你在本書中獲得的鑰匙，不妨參考書末附的鑰匙一覽表。一次使用一把鑰匙，有條理地將這個技巧做完，避免做得太快或跳過那些你覺得「應該不用想」的問題。寫下應用鑰匙時的回答也可能會有幫助。有些鑰匙只適用於特定的夢，不適用的鑰匙就先擱到一旁，不過別太早斷定某把鑰匙一定不適用，假如有機會，就先花一小段時間試試看。夢給我們的洞見很多時候出乎意料，可能來自最奇怪的地方，假如太固守熟悉的思路，有時就會錯過了夢中足以打開我們視野、改變我們觀點的智慧。

開始探索夢的時候，你也許很快就會有種第一想法，覺得這個夢大概是什麼意思。這種第一想法未必是錯的，但通常至少不完整。我們需要對有意識心靈的傾向存疑，因為有意識心靈習慣立刻為夢找到一個整齊的解釋。就算此想法基本上是對的，可能也漏掉了許多夢的訊息。

雖說我們能以任何順序使用鑰匙，但一般從個人聯想開始會比較好。這麼做能形成一個可靠的基礎，捕捉到你的夢意象對你的意義。寫下夢中的所有關鍵元素——人、地、物——問自己：「這個元素對我來說的核心意義是什麼？」之後探討其他問題時，你就能回頭參考你整理好的聯想。打開聯想的鎖之後，挑選另一把鑰匙來試試看，用不同順序解不同的夢有助於維持思路的新鮮，所以建議可以隨機挑選。你可能會找到幾把你最喜歡的鑰匙，但記得不時給其他鑰匙一點機會，來刺激新的觀點。每把鑰匙都是邀請你從不同角度切入這個夢，走向同樣的中心；就像從不同路線爬一座山，總是會抵達同樣的山頂。

與積極想像相關的鑰匙比較特殊一點。它們的目的是幫助你與夢互動、更深刻體驗和感受它的訊息、與織夢人進行更完整的對話。即使還沒機會使用其他鑰匙，你也可以隨時運用積極想像的技巧。

❖夢最典型的就是它飛越時空和憑空創造的能力。然後那睡著的人和羊兒交談，聽見牠們說著人話，聽懂了牠們的羊啼。對於膽敢放鬆舌頭的人來說，夢中有如此新奇、如此寬廣的豐富話題。——辛奈西斯

要使用所有的鑰匙好像是個艱鉅的挑戰，但你不會需要這樣做。通常，使用幾把鑰匙之後，夢鎖上的意義就會打開了。這有點像在解報紙上的填字遊戲，雖然空格很多，最初看起來很難，但你每填完一個字，其他字的線索就變多了。別忘了，你的織夢人是想透過夢與你溝通，因此不會故意把夢弄得很難懂。

一把一把應用你的鑰匙，直到意義浮現——這段過程往往不會需要太久。有些夢無論你怎麼努力，還是感覺參不透。這種時候，你需要承認它神祕的陌異性就是超越你目前的理解，帶著敬意和反思把它放在心上就好了。

有時候，我們要到好幾個月甚至好幾年後才忽然領略某個夢的意義。即使時隔多年還是感覺新鮮和貼切的夢經常承載著重要訊息，關係到我們的生命主題。你可以考慮重訪這些夢，用鑰匙和它們工作。

怎麼知道你「懂了」？

榮格明確表示，唯有夢主能判斷一個詮釋精準與否。真正精準的詮釋不會只讓你理智上認同——覺得這樣似乎說得通——而會引起一種「有感」的認同。榮格寫道，「大部分人……會在詮釋『對了』的時候曉得。會有個感覺告訴你就是這樣沒錯，你找到了對的解讀方向。」[4]這種感覺可能就像「啊哈！」的頓悟時刻，你的身體感受會伴隨豁然開朗而有些微妙的變化。

如果你不確定一個詮釋對不對，問問自己的身體。暫時靜下來，回到身體裡——也許閉上眼睛，做幾次深呼吸——用身體體會這個夢和你現在對它的解讀。把注意力轉向內，花點時間留意幽微的感官感受、身體變化或心中浮出的意象。讓你的身體來回答：這個詮釋感覺對嗎？大部分對了？只有一點點對？完全不對？[5]就算身體的答案是不確定，你也已經努力用整個身心和夢互動了一回，也許織夢人會在下一個夢中用更清晰的意象回報你，或者你會在一兩天後冒出一個意外的洞見。

當你作出了正確的詮釋，織夢人可能用一個同主題但有進展的夢向你證實。一位女士夢見自己和剛成年的女兒在雲雨，覺得很困擾不安，與夢工作使她逐漸認為夢中女兒可能代表止向的陰影人物，象徵她正開始承認的一些珍貴特質。作出這個解釋的隔週，她夢見女兒以英勇戰士的姿態出現，當這個夢中角色回頭看夢自我，夢自我發現她的臉就是自己。第二個夢似乎有力地肯定了夢主對第一個夢的解讀。

同樣地，織夢人也可能用一個夢告訴你某個解讀不對。一位男士夢見他的狗被一隻藍松鴉啄了，當時狗在攻擊另一隻狗。他認為這個夢在談他和太太吵架的習慣。幾天後，他又夢見他的狗，這次是被一隻更大的史前鳥類啄。織夢人似乎在用更強烈的意象把音量提高，讓他知道他沒還沒聽見前一個夢的訊息。

解夢的鑰匙在你手裡。我們非常鼓勵讀者利用附錄的鑰匙一覽表，將之當作確認清單或重點指引。把這些鑰匙真正變成你的東西。隨著你更親近你的織夢人、發現它獨有的習慣模式，也許會找到對你有意義的新問題。盡管寫下你的專屬筆記，記錄哪些鑰匙特別有用或不太有用，加進你的感想、點子和個人改良。就像一本沾上食材痕跡、畫滿筆記的老食譜，我們希望這些鑰匙在你的愛用下變得愈來愈好用。

共享的智慧

當世界上有這麼多問題，花這麼多力氣關注自己的夢彷彿是件自私的事。然而榮格的看法是，個人的心理工作會為集體意識的發展帶來貢獻，直接影響世界的關鍵走向。如果榮格是對的——我們三人相信他是——你我也能透過對夢工作的努力，為所有人類的意識演進盡綿薄之力。

共同經營podcast的數年來，我們三人合力在「空中」解讀了幾百個夢，希望能以此作為一種現代版的分享夢的活動。許多傳統文化中，分享夢在群體生活裡扮演要角。中非的延希人（Yansi）用分享夢來協助決定全族大事；巴西的夏凡提人（Xavante）會在成年禮上分享夢。[6]分享夢的時候，我們在共有的無意識領域相逢，想起彼此之間的連結，一起從所有人共享的神祕地下泉源汲取智慧。我們三人抱持信念想像著，我們的集體心靈可能如何隱隱地、慢慢地被每週參與這場神聖夢分享的數萬聽眾朋友改變呢？

夢有超越個人的意義；夢工作清清楚楚是在與心靈互動。心理分析師麥克斯・澤樂（Max Zeller）在二戰後拜訪榮格。世界如此動亂，開始懷疑自己志業的澤樂對榮格講述了他的一個夢：

> 一座無比龐大的神廟正在建設中。我放眼望去——前、後、左、右——只看見無數的人在立一根又一根巨大的柱子。我自己也在一根柱子旁工作。整個建築工程才剛起步，但地基已經打好了，其他部分正要開始蓋，我和其他人為之努力著。

榮格說：「對呀！我們都在蓋這座神廟。我們不認識其他人，因為——相信我——他們在印度、中國、俄國，在世界各地。這就是我們的新宗教。」[7]榮格在指出一種集體心靈的新進展。這個夢是世界各地所有努力推動意識演進的人們的夢。夢連結我們與存在的超個人本質，提醒我們自己是宇宙的孩子。探索你的夢時，你也在為建築世界心靈的新聖殿出一份力。

你的堅定盟友

從童年、少年、青年到成年，夢幫助我們預見挑戰和回應個體化的召喚。即使到了生命盡頭，夢也溫柔引領我們回家。安寧照護工作者知道，人們在臨終前經常夢見已逝的心愛親人，這些夢非常鮮明且令人安心。[8]

榮格在過世前幾週作了個夢，「他看見『另一個波林根』沐浴在光線中，一個聲音告訴他這裡已經完工，可以住進來了。然後他看見遠遠的底下有隻母狼在湖裡教小狼潛水和游泳。」波林根是指榮格在蘇黎世湖畔的波林根村（Bollingen）建造的一棟湖濱石屋，是他隱居和沉思的地方。榮格的合作者與傳記作家芭芭拉．漢娜（Barbara Hannah）觀察，在他人生最後這段時期，榮格「之前就時常夢到『另一個波林根』，每次完工程度都不同，他總說它在無意識裡，在另一個世界中（in the Beyond）。」[9]榮格的夢要他放心，告訴他肉體消亡後的那深不可測的國度裡已經有個家在等著他。

榮格意識到織夢人從他最早的歲月就陪著他。他驚嘆於童年的夢——始自三、四歲那時——給他的啟發。「那時是誰在對我說話？」他在人生末尾寫道，「誰對我談起我那些遠超過我知識的問題？」[10]用靈魂的神祕語言對我們說話的內在他者就是編織夢的那部分我們。你的內在也住著這麼一位古老神祕的智者。它觸碰永恆，將每個人與無限連在一起。你手上已經拿著通往內在國度的鑰匙，一趟生命最棒的冒險在門的另一邊等著你。

鳴謝

本書在二十多年前就已於無意識的深土中種下，當時麗莎、喬瑟夫和黛比還是受訓中的榮格分析師候選人。成為榮格分析師的冒險好比在童話世界中遇見各種象徵上的驚奇和驚恐——有魔法師，有怪獸，有奇幻城堡——一路披荊斬棘闖入心靈的魔域。我們能找到路都要多虧我們的老師、督導，以及尤其是每週陪伴我們度過突破與崩潰的諸位心理分析師。

我們要向三位細讀本書並悉心回饋的特別讀者致上滿滿的謝意：榮格分析師琳達・雷納德（Linda Leonard）與派蒂・考克蘭（Pat Cochran），以及完形治療師黛寶拉・烏曼（Deborah Ullman）。感謝我們的家人在我們每月參加研討會、半年會以及無數埋頭書堆筆墨的時候忍受我們實際上的缺席。黛比想感謝她先生包容她這陣子在家也時常不見人影，而且願意興趣勃勃地閱讀及建議她的初稿、二稿，以及四稿。麗莎想感謝她先生在她窩在書房工作、忘記所有家事分工的時候給她的耐心與支持，也感謝她兒子對這本書和夢的熱情與興趣。喬瑟夫想感謝黛比和麗莎活躍的視野、過程中的不變信心、她們的智慧，以及半夜丟他窗戶拉他一起出來玩的石頭。

我們要特別感謝在出版路上指引我們穩健前進的幾位博學嚮導。我們的經紀人亞卓安娜・史提摩拉（Adriana Stimola）總是肯隨時接電話，回答我們的疑問並提供有熱情加持的引領。我們在Sounds True出版社的編輯海文・艾佛森（Haven Iverson）犀利為我們提點方向，感覺如此自然和正確，簡直像我們自己心中浮出的一樣；她的敏銳建議讓這本書精益求精。

一直以來，和我們一同工作的案主深化了我們對夢的理解。他們從過去到現在都是我們所做一切的核心，從過去到現在都以無數方式推動我們——心理治療過程較少被提起的一項事實是這些掏心掏肺的工作如何挑戰、感動、捲入、改變了治療者。我們非常感謝和欽佩他們願意為了協助看不見的他人學習和成長，而與我們分享他們的夢。

最後，感謝各位讀者——所有陪伴和幫助我們經歷這趟旅程的人。我們知道在這些努力中我們並不孤獨。

附錄一

如何記得你的夢

想要收穫夢工作的果實，我們需要能夠想起夢，或至少一些夢。讀者可能已是個多產的作夢者，不過即使你現在就能想起很多夢，相信以下訣竅也能幫忙你增進回想和記錄夢的技巧。

回想及記錄夢

大部分人每週至少能想起一兩個夢，但二〇二一年的一份民調指出，約有三分之一美國民眾表示自己從來不記得或非常少記得夢。[1]我們最常被問起的問題之一就是「我要怎樣才能記得夢？」研究顯示，人每天晚上都會作不只一個夢；想不起夢的時候，我們可能會覺得好像被自己的織夢人——被自己的靈魂——拋棄了。然而，夢其實就像地下水，就算表面看不見，它們也一直都存在。即使我們每天起床後都不記得夢，編織夢的心靈部分依然在底層活躍著，為我們量身打造最合適的美麗訊息。只要掘得夠深，你就能找到它們。

就算你甚少或從來不記得夢，也有一些可以開始改變這點的步驟。最關鍵的包括睡飽睡好、下定決心想要記得夢，以及準備一本專用夢日記，每天早上把你記得的任何東西寫下來。如果試了以後發現還不夠，別擔心！還有很多可以嘗試的訣竅。我們將所知最好的幾項整理如下列。

1.下定決心開始記得夢

織夢人就像一隻忠狗——就算你都不理牠或沒餵牠，牠還是永遠忠於你。甚至當你對牠很暴躁，牠還是每天搖著尾巴跑來接你回家。但若你開始餵牠、拍拍牠的頭，牠會用十倍的愛回報你，因為牠一直都耐心期盼你的關注。同樣地，當你開始將注意力轉向你的織夢人，它會非常慷慨地回報你。織夢人隨時都在你的內在等著你。很多時候，僅僅是對自己承諾要開始記得夢，就能激發回想夢的能力。無論用什麼方式，試著努力朝夢的方向伸出你的手。

2.幫自己買本夢日記

如果你還沒有夢日記，現在就為自己買一本。線圈筆記本是不錯的選擇，因為它們不會自己合起來，而且可能最容易坐在床上寫。不過只要你覺得合用，任何形式都可以。就算只是去路口的文具行買，也盡量為這項行動賦予儀式感——你的夢日記是個神聖的物件。選個吸引你的顏色，顏色會喚起無意識的感覺。你可以考慮買一本像中世紀魔法書的漂亮皮革手札，或者有鮮豔拼貼的手工日記本。但並不是一定要花大錢才能讓你的夢日記變得特別，重要的是你心裡的決定。

你可以考慮買支特別的筆，例如筆尖發光、適用於黑暗中書寫的筆。這樣夜裡醒來也能簡單記下夢，不需要打開燈弄醒自己或睡在身旁的人。

有些人比較偏好用電腦打字記錄夢。雖說這可能也行得通，但有個大缺點。夢記憶通常是很脆弱的，醒來後幾分鐘就消散了——光是從床上爬起來、開機、打開文字檔，夢記憶可能就不見了。你也可以考慮使用為手機設計的夢日記App，其中不少支援語音輸入，因此也能用說的把夢記下來。電子紀錄的額外好處是方便標記或搜尋，如果你想查找某個人物或意象出現的夢，能夠簡單地一次找到。但使用App會需要一起床就拿起手機，也許這會令你分心或被訊息干擾。另外，拿筆寫字很能刺激手腦連結，有些人覺得這種放慢步調的「老派作風」更能幫助他們在寫的同時想起更多細節。你可以實驗看看哪一種方法對你而言最好，最能協助你留住夢。

3.每天早上都寫點什麼

讓自己養成每天醒來第一件事就是拿起夢日記的習慣。寫下任何你記得的夢的片段，無論多模糊、多破碎都沒關係。有時候我們醒來只記得夢的一角，但隨著開始寫，腦中就浮出了更多細節。如果你不確定夢中的人是不是你大學室友，允許你的直覺帶領你。就算是小小的碎片中也可能藏有夢的智慧；今天寫了一些什麼經常代表明天會記得更多。反過來說，斷定某個夢的碎片不重要就像在對織夢人說我們並不在乎它的訊息。當你決心開始每天記錄夢，你極有可能發現你能記得的夢變得愈來愈多。

為夢下標題是個很好的作法。標題能捕捉一個夢的精髓及凸顯關鍵元素，想要尋找某個舊夢時也會更輕鬆。

想不起任何夢的日子，還是在日記裡留下一些簡單敘述。開頭可以寫「沒想起任何夢」，然後寫下你注意到的任何感覺，尤其是身體或情緒感覺。

有時候，夢記憶會忽然被什麼東西喚起，例如當天稍晚某人對我們說的一句話，或收音機正好在播的一首歌。如果你在跟老闆開會的時候忽然閃現昨天夢的殘片，盡量試試有沒有辦法寫個小筆記，通常幾個字就足以幫助你晚點再慢慢回想和記錄它。

入睡前，你可以於日記中寫幾句對這一天的回顧——你今天都在注意什麼或擔心什麼？或者讀讀童話故事、詩集或其他能讓心靈的神話詩（mythopoetic）層次動起來的素材。請你的織夢人給你一個夢，承諾你會把它記下來。織夢人通常會回應意識聆聽的努力。

你愈是經常寫下夢，回想夢的能力會變得愈好。當我們記錄和探討自己的夢，織夢人會精神抖擻起來，更喜歡送訊息來，因為它知道這些訊息會被聽見及關注。夢工作就像在與織夢人持續交談。當你有記錄夢和與夢互動的習慣，夢會變得更豐沛、更容易記得，往往也更容易理解。這些活動會使我們的清醒生活更加寬闊和活潑，我們能從中吸收使我們深思的神祕問題、察覺我們原先也許忽略的事、有意識地體會夢事件帶來的靈魂撼動。

4. 畫下你的夢

即使你不是藝術家，也試試看在每天醒時畫下夢中意象。簡單的速寫就可能觸動視覺記憶，使更多細節浮上心頭。

5. 尊重睡眠的殿堂

睡不夠或睡眠品質不佳會侵蝕回想夢的能力，試著把睡飽睡好擺在第一順位。盡量維持每天同一時間入睡和起床，確保臥室涼爽、黑暗、安靜。避免在睡前從事會讓情緒激動的活動——對許多人來說，這可能代表不要快半夜了還打開一封老闆寄來的電子郵件。熄燈時間前約一小時開始準備入睡：做些比較柔和助眠的事、放下手機和平板、創造你專屬的睡前小儀式。咖啡因和酒精可能負面影響睡眠，長期使用大麻也是。若你覺得自己的睡眠品質可能受到這些物質妨礙，考慮減少使用量。

6. 有些日子睡到自然醒

鬧鐘可能是夢記憶最大的敵人。雖然在對的時機醒來有時能讓夢記憶特別鮮明，但大部分鬧鐘才不管我們的睡眠週期。可能的話，嘗試每週至少一兩天睡到自然醒。漸進式的鬧鐘也可能有幫助，例如會慢慢亮起的起床燈或其他能柔和喚醒人的鬧鐘，手機上也有一些這類App。

7. 睡前喝點水

學者發現，不要睡得太沉有時似乎能促進夢記憶。[2]睡前多喝一點點水可以幫助我們夜裡自然醒來上廁所，或許有助於記得夢。

8. 考慮利用保健食品

研究顯示，維生素B6可能增進夢記憶力。[3]保健食品中的加蘭他敏（galantamine）成分似乎也對記得夢有幫助。[4]

9. 試試冥想或催眠

有些證據指出，冥想的習慣可以促進記得夢的能力。人們也表示聆聽協助想起夢的催眠療程（dream recall hypnosis）對他們有幫助，線上能找到許多這方面的免費資源。

10. 嘗試自我喊話

利用肯定的話語三不五時對自己信心喊話，例如：「我可以輕鬆想起我的夢。」

11. 想像自己在回想夢

閉上眼睛，想像你早上醒來，剛才的夢境還好清晰、好生動。感受一下這是什麼感覺。想像你自己伸手去拿夢日記，寫下這個夢。每晚睡前進行這種視覺化的想像練習有助於促進夢記憶。

12. 和你的織夢人說話

寫封信給編織夢的那部分自己，告訴它你現在決定要努力關注夢，不管收到的是什麼夢你都想要記下來。帶著敬意讓製造夢的你知道：只要是它願意送來的訊息，你都非常歡迎且珍惜。

或者在睡前對你的織夢人說點話，例如：「希望你今天也能給我一個夢，我很期待早上醒來時可以記得它。」

13. 注意起床的方式

不馬上起床，繼續閉眼躺幾分鐘可能幫助你喚回夢。試著回到睡醒那刻的姿勢——身體記憶可能使夢中光景重新浮現。一個額外技巧是閉上眼睛，想像日出的畫面：這個從無意識過渡到有意識的原型意象可以幫助我們找到一條回到夢之國的絲線。

14. 睡個午覺

很多鮮明的夢發生在午睡時。如果你原本沒有這種習慣，不妨睡個午覺試試看。

15. 設定睡眠時長

學者經實驗發現，人們從睡眠階段中的「快速眼動期」醒來時最容易記得夢。如果你真的怎麼試都想不起夢，可以試試以下辦法。把鬧鐘設定成每一至兩小時會叫醒你一次，在這些短暫醒來的期間，你很可能會想起自己作了夢。寫下幾個字幫助你早上回想夢，然後再回去睡。

16. 嘗試兩段式的「醒來再睡」

清醒夢的研究者發現，有一套「醒來再睡」（wake-up-back-to-bed, WBTB）程序對於產生清醒夢很有效果。這套程序需要我們在睡了大約六小時後起床，保持清醒一段時候——這段時間可以想想以前作過的夢——然後再回去睡到飽。麗莎十幾歲時意外發現「醒來再睡」程序很能促成鮮明的夢，那時她會在清晨起來，趁著人車少時騎腳踏車出門，到了目的地再補足睡眠。這種睡眠週期時常充滿鮮活且容易想起的夢。

認真看待你的尋夢冒險，但可別把它變成苦工了。無意識對歡迎和好奇的態度會做出回應。只要稍加注意並投注努力，你很可能就會發現夢的泉源開始更加自由地流動。

附錄二

鑰匙圈：六十九把關鍵鑰匙

第一章　初衷：成為完整的自己

決心投入夢工作

- 如果你還沒有慣用的記夢方法，現在就為自己設計一套，並開始實行！比如買一本記夢專用的筆記本、下載夢日誌 App，或者布置一個你每天早上寫夢的專屬角落。
- 假如你覺得回想夢很難，可以翻閱書末附錄，試試看有沒有哪些建議對你有幫助。
- 把寫夢當作每天起床後的第一件任務。用現在式書寫，並為夢下標題。

夢日記練習方向

寫封信給你心裡織夢的那個自己，謝謝它引導你。告訴它你衷心想聽它的建言，而且很珍惜它送來的每一份禮物。

第二章　織夢人：你的內在嚮導

和你的織夢人作朋友

織夢人能提供你看待自己的新觀點，指出你可能尚未察覺或不願正視的事。思考夢的時候，試著將它們想像成一位想幫助你的內在嚮導送來的訊息。

別忘了夢是象徵式的

我們夢中的意象不是意義固定的暗號，而是一種象徵。試著避免「解密碼」的思維，改從象徵的角度來看待夢，包括：

- 回想你在夢裡的五感體驗——你在夢世界裡聞到、聽到、看到或摸到什麼？你對這個夢的感覺是什麼？
- 如果說這個夢象徵了你現在的處境，它可能象徵什麼？
- 想像你的夢是部電影。你能否看出其中關鍵的象徵主題？
- 你的夢裡有意義相對固定的象徵嗎？例如樹、海、洞穴、火。
- 夢裡有哪個意象值得查閱象徵辭典嗎？

夢會反駁、補充或證實你有意識的態度

夢通常在告訴你一件你有意識的部分尚不知道的事。想像夢是你遇到某個人生事件後，織夢人寄到你電子信箱的一封信。想想這幾個問題：

- 織夢人要告訴你什麼新情報？
- 織夢人像在激烈質疑你清醒時的態度嗎？
- 織夢人像在為你補充一個你漏看或略過的角度嗎？
- 織夢人像在為你的作法加油打氣嗎？
- 把你的夢放進目前的人生處境來考慮，想想看你的什麼態度可能是織夢人正在嘗試挑戰、修正或表達支持的對象？它為什麼要挑在這時候寄信來？

夢自我的態度未必是對的

我們很習慣透過夢自我的眼光看待夢，但大部分夢中，夢自我的感覺和理解事情的方式都有先入為主的傾向。展開夢工作時，一個很有用的初始步驟就是檢驗這個夢是不是真的像夢自我理解的那樣，考慮這幾點：

- 有沒有可能別種態度才是對的？
- 夢中看起來壞的元素，有沒有可能是在提供有幫助的想法給你？
- 如果先假定夢自我覺得「錯」的事物其實是對的，這能不能給你什麼新的啟發？

夢日記練習方向

想像你現在是夢裡與夢自我對立的那一方，例如飛車黨或鐘錶匠。你怎麼看夢自我遇上的事？你會對它說什麼？

夢談的經常是內在世界

先觀察夢是在呈現內在世界或外在世界，能讓你有個基本方向，更容易找到夢要告訴你的事。判斷的時候，可由下列問題著手：

- 夢裡有你不認識或平時較少互動的人嗎？
- 夢裡有你很熟悉的人，但出現的樣子很不一樣嗎？（例如年紀感覺不一樣、行為怪怪的，或有個本來沒有的特徵。）
- 如果有的話，夢可能就是在刻畫你的內心狀態。這種例子中，建議先假設夢中的每個元素都是在表現你自己心靈的某個部分。

另一方面，

- 夢裡有你熟悉、平時會有互動的朋友、同事或家人嗎？
- 若有，他們的外貌和行為符合平常的樣子嗎？
- 如果是這種情況，夢可能是用這些準確形象來指外在世界的他們，好讓你注意到你未察覺或不承認的互動關係。

想想看夢是否和你遇到的人生問題相關

你的夢和你已經意識到的煩憂有關嗎？沒有的話，可以思考：

- 織夢人為什麼這時候送這個夢給你？
- 作夢前這一兩天，你腦中都在想什麼？
- 你心裡有什麼未解決的疑惑嗎？也許盤桓在你的意識邊緣。
- 這一兩天，發生過任何攪亂你心思的事情嗎？
- 你的夢會不會是針對前述這些事，織夢人要給你的訊息？

第三章　夢的意象：聯想、解釋、放大

解夢總是要從收集個人聯想開始

個人聯想實在非常重要，想理解你的任何一個夢，都會需要先收集你對夢中關鍵元素的聯想。如果夢中出現的意象是對你有特殊意義的東西，個人聯想就尤其不可或缺。

- 先將夢裡出現的人、地、物都列出來，然後逐一針對每項元素寫下你的相關回憶、態度或經驗。
- 這個元素對你而言的核心意義是什麼？
- 它引起你最主要的情緒是什麼？

- 你對它有任何具分水嶺意義的回憶嗎？
- 當聯想對象是你的認識的人，想想看你和他們哪裡像、哪裡不像。
- 如果夢中出現了你不認識的人，這個模糊形象有任何勾起你聯想的特徵嗎？你的想像力告訴你什麼？
- 如果夢中出現了樂手、演員或創作者，他們讓你最先想到的是哪些作品？
- 如果你夢見睡前或這幾天見過的東西，別忘了這些同樣是織夢人使用的象徵材料，也一樣收集你對它們的聯想。

整理好聯想後，試著思考這些事和你目前生活的關係：

- 你心裡什麼部分可能就像這種狀態？
- 你在什麼關係上有類似的互動模式？
- 你在什麼事情上表現得就像夢裡的某個人？

功能解釋可能幫助你理解夢中元素

從零開始回答一種夢中元素是什麼、是做什麼的，有時能讓我們看出織夢人為何要運用這種元素。考慮這幾點：

- 你夢到的這種人或物是什麼？想像你在對一位外星朋友解釋。
- 這種人或物是做什麼的？它通常發揮什麼功能，或扮演什麼角色？

- 從字源來看能給你什麼啟發嗎？
- 你能注意到任何文字遊戲或一語雙關嗎？
- 考慮這個字的額外意義，能否讓你看出織夢人想向你傳達的訊息？
- 可用的意象這麼多，織夢人為什麼偏偏選了這樣東西？它的某個象徵意義和你目前的處境有關嗎？

原型放大能發掘夢更豐富深邃的意義

原型放大讓我們可能看出自己的夢如何呼應著一些自古以來人類共享的主題。任何夢都要優先考慮個人聯想，但在沒有太多回憶或連結的案例中，原型放大可能特別有用。應用這把鑰匙時，思考以下：

- 你的夢充滿洶湧的情緒和聖祕的感覺嗎？若是，它是否屬於從原型國度浮出的一個「大夢」？
- 夢裡有神奇魔幻的元素嗎？這些現實中不存在的東西很可能是原型意象。考慮翻找象徵辭典或上網搜尋來發現相關意義。
- 你的夢會使你聯想到某個神話或童話故事嗎？熟悉這類故事或許能帶來幫助。
- 你夢裡的「平凡」元素可能有神話根源嗎？理解這些面向能否幫助你放大擴充對此夢的思考？

第四章　不可靠的夢自我：內在世界的奇幻邂逅

想像這發生在現實中

將夢的處境放進現實生活裡設想，可能會對解夢有幫助。問自己：

- 如果這是生活中發生的事，我會怎麼想？
- 我會有什麼感覺或反應？
- 這讓我多明白了什麼事嗎？
- 如果夢中處境真的發生，會影響我哪方面的生活？

注意夢是否點出了人格面具問題

織夢人的訊息有時關係到人格面具，即我們用來面對他人的各種樣子。

- 夢可能是在告訴你這類問題嗎？例如你過度緊抓某個面具，或在某個地方找不到面具？
- 如果夢中處境讓你覺得缺乏準備或格格不入，這是否對應到某個現實處境？
- 如果夢自我有服裝打扮，這和你生活中的哪個角色有關嗎？
- 如果你夢見自己赤裸或衣不蔽體，這是否涉及你找不到「對的面具」而感覺暴露或無所適從的現實處境？
- 夢是否展現了太虛偽或太僵化的人格面具？

尋找情結的意象

- 你夢見的意象是否和總是觸動你糾結情緒的領域有關？夢也許是在追蹤一個熟悉的情結。
- 夢自我有何反應？這和你在此領域的典型反應有何關聯？
- 夢如何呈現自我與情結的關係？
- 如果你夢見父母，想想看這是否在表現你的父母情結——你自己心靈作業系統的一部分。
- 夢自我和夢中父母的關係如何？
- 這和你與實際父母的關係哪裡相似或相異？
- 夢是否在刻畫你的作業系統對你清醒人生的影響？
- 夢中的情結意象是否演變了？怎麼個演變法？

留意夢對你內在世界的關係怎麼說

- 夢自我的初始態度是什麼？它相信或認定什麼？夢中有證據顯示這樣想沒錯嗎？
- 夢中哪些角色或事件與夢自我對立？它們可能代表什麼價值或態度？
- 夢自我和其他夢元素的關係是什麼？它在夢裡的動作算是上前、翻臉或轉身？
- 夢自我的動作是否呼應了你處理內在衝突的方式？
- 夢是否揭露了逃避內在衝突的傾向？

夢日記練習方向

夢中反對、挑戰或驚嚇夢自我的元素是什麼？想像一下，你覺得它想要什麼？夢自我對它有何固定想法或成見？

尋找心理防衛機制的意象

- 夢是否在描繪你的心理防衛機制，即你的心自動維持某種自我形象的方法？織夢人怎麼評估它？
- 夢顯示這種心理防衛機制造成問題了嗎？它是否變得太僵化或妨礙你擁有創意、活力或親密？

第五章　情緒：織夢人的調色盤

注意夢是否傳遞了情緒

- 夢中的情緒有突然改變嗎？新的情緒來自哪裡？是夢自我以外的元素嗎？
- 如果夢自我以外的元素表現出強烈情緒，夢是不是在將這些情緒傳給清醒的你，以拓寬你對你情緒的意識範圍？
- 夢中的強烈情緒可能對應到你壓抑已久或尚未察覺的感覺嗎？夢是不是在幫助你更有意識地掌握這些感覺？
- 這些情緒關係到你目前生活的哪方面？過去生活的哪方面？

夢中的正向情緒通常可以信任

- 正向感覺的夢通常可以直接理解為好的意涵，除非有證據顯示並非如此。
- 這個夢像在肯定你走的路沒錯嗎？像在鼓勵你挺過困難的時期嗎？
- 夢中的正向感覺能協助釐清曖昧的意象嗎？
- 有證據顯示正向感覺對於夢中處境極不恰當嗎？如果有，夢可能是在警告你一件你的意識嚴重低估危險性的事。

夢裡的悲傷可能打開深鎖的心房

悲傷難過的夢通常是在邀請我們更深刻感受這類情緒，將之整合進意識裡。

- 這個夢是否讓你比平時更容易感覺難過？或許它能幫助你哀悼你不曾允許自己哀悼的傷痛。
- 如果夢呈現了一個令人傷心的處境，但你沒有感覺，那也沒關係。先記下這個夢，也許你日後能嘗試接近這些情緒。
- 引起悲傷的夢或許能協助你自我疼惜。

夢日記練習方向

夢的哪部分令你難過？仔細描述它，特別記下與情緒相關的細節。如果夢中傷心的是一隻動物、小孩或某個受傷的角色，你有什麼話想對它們說？要是它們能開口，你覺得它們會說什麼？

生氣的夢可能代表你在以發怒逃避成長，或者憤怒能幫助此刻的你

夢自我的憤怒可能揭示織夢人對你態度的看法。如果夢中的你在生氣，想想看：

- 夢自我在氣誰？
- 夢自我在氣什麼？
- 夢自我的憤怒是否是種自我防衛？為了逃避你無意識的某個面向？
- 夢自我的憤怒協助夢中危機獲得解決了嗎？還是使事情鬧得更僵？

嫌棄的夢可能指向羞恥感和自我厭惡，或代表嫌棄有其必要

當夢自我對某事感到嫌棄或噁心，織夢人可能是在展示你討厭或引以為恥的自己。

- 令夢自我反感的是什麼？
- 這可能代表你鄙視或拒絕的某部分自己嗎？也許你能考慮接納及整合它？
- 夢中問題有要解決的樣子嗎？
- 如果有的話，反感是不是促使夢自我積極行動？

害怕的夢往往指出自我對某個內在部分的態度有誤

夢自我害怕的元素經常象徵著我們視為禁忌危險的某個內在部分，它挑戰我們對自己的認知，因此我們害怕面對它。

- 夢自我和夢中可怕元素的關係如何？
- 你覺得這個元素現身可能是為了告訴你什麼？
- 夢中問題有獲得解決的跡象嗎？若有，夢是否提示了你能用什麼新態度面對你害怕的部分？
- 噩夢帶來的強烈恐懼是織夢人喚起我們注意的方法。當你作了噩夢，想想看它可能是要讓你注意什麼。

第六章　夢劇場：結構與動力

注意時空背景和初始處境

留意夢的時空背景和初始處境。它們通常是夢文本的頭一兩句，很可能協助你看出織夢人的意圖，也速寫出夢在討論的心靈疆域。可以思考：

- 背景地點是否指向生活中的某個領域？夢可能在談這個領域嗎？（例如辦公室的夢可能在談工作領域。）
- 你對背景地點有個人聯想嗎？
- 你能利用解釋或放大來發現背景地點更深的意義嗎？
- 初始處境中，有哪些人物在場？男女兩邊平衡嗎？哪些事在發生？

觀察夢中的主要動作

注意夢開始之後有哪些主要動作，即劇情的主要發展。

- 夢自我得知哪些新訊息？
- 這些發展與開頭和結尾有何相關？
- 場景變換了嗎？新的地點與初始地點有何異同？這可能是指你內在的另一部分或另一處境嗎？

找到夢中的危機

- 夢中的高潮是哪件事？
- 織夢人在強調什麼？
- 什麼受到威脅？
- 什麼變化已經發生或者必須發生？

注意夢的結局以及有沒有最終決定

- 夢發展到最後是懸而未決，或導向某種解決之道？
- 若是後者，這代表什麼樣的態度變化？
- 最終處境和初始處境有何不同？
- 夢文本的最後一句話是什麼？你能將之視為織夢人對夢中問題的解答嗎？
- 夢最後的畫面是什麼？喚起何種情緒？與夢的主題有何關係？

- 如果故事最後懸而未決，哪些問題有待解開？什麼處於懸置狀態？

觀察你在夢裡演的是什麼角色

- 夢自我扮演的是什麼角色？例如英雄、領袖、受害者、追隨者、旁觀者、魔術師、中間人、愛人？
- 這個角色能對應到你清醒生活的哪方面嗎？
- 夢有暗示這個角色有任何問題嗎？

夢日記練習方向

你在夢中演出何種角色？在生活中哪方面你扮演著類似角色？採取此姿態在夢中有用嗎？在清醒生活中呢？如果沒有，怎麼說？

利用「一……就……」結構

在夢中，順序經常意味著因果關係。

- 當夢中有兩件事接連發生，我們可以假定前面的事某種意義上導致了後面的事。
- 同樣地，場景的突然轉變可以視為是緊鄰在前的事造成的。有因必有果，利用「一……就……」結構來看待夢事件有時能打開新的理解。

尋找夢中的重複

注意夢在角色或情節安排上的重複。

- 尋找夢中是否重複出現了同樣的字詞、意象、主題、人物、顏色、數字……等等。
- 織夢人可能想藉此強調什麼？
- 哪些看似迥異的元素可能有關聯？

思索夢中是否有誇飾或幽默成分

- 夢中有極度強烈的意象嗎？
- 織夢人是不是在利用誇飾來強調某一點？
- 夢的調性是詼諧的嗎？希望你在會心一笑的同時收到了織夢人的訊息！

注意夢是否呈現了醒悟，即發現重要真相的瞬間

- 夢自我有發現原來不知道的重大訊息嗎？
- 這項發現是否讓夢自我從被動或無為轉向了主動作為？
- 新的知識帶給夢自我什麼改變？它現在的情緒狀態是什麼？
- 這項發現可能和你清醒生活中的新意識有關嗎？
- 你清醒生活中就快意識到的是什麼？

留意夢中的台詞，包括夢自我和非自我角色說的話

- 在夢中，非自我角色說的話可能是織夢人要向你強調的訊息。
- 夢自我說的話有時能讓你清楚看見織夢人眼中的自我態度。

想想夢中是否有兩極對立的意象

夢中的相反意象可能揭露心靈中的兩極拉扯、失衡問題，或創意兼容方法。

- 哪些元素可能代表相反或相對的兩極？
- 它們之間的關係如何？
- 夢自我與它們的關係又如何？它有比較害怕或親近哪一方嗎？
- 這種矛盾出現在你人生的哪方面？

夢的結構像二聯畫或三聯畫嗎？

- 如果你的夢包含兩、三個看似斷裂的場景，想想看織夢人是否在從不同角度評論相同主題。
- 這些場景有何共同點？找到共同主題可能協助你明白織夢人想說什麼。
- 如果假設這些場景都在描繪同一件事，你會想到什麼？
- 這個主題和你目前生活的哪部分可能有關？

夢的結構像樂曲嗎？有主歌、副歌、橋段？

- 如果你的夢包括許多場景，可以注意不同場景的共同點，觀察能否找到如主歌副歌的反覆模式。你的織夢人也許在利用樂曲式的結構傳達意義。
- 哪幾個場景可能有共同主題？不同主題的場景如何串在一起？
- 這種連接方式是否透露某種因果關係？
- 這些主題和你現在的生活有何相關？

遇上連鎖反應夢時，試著感受夢的情緒色調

- 你的夢中充滿跳來跳去的混亂意象嗎？
- 遇上這樣的夢，試著感受夢的情緒色調。你在清醒時有經歷過類似情緒嗎？

第七章　時間與終端：過去、現在、未來

探索夢中的舊日意象

如果你夢見來自過去的元素，可以思考：

- 那個時期的你生命中遭遇了什麼？
- 你目前有遇過類似的主題嗎？

- 你現在的行為模式是否屬於某個較早的時期？
- 那個時期有留下某些你未完成的課題嗎？
- 如果你夢見新生兒，十個月前的你生活中發生了什麼？
- 如果夢裡有個孩子，你在那個年紀或大致同樣多年前有沒有發生什麼重要的事？

夢日記練習方向

描述你夢見的那個時期。當時的你是什麼樣子？過著什麼樣的生活？和現在哪裡不同、哪裡相同？

注意描繪現在處境的意象

大部分的夢就像一幅快照，捕捉你目前的心理真實。

- 夢像在強調當前處境嗎？它可能想要你注意什麼？
- 你目前有沒有遇到什麼與夢中處境類似的狀況？
- 織夢人對處境的看法是什麼？它邀請你作什麼調整？

記得夢是有展望功能的

就像天氣預報一樣，夢能告訴我們目前條件下的可能發展。如果你作了好像在預報未來的夢，可以思考：

- 夢認為接下來會發生什麼？

- 它可能在警告你嗎？或者在預示一種正向發展？
- 這個夢的展望帶有什麼樣的情緒色調？
- 這個夢感覺像在艱難時期給你安慰或樂觀的肯定嗎？

人生全景式的夢能協助你回顧生命主題

同時指涉過去、現在與未來的夢可能是在提供一幅人生全景，展示重要的心理主題。

- 夢是否指出了你現在的狀態、你是如何來到這裡以及你將去向何方？
- 它對你的過去和未來說了什麼？
- 這個夢是否展示了某些貫穿你人生的主題？

尋找代表終極目標的意象，尤其是當解夢遇到瓶頸的時候

夢中最陌生驚奇的元素往往承載著夢的主要訊息。

- 夢中哪裡有令人詫異的意象？
- 夢自我對它的反應是什麼？有擺出防衛姿態嗎？
- 你能否嘗試不帶預設地認識這個謎樣的部分？
- 這個元素可能關係到你目前生活的哪方面？

第八章　陰影：內在放逐

夢中的同性人物可能代表你不想承認的內在面向

- 當夢中出現與你相同性別的人物，想想看它們有沒有可能象徵了你嘗試壓抑或否認的陰影特質。
- 夢對這些特質怎麼說？它們在夢裡順利成功了嗎？
- 如果夢中出現一個你清醒生活中不喜歡或令你生氣的人，你是否在此人身上看見了被你放逐的討厭特質？什麼特質可能是你需要從內在深處收回的？
- 夢是否透露了你抗拒自己這些部分的慣用方式？
- 你近來在什麼事情上有遇到這些陰影元素？

夢中的朋友和手足經常代表我們不允許自己擁有的特質

當你夢見同性的朋友或手足，想想看他們是否承載了你的某個陰影部分。

- 此人的什麼特質容易讓你百感交集？是你不允許自己擁有的一種態度或價值嗎？
- 你在清醒生活中會嫉妒此人嗎？嫉妒什麼？這可能指出你不曾允許自己開發的一種潛力。
- 你有什麼欠缺發展的面向可能是這個人代表的？
- 這些主題和你最近生活的哪部分有關？

尋找陰影中的正向潛力

陰影中充滿了我們一旦意識到，就能用於正向目標的潛力。

- 夢中的陰影角色展現了什麼你可以有意識發展的特質、態度或潛力？
- 夢自我是否在抗拒陰影？以什麼方式？
- 這個陰影角色能在什麼方面成為你的盟友或嚮導？
- 織夢人可能在邀請你重新思考什麼事？

夢日記練習方向

即使陰影角色看起來令人不敢靠近或不敢恭維，它一定有些能教你的東西。想想看那是什麼，也試著探討這個角色指向你心裡的什麼潛力。

注意夢中否定生命的意象

原型陰影在夢中會展現為與生命力對立的東西，造成恐怖的夢或甚至噩夢。作這種夢時，可以思考：

- 這個夢可能在描繪你內在何種妨礙生命的動力？
- 這種動力在影響你生活的什麼方面？
- 夢提示了任何應付它的方法嗎？

想想看夢是否照出了你不自覺的陰影作為

- 夢自我有做出糟糕、討厭或不像你的舉動嗎？
- 你有沒有可能在某件事情上無意識表現出了類似行為？
- 夢是否照出了你想對自己隱藏的某個部分？

發現可能代表原始陰影的夢意象時，試著發揮好奇心

- 夢中有關於腐爛、排泄或其他令夢自我感覺噁心、害怕或羞恥的意象嗎？它們可能代表你不被自己理解和接受的陰影部分。
- 夢怎麼呈現你對待這個部分的方式？
- 它有暗示你能怎麼和這個部分作朋友嗎？

第九章　阿尼瑪與阿尼姆斯：尚未實現的我們

想想看夢中的異性人物有無可能代表阿尼瑪／阿尼姆斯

阿尼瑪／阿尼姆斯是我們未實現的潛能化身，是一個承載強勁魅力的意象，很多時候以一個異性人物的樣子在我們夢裡登場。

觀察正面阿尼姆斯在夢中擔任什麼角色

如果讀者是女性，夢見一個比較正面的男性人物，可以思考：

- 它在這個夢裡擔任什麼角色？例如幫助者、陪伴者、指導者？
- 它為你帶來什麼解藥？
- 它可能代表什麼內在特質？邀請你擁抱自己的什麼部分？
- 夢的主題與你目前的生活有何相關？阿尼姆斯是來幫忙你面對外在挑戰的嗎？鼓勵你大膽創作的嗎？引領你探索內心的嗎？
- 夢自我怎麼回應阿尼姆斯？態度是開放的嗎？

觀察負面阿尼姆斯的模樣及與你的關係

夢中黑暗、危險、恐怖的異性人物可能象徵阿尼姆斯，此時可以注意：

- 這個人物是全然負面的嗎？夢真的呈現它會傷害夢自我，或只是夢自我擅自這樣想？
- 如果它在攻擊夢自我，這是否呼應了你攻擊自己的某種傾向？譬如某種批評自己的習慣方式？
- 夢自我怎麼回應它？
- 這個內在人物有弔詭的成分嗎？它是否一面打壓你一面要求你成長？
- 它來到意識面前，是不是為了要意識轉化它？

看見阿尼姆斯遞出的與陰影連結的邀請

- 如果夢中同時出現了可能象徵阿尼姆斯的異性人物和可能象徵陰影的同性人物，它們之間的關係是什麼？
- 夢自我和它們的關係各是什麼？
- 阿尼姆斯像在鼓勵夢自我承認這種陰影特質嗎？
- 阿尼姆斯和陰影的關係如何反映在你目前的生活中？

夢日記練習方向

注意陰影角色的特質是什麼——它最惹你生氣或討厭的地方是什麼？你的阿尼姆斯是不是在邀請你重新感受或收回這些特質？

觀察正面阿尼瑪在夢中的模樣

如果讀者是男性，夢中較正面的女性人物也許代表正面的阿尼瑪，此時可以觀察：

- 它在夢裡擔任什麼角色？例如指點者、滋養者、性伴侶？
- 它為你帶來什麼解藥？
- 它邀請你擁抱自己的什麼特質？
- 夢自我與它的關係如何？拒絕認識嗎？抱持敵意嗎？為它著迷嗎？
- 夢的主題與你目前面對的哪件事可能有關？

- 阿尼瑪像在邀請你拓展內在世界嗎？例如發掘你的更多感性、靈性或生命力？
- 夢自我看起來能開放接納阿尼瑪提供的事物嗎？

注意負面阿尼瑪於夢中的角色

- 阿尼瑪怎麼對待夢自我？這是否呼應了你對待自己的一種方式？
- 它代表一個你不必接受的內在批評嗎？
- 它希望夢自我怎麼樣？
- 它要求夢自我作出什麼行動、改變或犧牲？這可能對應到清醒生活的什麼事？比方說，它是在要求你捨棄某種已經不適合的態度嗎？

留意阿尼瑪是否在鼓勵你與陰影連結

當夢中同時出現了可能代表阿尼瑪以及代表陰影的元素，可以思考：

- 它們在夢裡的關係是什麼？
- 夢自我和它們的關係各是什麼？
- 阿尼瑪可能是在邀請你與陰影互動嗎？
- 這個夢和你目前的處境有何關聯？

夢日記練習方向

夢裡代表陰影的元素有何關鍵特質？它什麼地方令你生氣或討厭？阿尼瑪如何邀請你和它連結？

結合的意象反映了內在世界的關鍵發展

當你夢見相反兩半的結合，這可能反映了某種深刻的內在整合。

- 你的夢中有婚禮或夢自我與愛人的結合嗎？
- 如果夢呈現出夢自我與阿尼瑪／阿尼姆斯的結合，想想看這是否象徵某種內在關係的重要進展。
- 夢中的交媾可能象徵心靈上的融合或整合。

第十章　自性：引領之心

自性在夢中可能化為治療者的形象

- 你的夢中出現了醫生、心理師或其他任何治療者嗎？也許這個人物象徵自性的療癒功能。
- 這個人物如何幫助你邁向療癒和成長？
- 你的生活什麼方面與這個自性的意象相關？

自性可能以孩童形象出現在夢裡

- 你的夢裡有小孩或嬰兒嗎？
- 這個意象是否帶給你強勁的情緒？它有沒有可能具有超越自我的意義？
- 夢裡的小孩是否象徵了朝向完整和成長的驅力？

自性在夢裡有時會化成一個陪伴我們的靈魂嚮導

- 你的夢中有老師、智者或靈魂嚮導似的人物嗎？
- 夢中有機智的老者出現嗎？也許它會扮成你想不到的樣子。
- 這個夢可能是你內在的引領之心在聲援你嗎？

夢日記練習方向

在你夢中，夢自我的觀點是什麼？靈魂嚮導的觀點又是什麼？它們的見解哪裡不同、哪裡相同？

夢中的神奇動物也許是自性的象徵

帶來聖祕感的夢中動物可能是自性的意象。

- 你夢見的動物是否喚起敬畏感？
- 它是否表現出不尋常的行動或超自然的能力？
- 你的織夢人為何挑這個時刻送這個意象給你？

自性可能以宗教意象出現在夢裡

- 你的織夢人是否在運用某個宗教意象表現自性的超個人力量？
- 這個夢是否喚起深深的敬畏或一種始終被支持的安心感？

自性也能以黑暗恐怖的一面出現

自性也能在夢中展現為嚴酷無情的毀滅力量，令我們不安或懼怕。

- 夢中的自性意象可能是在反對自我的何種態度？
- 它指出了你清醒生活中的某種問題態度、困境或死路嗎？
- 它在要求你承認或尊重自己心底的超個人力量嗎？
- 這個夢是不是在試圖糾正自我和自性的失衡關係？

自性在夢中能展現為圓滿或中心的意象

夢中象徵完整或圓滿的意象可能暗示自性。

- 你的夢裡有圓、球、環、樹、蛋、金、城市或其他類似的意象嗎？這些都可能代表自性。
- 你的夢帶來了強勁的情緒衝擊嗎？夢中的自性意象經常引起敬畏感。
- 夢中有帶來鼓勵或慰藉的意象嗎？
- 你為何在這個時刻夢見這個意象？

第十一章　積極想像：把夢作下去

積極想像能幫助我們在清醒生活中與夢互動

你可以利用下列步驟進行積極想像：

- 找到一個你不會被打攪的時間和空間。你可以關掉手機、鎖上門，或去一個確定不會有人突然衝進來的地方。你會需要至少半小時。
- 用某種小儀式來標示這是積極想像的專屬時間，也標示你現在進入了開放的狀態，例如點根蠟燭、拿一個特別的物件、坐到一個特殊的位子上，或聽一首能幫助你進入狀況的靜謐音樂。
- 聚焦——這可能需要閉上眼睛，深呼吸幾次。你可以眼睛朝著一幅圖畫但放鬆視線，或想像自己搭乘一台電梯下到很深的地方，同時慢慢呼吸，將焦點轉向內在。
- 回想你所選擇的夢意象或其他意象，在心中持續觀察這幅畫面，直到畫面自己開始動。如果你的注意力跑掉了，溫柔地將它帶回意象上。
- 對夢中人物提出你的問題或想說的話。「你是不是想告訴我什麼?」是個不錯的一般問題。
- 聆聽這個人物的回答，照原樣接受它的回答，現在不用追究邏輯、反駁或懷疑它——你之後會有很多時間做這些！先持續進行對話，直到對話有完成的感覺。
- 在夢日記裡記下你的體驗和省思。

畫出、雕出或捏出你的夢

- 用任何手邊的藝術媒材呈現出你的夢。
- 允許自己盡情玩耍，享受這段過程。
- 別為了作品有沒有藝術價值煩憂，你是在藉由這種方式更深刻與你的無意識互動。

用身體演出你的夢

- 實際做一次你在夢裡的動作、姿勢或手勢，也許有些部分甚至可以誇大一點。
- 注意此過程中浮現的任何細微情緒或身體感覺。
- 完成後，記下你的體驗。

創造一場儀式來紀念對你有重要意義的夢

- 夢是否在邀請你採取行動？你能用這個夢「做」什麼？
- 有沒有什麼方法能紀念這個夢對你的重要性？
- 你能否用某種象徵之舉標示你聽見了夢的訊息？

從非自我角色的觀點重新體驗一個夢

- 放鬆，閉上眼睛深呼吸幾次。回想近期令你在意的一個角色出現的夢。
- 在心裡開始從頭播放這個夢，像部電影一樣。但這次要想像你不是夢自我，而是令你在意的那個角色。試著用那個角色的身分重新體驗夢裡發生的一切，盡可能徹底融入它的立場。

- 站在此人（或動物）的角度，你看見什麼？你身上穿著什麼？有什麼情緒或想法？和夢自我的互動給你什麼感覺？
- 完成後，記下這個角色眼中的「另一版故事」及你的省思。

利用「兩張椅子」技巧來幫忙

- 將兩張椅子面對面擺好。
- 坐在「我」的椅子上，說出你的一個疑問、感受或想法。可以盡管用表情和手勢來輔助。
- 移動到「夢中角色」的椅子上，從它的立場回答。心中浮現什麼就說什麼，一樣可以自然運用肢體語言。
- 在兩張椅子之間來回，直到你的兩個部分想說的話都說了。實際移動有助於區分這兩個部分，肢體語言能強化它們各自的觀點——即你內在衝突的兩個觀點。這能協助你透過聲音、情緒和動作更充分體會你心裡的另一種見解。

讓夢日記陪你探索想像之國

若你想透過書寫與無意識對話，可以試試這些作法：

- 先以慣用手寫下夢自我對夢的反應或疑問，再把筆換到非慣用手上，等待非自我角色的回答。
- 畫一條直線把紙分成左右兩半，一邊給自我用，另一邊給非自我角色用。
- 讀出你寫下的對話，讓它們成為有聲音和身體感受的經驗。

- 盡可能飛快地寫，不要讓手停下來，就算寫的是無意義的話或「我不知道要寫什麼」也沒關係。手眼並用很能刺激大腦，到最後心中一定會有些什麼浮出來。

想像夢的前傳或續集

如果夢由一個讓人摸不著腦袋的意象展開，或以一個吊人胃口的意象終結，你可以試著想像它的前傳或續集來探索其意義。

- 你是怎麼來到這個初始處境的？
- 你覺得夢的開頭之前可能發生了什麼？
- 如果夢的結尾充滿懸念，你想像接下來會發生什麼？

夢日記練習方向

為你的夢中角色寫一篇小小的角色自傳，描述它在夢的故事開始之前——或結束之後——的遭遇。

延伸資源

關於夢的著作

Boa, Fraser. *The Way of the Dream: Conversations on Jungian Dream Interpretation with Marie-L ouise von Franz*. Boston: Shambhala, 1994.

Bosnak, Robert. *A Little Course in Dreams*. Boston: Shambhala, 1998.

Bulkeley, Kelly. *An Introduction to the Psychology of Dreaming*. Santa Barbara, CA: Praeger, 2017.

Gendlin, Eugene T. *Let Your Body Interpret Your Dreams*. Wilmette, IL: Chiron Publications, 2004.

Hall, James A. *Jungian Dream Interpretation: A Handbook of Theory and Practice*. Toronto: Inner City Books, 1983.

Johnson, Robert A. *Inner Work: Using Dreams and Active Imagination for Personal Growth*. San Francisco: Harper & Row, 1989.

Jung, C. G. *Dreams*. Translated by R. F. C. Hull. Princeton, NJ: Princeton University Press, 2010.

Klerk, Machiel. *Dream Guidance: Connecting to the Soul Through Dream Incubation*. New York: Hay House, 2022.

Shields, Leland E. *Dreamwork: Around the World and Across Time—An Anthology*. Nevada City, CA: Blue Dolphin, 2008.

Taylor, Jeremy. *The Wisdom of Your Dreams: Using Dreams to Tap into Your Unconscious and Transform Your Life*. New York: Jeremy P. Tarcher, 2009.

Whitmont, Edward C., and Sylvia Brinton Perera. *Dreams, a Portal to the Source*. London: Routledge, 1991.

象徵辭典

Biedermann, Hans. *Dictionary of Symbolism: Cultural Icons and the Meanings Behind Them*. New York: Meridan Books, 1994.

Chevalier, Jean, and Alain Gheerbrant. *A Dictionary of Symbols*. Translated by John Buchanan-Brown. New York: Penguin, 1997.

Cirlot, Juan Eduardo. *A Dictionary of Symbols*. New York: New York Review of Books, 2020.

Cooper, J. C. *An Illustrated Encyclopaedia of Traditional Symbols*. New York: Thames and Hudson, 1987.

de Vries, Ad. *Dictionary of Symbols and Imagery*. Amsterdam: North-Holland, 1974.

Ronnberg, Ami, and Kathleen Martin, eds. *The Book of Symbols: Reflections on Archetypal Images*. Cologne, Germany: Taschen, 2010.

網站

原型象徵研究線上資料庫（The Archive for Research in Archetypal Symbolism），aras.org/

收藏了大量與原型相關的意象，使用前須先加入會員。

「夢學院」（Dream School），thisjungianlife.com/enrollpage/
我們設計的一套為期十二個月的夢工作線上課程。

「跟著榮格聊人生」官網，thisjungianlife.com/
在這個每週更新的podcast中，我們三人嘗試從榮格心理學的觀點出發，聊聊生命中的各種主題。其中每集都有個解夢環節，我們會從聽眾寄來的夢當中挑選一個進行討論，你也可以透過官網首頁把你的夢寄給我們！

App

Elsewhere Dream Journaling
安全、非公開的記夢工具，可以記錄和查閱你作過的夢，觀察夢的意義是否有模式或演進。

Temenos Dream
一個幫助你分析夢的App，也提供使用者交流的空間。

引文出處

序章　冒險的召喚

1. C. G. Jung, *C. G. Jung Speaking: Interviews and Encounters*, ed. William McGuire and R. F. C. Hull, Bollingen Series (Princeton, NJ: Princeton University Press, 1987), 231.
2. C. G. Jung, *Man and His Symbols* (Garden City, NY: Doubleday, 1964), 160.
3. Murray Stein, *Jung's Map of the Soul: An Introduction* (Chicago: Open Court, 1998), 11.
4. Carolyn Wilke, "Do Spiders Dream? What about Cuttlefish? Bearded Dragons?" *Knowable Magazine*, August 30, 2023, knowablemagazine.org/content/article/living-world/2023/do-animals-dream.

第一章　初衷：成為完整的自己

1. C. G. Jung and Aniela Jaffé, *Memories, Dreams, Reflections* (New York: Vintage Books, 1989), 418.
2. C. G. Jung, *C. G. Jung Speaking: Interviews and Encounters*, ed. William McGuire and R. F. C. Hull, Bollingen Series (Princeton, NJ: Princeton University Press, 1987), 359.
3. Jung and Jaffé, *Memories, Dreams, Reflections*, 218.
4. C. G. Jung, *Man and His Symbols* (Garden City, NY: Doubleday, 1964), 24.
5. C. G. Jung, *The Collected Works of C. G. Jung*, vol. 8, *The Structure and Dynamics of the Psyche*, trans. R. F. C. Hull (Princeton, NJ: Princeton University Press, 1975), para. 50.
6. Jay Bregman, *Synesius of Cyrene: Philosopher-Bishop* (Berkeley: University of California Press, 1982), 60–61.
7. C. G. Jung, "3 June 1936," in *Nietzsche's Zarathustra: Notes of the Seminar Given in 1934–1939*, vol. 2 (Princeton, NJ: Princeton University Press, 1988), 977.
8. Jeremy Taylor, *The Wisdom of Your Dreams: Using Dreams to Tap into Your Unconscious and Transform Your Life* (New York: Jeremy P. Tarcher, 2009).
9. Edward C. Whitmont and Sylvia Brinton Perera, *Dreams, a Portal to the Source* (London: Routledge, 1991), 181.
10. Kelly Bulkeley, *Dreaming in the World's Religions: A Comparative History* (New York: New York University Press, 2008).

第二章　織夢人：你的內在嚮導

1. C. G. Jung, *The Collected Works of C. G. Jung*, vol. 17, *The Development of Personality*, trans. R. F. C. Hull (Princeton, NJ: Princeton University Press, 1981), para. 189.
2. C. G. Jung, *The Red Book: Liber Novus* (New York: W. W. Norton, 2009), 310.
3. James Hollis, *The Archetypal Imagination* (College Station, TX: Texas A&M University Press, 2002), 119.
4. C. G. Jung, *The Collected Works of C. G. Jung*, vol. 8, *The Structure and Dynamics of the Psyche*, trans. R. F. C. Hull (Princeton, NJ: Princeton University Press, 1975), para. 644.
5. C. G. Jung, *The Collected Works of C. G. Jung*, vol. 16, *The Practice of Psychotherapy*, trans. R. F. C. Hull (Princeton, NJ: Princeton University Press, 1985), para. 341.
6. Patricia Berry, *Echo's Subtle Body: Contributions to an Archetypal Psychology* (Dallas, TX: Spring Publications, 1982).
7. C. G. Jung, *Visions: Notes of the Seminar Given in 1930–1934*, ed. Claire Douglas (Princeton, NJ: Princeton University Press, 1997), 406.
8. C. G. Jung, *The Collected Works of C. G. Jung*, vol. 10, *Civilization in Transition*, trans. R. F. C. Hull (Princeton, NJ: Princeton University Press, 197), para. 321.

死亡的夢：象徵意義上的終結

1. Jeremy Taylor, *The Wisdom of Your Dreams: Using Dreams to Tap into Your Unconscious and Transform Your Life* (New York: Jeremy P. Tarcher, 2009), 66.

第三章　夢的意象：聯想、解釋、放大

1. C. G. Jung, *The Collected Works of C. G. Jung*, vol. 8, *The Structure and Dynamics of the Psyche*, trans. R. F. C. Hull (Princeton, NJ: Princeton University Press, 1975), para. 533.
2. Jung, *Collected Works of C. G. Jung*, vol. 8, para. 539.
3. Gayle Delaney, *Living Your Dreams* (San Francisco: Harper & Row, 1981).
4. C. G. Jung, *The Collected Works of C. G. Jung*, vol. 5, *Symbols of Transformation*, trans. R. F. C. Hull (Princeton, NJ: Princeton University Press, 1976), xxv.
5. C. G. Jung, *Letters*, vol. 2, ed. Gerhard Adler, trans. Jeffrey Hulen (Abingdon, UK: Routledge, 1976), 57.強調為原文所有。
6. Job 41:10–1 1, NRSV.

第四章　不可靠的夢自我：內在世界的奇幻邂逅

1. Michael Vannoy Adams, *The Mythological Unconscious* (Putnam, CT: Spring Publications, 2010), 241.

2. C. G. Jung, *The Collected Works of C. G. Jung*, vol. 10, *Civilization in Transition*, trans. R. F. C. Hull (Princeton, NJ: Princeton University Press, 1970), para. 673.
3. Charlotte Beradt, *The Third Reich of Dreams* (Chicago: Quadrangle Books, 1968), 63.

第五章　情緒：織夢人的調色盤

1. Andrea Rock, *The Mind at Night: The New Science of How and Why We Dream* (New York: Basic Books, 2005).
2. C. G. Jung, *The Collected Works of C. G. Jung*, vol. 13, *Alchemical Studies*, trans. R. F. C. Hull (Princeton, NJ: Princeton University Press, 1967), para. 464.
3. Iain McGilchrist, "A Well-Aligned Mind: How to Be Alive," *This Jungian Life*, November 18, 2021, thisjungianlife.com/episode-189-a-well-aligned-mind-how-to-be-alive/.

第六章　夢劇場：結構與動力

1. Fraser Boa, *The Way of the Dream: Conversations on Jungian Dream Interpretation with Marie-Louise von Franz* (Boston: Shambhala, 1994).
2. Edward C. Whitmont and Sylvia Brinton Perera, *Dreams, a Portal to the Source* (London: Routledge, 1991), 73.
3. Boa, *Way of the Dream.*
4. Michael Vannoy Adams, *The Mythological Unconscious* (Putnam, CT: Spring Publications, 2010).
5. Whitmont and Perera, *Dreams, a Portal to the Source.*
6. Patricia Berry, *Echo's Subtle Body: Contributions to an Archetypal Psychology* (Dallas, TX: Spring Publications, 1982).
7. *Merriam-W ebster*, s.v. "anagnorisis," March 20, 2024, merriam -webster .com /dictionary /anagnorisis.
8. Matthew 13:46.
9. Ole Vedfelt, *A Guide to the World of Dreams: An Integrative Approach to Dreamwork* (Abingdon, UK: Routledge, 2017), 91.

房子的夢

1. Deirdre Bair, *Jung: A Biography* (New York: Little, Brown, 2003), 297.

第七章　時間與終端：過去、現在、未來

1. C. G. Jung, *Children's Dreams: Notes from the Seminar Given in 1936–1940* (Princeton, NJ: Princeton University Press), 360.
2. C. G. Jung, *The Collected Works of C. G. Jung*, vol. 16, *The Practice of Psychotherapy*, trans. R. F. C. Hull (Princeton, NJ: Princeton University Press, 1985), para. 297.

3. Jung, *Collected Works of C. G. Jung*, vol. 16, para. 298.
4. C. G. Jung, *The Collected Works of C. G. Jung*, vol. 8, *The Structure and Dynamics of the Psyche*, trans. R. F. C. Hull (Princeton, NJ: Princeton University Press, 1975), para. 493.
5. Jung, *Collected Works of C. G. Jung*, vol. 16, para. 299.
6. Jung, *Collected Works of C. G. Jung*, vol. 8, para. 494.
7. Sam Knight, "The Psychiatrist Who Believed People Could Tell the Future," *New Yorker*, February 25, 2019.
8. C. G. Jung and Aniela Jaffé, *Memories, Dreams, Reflections* (New York: Vintage Books, 1989), 368.
9. C. G. Jung, *C. G. Jung Letters*, vol. 1, trans. R. F. C. Hull, ed. Gerhard Adler and Aniela Jaffé (Princeton, NJ: Princeton University Press, 1973), 460–6 1.
10. Patricia Berry, *Echo's Subtle Body: Contributions to an Archetypal Psychology* (Dallas, TX: Spring Publications, 1982).
11. C. G. Jung, *The Collected Works of C. G. Jung*, vol. 18, *The Symbolic Life*, trans. R. F. C. Hull (Princeton, NJ: Princeton University Press, 1989), para. 684.

第八章　陰影：內在放逐

1. C. G. Jung, *Dream Analysis: Part I, Notes of the Seminar Given in 1928–1930* (London: Routledge, 1995), 53.
2. C. G. Jung, *The Collected Works of C. G. Jung*, vol. 11, *Psychology and Religion: West and East*, trans. R. F. C. Hull (Princeton, NJ: Princeton University Press, 1973), para. 131.
3. 榮格分析師C. Toni Frey-Wehrlin認為這句話出自榮格之口。
4. C. G. Jung, *The Collected Works of C. G. Jung*, vol. 12, *Psychology and Alchemy*, trans. R. F. C. Hull (Princeton, NJ: Princeton University Press, 1993), para. 38.
5. C. G. Jung, *The Collected Works of C. G. Jung*, vol. 7, *Two Essays in Analytical Psychology*, trans. R. F. C. Hull (Princeton, NJ: Princeton University Press, 1977), para. 285.
6. Jung, *Collected Works of C. G. Jung*, vol. 7, para. 286.
7. Jung, *Collected Works of C. G. Jung*, vol. 11, para. 140.

廁所的夢

1. C. G. Jung, *The Collected Works of C. G. Jung*, vol. 5, *Symbols of Transformation*, trans. R. F. C. Hull (Princeton, NJ: Princeton University Press, 1976), para. 276.

第九章　阿尼瑪與阿尼姆斯：尚未實現的我們

1. Murray Stein, *Jung's Map of the Soul: An Introduction* (Chicago: Open Court, 1998), 137.

第十章　自性：引領之心

1. C. G. Jung and Aniela Jaffé, *Memories, Dreams, Reflections* (New York: Vintage Books, 1989), 233.
2. C. G. Jung, *The Collected Works of C. G. Jung*, vol. 7, *Two Essays in Analytical Psychology*, trans. R. F. C. Hull (Princeton, NJ: Princeton University Press, 1977), para. 399.
3. Jung and Jaffé, *Memories, Dreams, Reflections*, 236.
4. Black Elk, *The Sacred Pipe: Black Elk's Account of the Seven Rites of the Oglala Sioux*, ed. Joseph Epes Brown (Norman , OK: University of Oklahoma Press, 2012), 142.
5. C. G. Jung, *The Collected Works of C. G. Jung*, vol. 14, *Mysterium Coniuntionis*, trans. R. F. C. Hull (Princeton, NJ: Princeton University Press, 1989), para. 778.
6. C. G. Jung, *C. G. Jung Letters*, vol. 1, trans. R. F. C. Hull, ed. Gerhard Adler and Aniela Jaffé (Princeton, NJ: Princeton University Press, 1973), 377.
7. C. G. Jung, *The Collected Works of C. G. Jung*, vol. 11, *Psychology and Religion: West and East*, trans. R. F. C. Hull (Princeton, NJ: Princeton University Press, 1973), 230.
8. Jung, *Collected Works of C. G. Jung*, vol. 7, para. 211.
9. Jung, *Collected Works of C. G. Jung*, vol. 7, para. 217.
10. C. G. Jung, *The Collected Works of C. G. Jung*, vol. 9, pt. 1, *The Archetypes and the Collective Unconscious*, trans. R. F. C. Hull (Princeton, NJ: Princeton University Press, 1990), para. 289.
11. Leonard Bernstein, *The Unanswered Question: Six Talks at Harvard*, The Charles Elliot Norton Lectures (Cambridge, MA: Harvard University Press, 1981), 140.
12. Boa, *Way of the Dream*, 2.
13. Joseph Campbell, with Bill Moyers, *The Power of Myth* (New York: Anchor Books, 1991), 279.
14. Jung and Jaffé, *Memories, Dreams, Reflections*, 234–35.
15. Jung and Jaffé, 235.
16. Jung and Jaffé, 379.

童年的夢

1. C. G. Jung, *Children's Dreams: Notes from the Seminar Given in 1936–1940* (Princeton, NJ: Princeton University Press), 135-136.
2. C. G. Jung and Aniela Jaffé, *Memories, Dreams, Reflections* (New York: Vintage Books, 1989), 28.

第十一章　積極想像：把夢作下去

1. C. G. Jung, *The Collected Works of C. G. Jung*, vol. 14, *Mysterium Coniuntionis*, trans. R. F. C. Hull (Princeton, NJ: Princeton University Press, 1989), para. 706.
2. C. G. Jung, *C. G. Jung Letters*, vol. 1, trans. R. F. C. Hull, ed. Gerhard Adler and Aniela Jaffé (Princeton, NJ: Princeton University Press, 1973), 460.

3. C. G. Jung and Aniela Jaffé, *Memories, Dreams, Reflections* (New York: Vintage Books, 1989), 218.
4. Robert Bosnak, *Tracks in the Wilderness of Dreaming: Exploring Interior Landscape Through Practical Dreamwork* (New York: Delacorte Press, 1996), 12.

第十二章 實踐：如何用鑰匙解一個夢

1. C. G. Jung, *The Collected Works of C. G. Jung*, vol. 9, pt. 1, *The Archetypes and the Collective Unconscious*, trans. R. F. C. Hull (Princeton, NJ: Princeton University Press, 1990), para. 278.
2. C. G. Jung and Aniela Jaffé, *Memories, Dreams, Reflections* (New York: Vintage Books, 1989), 396-397.
3. William Shakespeare, *Julius Caesar* (Delhi: Fingerprint! Publishing, 2019), act 3, scene 1, line 273.
4. C. G. Jung, *Dream Analysis: Part I, Notes of the Seminar Given in 1928–1930* (London: Routledge, 1995), 18.
5. Eugene T. Gendlin, *Let Your Body Interpret Your Dreams* (Wilmette, IL: Chiron Publications, 1986).
6. Kelly Bulkeley, *The Spirituality of Dreaming: Unlocking the Wisdom of Our Sleeping Selves* (Minneapolis, MN: Broadleaf Books, 2023).
7. Max Zeller, *The Dream: The Vision of the Night* (Sheridan, WY: Fisher King Press, 2015), 2.
8. Christopher W. Kerr et al., "End-o f-Life Dreams and Visions: A Longitudinal Study of Hospice Patients' Experiences," *Journal of Palliative Care* 17, no. 3 (March 2014): 296–303, doi 10.1089/jpm.2013.0371.
9. Barbara Hannah, *Jung, His Life and Work: A Biographical Memoir* (Wilmette, IL: Chiron Publications, 1997), 344.
10. Jung and Jaffé, *Memories, Dreams, Reflections*, 28.

附錄一 如何記得你的夢

1. Fred Backus, "CBS News Poll: How Often Do You Remember Your Dreams?" *CBS News*, CBS Interactive, December 3, 2021, cbsnews.com/news/remember-dreams-opinion-poll/.
2. Meeri Kim, "Study: The Key to Remembering Your Dreams Might Be the Blood Flow to Your Brain," *Washington Post*, February 22, 2014, washingtonpost.com/national/health-science/2014/02/22/486125e2-9a56-11e3-b88d-f36c07223d88_story.html.
3. Audrey Kim, "The Nerve Blog," *The Nerve Blog RSS*, May 1, 2018, sites.bu.edu/ombs/2018/05/01/vitamin-b6-may-improve-dream-recall/.
4. Stephen LaBerge, Kristen LaMarca, and Benjamin Baird, "Pre-Sleep Treatment with Galantamine Stimulates Lucid Dreaming: A Double-Blind, Placebo-Controlled, Crossover Study," *PLOS ONE* 13, no. 8 (August 8, 2018), doi: 10.1371/journal.pone.0201246.

國家圖書館出版品預行編目 (CIP) 資料

夢的智慧：學會夢的語言，解讀夢的啟示，分析心理學大師榮格探索夢境的 69 把鑰匙／麗莎・瑪基雅諾（Lisa Marchiano）、黛博拉・史都華（Deborah Stewart）、喬瑟夫・李 (Joseph Lee) 著；李忞譯 . -- 初版 . -- 臺北市：遠流出版事業股份有限公司 , 2025.07
面； 公分 . --（大眾心理館；A3381）
譯自：Dream wise : unlocking the meaning of your dreams
ISBN 978-626-418-226-3（平裝）
1.CST: 夢 2.CST: 解夢 3.CST: 精神分析
175.1 114007092

大眾心理館 A3381

夢的智慧

學會夢的語言，解讀夢的啟示，分析心理學大師榮格探索夢境的 69 把鑰匙

Dream Wise

Unlocking the Meaning of Your Dreams

作者 麗莎・瑪基雅諾（Lisa Marchiano）、黛博拉・史都華（Deborah Stewart）、喬瑟夫・李（Joseph Lee）
譯者 李忞

責任編輯 李佳姍
特約編輯 林怡君

出版四部
總編輯・總監 王秀婷
主編 洪淑暖、李佳姍

發行人 王榮文
出版發行 遠流出版事業股份有限公司
地址 104005 台北市中山北路一段 11 號 13 樓
客服電話 (02) 25710297 傳真：(02) 25710197
劃撥帳號 0189456-1
缺頁或破損的書，請寄回更換

ISBN 978-626-418-226-3
2025 年 7 月 1 日初版一刷
定價：新台幣 580 元

封面設計 朱陳毅
內頁排版 李秀菊

遠流博識網
http://www.ylib.com
客服信箱 ylib@ylib.com
FB 遠流粉絲團